U0686578

院战略研究与咨询项目（2022－HZ－09）

现代农业产业技术体系建设专项（CARS－28）』资助项目

交易成本视角的农户合作交易模式研究

以『苹果种植户—果业合作社』制度为例

王丽佳　霍学喜——著

中国农业出版社

北京

PREFACE 序

　　农产品交易是连接农产品生产与消费各个环节的关键，不同的农产品交易制度安排及其特性差异使其在改进农产品市场有效性、控制农产品质量和解决"三农"问题方面具有重要作用。其中，交易成本的高低是判断在一种农产品交易制度安排下，市场运行及资源配置是否有效的关键因素。在农业转型过程中，探究降低交易成本是促进农产品交易制度创新的内在动力。因此，揭示交易成本对农户农产品交易制度选择的作用机理和影响路径，是促进中国农业现代化的重要研究命题。

　　党的十九大报告提出乡村振兴战略，是解决城乡发展不平衡和农村发展不充分矛盾的重大举措。2020 年，脱贫攻坚取得全面胜利，农业农村发展迈入新时代，但西部农村地区仍有大量低收入人口，农业产业化组织程度低、市场运行效率不高等问题仍然突出。农民合作社作为社会弱势群体——小农户的联合体和农民组织化的重要载体，具有天然的扶弱性和广泛的群众性，其在乡村振兴过程中的特殊作用也不容忽视。因此，支持农村市场组织化和制度化发展，加强农村合作社规范培育，鼓励小农户加入农民合作社，是克服农村经济发展中普遍面临的小规模不经济和过度竞争等问题的关键工作。受农产品市场国际化冲击与农业产业结构调整滞后的约束，我国农产品交易制度出现小规模经营凝固化、资源配置不合理等问题，造成农产品交易规模化和组织化程度低、农户交易成本过高、农产品交易增值的大部分被中间商获取等弊端，而提高农民组织化程度是消解上

1

述困境的必要条件。但现实状况是政府监管农民合作社运行的体制与机制扭曲，农民合作社内部治理结构与管理设计偏离合作经济规范，成员收益不均和"精英俘获"问题突出，以及存在农民合作社难以有效支持和帮助贫困成员实现发展能力提升的问题。在此背景下，本书以新制度经济学理论及交易费用理论为支撑，研究如何推进以农民合作社为经营主体的合作交易制度改革与优化，助力以农民合作社为经营主体的农户合作发展模式走出困境，规范农民合作社的经营行为，依法保障社员的参与权和经济利益，对未来中国现代农业组织制度创新具有重大理论与现实意义。

本书基于中国农业组织制度创新与发展需要，聚焦合作交易制度中存在的问题，开展深入研究。作者以新制度经济学理论及交易费用理论为支撑，构建了高价值农产品生产者交易成本理论分析框架。依托该分析框架，系统分析了影响苹果种植户合作市场交易制度选择意愿和选择行为的因素；从交易成本视角，建立合作交易制度与非合作交易制度下的农户交易成本测算体系，测度了由合作交易制度与非合作交易制度支撑的农户生产效率及其影响因素；从农民合作社创新发展视角探究了制约合作交易制度持续运营的关键影响因素，并提出对策与建议。

与相关研究及文献成果相比，本书的突出特征是理论分析贯穿始终。即将合作社制度研究纳入新制度经济学理论框架，用以解释农户合作意愿薄弱、农产品入市交易成本过高等问题，寻找导致中国合作交易制度发展瓶颈的经济因素和制度因素。更为重要的是构建了交易成本测度体系，即针对交易成本难以量化的问题，本书建立了交易成本测度模型，采用第一手数据，尝试量化分析合作交易制度与非合作交易制度情境下的农户交易效率与成本差异，其中的技术路线设计、研究方法改进和理论观点创新成果，具有学术意义和参考价值。

王丽佳博士长期从事农民合作社方面的研究，具有宽厚的理论基础和系统、规范的方法论积淀。谨以此祝贺王丽佳博士的第一部学术著作——《交易成本视角的农户合作交易模式研究——以"苹果种植户—果业合作社"制度为例》的出版。本书既是她前期研究的总结，也是其继续研究前沿问题的新起点。希望本书的出版，能让更多学者关注合作经济制度，共同推动这一研究的深度和广度不断扩展，为中国合作经济制度的发展作出贡献。

霍学喜

2023 年 6 月 12 日于西北农林科技大学

FOREWORD 前言

在中国政府推动农民合作经济发展、规范合作经济组织制度以及提高基于农民合作社制度安排的农户交易效率的背景下，中国合作制度创新过程中出现的合作社经营效率较低、农户合作意识淡薄、合作行为倾向不强、农户农产品入市交易成本过高等问题，显著影响了农户对不同交易制度安排的选择及行为倾向。同时，针对基于合作社框架的交易制度出现的问题，相关领域学者和政策制定者提出建立"农超对接"模式、发展"家庭农场"，以及推动培养"职业化农民"等方式，作为有效解决农户生产、销售过程中存在的交易成本过高、生产效率较低，以及生产规模不经济、交易规模不经济问题的农业经营体系改革路径和制度安排。但更多学者认为，以农民合作社为经营主体，构建"产前-产中-产后"纵向一体化的合作交易制度，是推动农户实现规模效益、增加农户家庭收入、提高弱势群体（即中国小规模农户）组织化的基本制度安排。因此，推进以农民合作社为经营主体的合作交易制度改革与优化，助力以农民合作社为经营主体的农户合作发展模式走出困境，是未来中国现代农业组织制度创新与建设过程中需要解决的重要问题。

本书以新制度经济学理论及交易费用理论为支撑，围绕 2007 年《中华人民共和国农民专业合作社法》实施以来我国农民合作社数量扩张过程中存在的主要问题，以"苹果种植户—果业合作社"交易制度及其关系为研究对象，在把握农民合作社产生和发展的制度背景和经济背景的基础上，根据规范分析基本原理（即超边际分析原理和交易成本比较分析原理），推理、形成本书的基本假设（即合作交易制度下农户交易成本小于非合作交易制度下农户交易成本）。应用数理统计分析的相关原理及其模型方法（包括 Probit 模型、Tobit 模型、边际效应、DEA - Tobit 两阶段模型、有序 Logit 模型等），设计实证分析模型，按照"农户合作交易模式选择意愿→农户合作交易模式选择行为→合作交易模式农户交易成本测定→合作交易模式农户生产效率评估→合作交易模式持续发展分析"的研究思路，在验证与修正基本假设的基础上，建立基于交易成本视角的农户合作交易制度分析体系，以及农户交易成本与农民合作社之间关系的实证分析原理及体系。主要结论如下。

第一，交易成本比较分析数理模型研究结果表明，合作交易制度下的农户交易成本低于非合作交易制度下的农户交易成本。

第二，以"苹果种植户—果业合作社"交易制度为研究对象，将合作社提供的服务细分为13项，应用 Probit 模型，分析影响农户合作交易模式选择意愿的因素。结果表明，农户苹果种植面积越大，道路运输条件越差，获取农业贷款困难程度越高，农户越有可能愿意加入合作社；农户认为合作社提供的服务中，稳定的苹果收购、苹果加工、苹果储藏以及苹果包装等加工服务项目的重要程度越高，其加入合作社的可能性越大。在交易成本方面，谈判成本和执行成本越高，农户加入合作社的意愿越强烈。

第三，按照交易成本理论原理，将交易成本细分为信息成本、谈判成本、执行成本、运输成本，应用 Tobit 模型，结合边际效应测度方法，分析影响农户合作交易模式选择行为的因素，验证了交易成本是影响农户合作交易模式选择行为的重要因素。其中，在反映谈判成本的变量中，苹果分级时间对苹果种植户选择通过合作社销售的苹果数量有显著积极影响作用；在反映执行成本的变量中，收到全部货款的等待时间对苹果种植户选择通过合作社销售的苹果数量有显著积极影响作用；接待交易对象产生的费用对苹果种植户选择通过合作社销售的苹果数量有明显抑制作用。

第四，以高价值农产品生产者（即苹果种植户）交易成本分析体系为基础，采用统计数据分析法，实际测算并比较合作交易制度、非合作交易制度下，不同规模农户的交易成本差异。以样本数据测度结果证明，农户从非合作交易模式转换为合作交易模式，可显著降低交易成本中的运输成本与谈判成本，户均年节省运输成本 800 元左右，降低购买者违约行为给农户造成的损失约 190 元，节省苹果分级时间 8.1 小时（相当于 1 个工作日）。

第五，以苹果种植户为例，建立以投入为导向的成本最小化 DEA - Tobit 两阶段模型，测度并比较合作交易模式与非合作交易模式下农户的生产效率；基于两种交易模式，构建 semi-log 模型，分析影响农户成本效率的因素。结果表明，合作社成员的技术效率、成本效率、规模效率均高于非合作社成员。对合作社成员来说，苹果分级服务是提高成员成本效率的重要方面；对非合作社成员来说，信息成本和运输成本是影响其成本效率的主要因素。

第六，在证明以农民合作社为经营主体的合作交易制度，有利于提高中国小规模农户组织化的基本制度安排的基础上，建立有序 Logit 模型，探讨影响合作交易制度持续发展的因素。结果表明，合作社成员的种植面积、合作社的价格服务功能、运营规模，以及社员对合作社发展潜力的评估，对合作社成员的投资意愿有显著影响。需要指出的是，合作社的运营规模越大（主要涉及社员总数、社员总耕地面积、带动周围农户数量、年均农产品销售量等），并不意味着社员投资合作社的意愿也越大。社员对合作社进一步发展的投资意愿主要取决于合作社是否建立有效的治理结构、健全的管理体系、合理的公积金分配机制，以及理事长与社员间、小规模社员与大规模社员间是否有良好的沟通渠道，合作社能否及时、有效地帮助社员解决农业生产销售过程中存在的问题。

总体上，本书基于交易成本理论，应用规范分析方法，通过深入分析农户合作交易制度的内在机理，概括并建立农户合作交易制度选择的研究体系。较为系统地分析了以农民合作社为经营主体的合作交易模式（即农户加入农民合作社并与合作社进行农产品交易）在矫正市场行为和降低交易成本方面对农户（社员）的正向影响；应用实证分析方法，证明以农民合作社为经营主体的"产前—产中—产后"纵向一体化的合作制度是带动弱势群体（即小规模农户）实现规模经济的有效途径。上述研究结论，在建立以农民合作社为经营主体的"产前—产中—产后"纵向一体化的合作制度，并制定引导农户选择合作交易制度的公共政策方面，可为政府相关部门提供决策支持。

CONTENTS 目录

第 1 章

导　　论

1.1　研究背景与问题提出

1.1.1　研究背景

我国农业经济体制正在经历深刻变化，其中农民合作制度是农业经济体制改革过程中受到高度关注的重要制度。根据农业交易制度的不同，中国农业合作制度的变迁大体经历了 4 个阶段。

第一阶段为农业合作化制度阶段（1949 年 10 月至 1977 年）。农业合作化是新中国成立初期，政府以合作的形式，把以生产资料私有制为基础的个体农业经济，改造成以生产资料公有制为基础的农业合作经济的过程。1951 年，中共中央通过《关于农业生产互助合作的决议（草案)》，标志着我国农业生产正式进入合作化阶段。1953 年 12 月，中共中央公布《关于发展农业生产合作社的决议》，标志着农业合作社进入了初步发展时期。中共七届六中全会通过《关于农业合作化问题的决议》后，农业合作化运动快速发展，到 1956 年年底，完成了由农民个体所有制到社会主义集体所有制的转变。1958 年 3 月中共中央通过的《关于把小型的农业合作社适当地合并为大社的意见》指出：“为了适应农业生产和文化革命的需要，在有条件的地方，把小型的农业合作社有计划地适当地合并为大型的合作社是必要的。”随后，全国各地的农村地区展开小社合并为大社工作，推动形成“共产主义公社”“合作农场”“人民公社”等农业经营组织形式。

随着人民公社化运动的发展，到 1958 年 10 月底，全国 74 万多个农业生产合作社改组为 2.6 万多个人民公社，参加公社的农户有 1.2 亿户，占全国总农户的 99％以上，全国农村基本实现了人民公社化（凤凰网，2008）。1961 年制定的《农村人民公社工作条例（草案）》，进一步明确了人民公社实行“三级所有，队为基础”的制度，高度集中的集体统一经营、高度集中的劳动管理、极端平均化的分配方式是这一制度的鲜明特点。人民公社将组织规模较小、生产内容较单一的农业生产合作社转变为规模较大、综合性的人民公社，是中国农村生产关系的一次伟大变革（乌家培等，1958）。

人民公社制度把分散的农民组织起来，把一个村或多个村的土地集中起来统一经营，建立了农业产业组织体系，为实现现代大农业提供了制度前提，也在一定程度上提高了农产品交易效率，增加了农产品供给，推进了农村工业化和城市化的发展进程。但由于其具有"一公二大""政社合一"等制度特点，混淆了集体所有制与全面所有制的界限，导致平均主义泛滥，助长了"命令主义"（张寿春，1996），不仅挫伤农民的劳动积极性，也束缚农村生产力的进一步发展。此外，人民公社是一个封闭性组织，即土地、劳动力、资源等均不能自由流动，也制约了农村发展的活力，由此导致了一场新的农村集体经济体制改革。

第二阶段为统分结合双层经营制度阶段（1978年至20世纪90年代初）。1978年，安徽省凤阳县小岗生产队农民将村内土地分开承包，小岗生产队农民人均收入从22元激增至1979年的400元，农村生产力和农民生产积极性有很大提高（赵伟峰等，2012）。1982年确立的家庭联产承包责任制，是一种农民以家庭为单位向集体组织承包土地等生产资料和生产任务的农业生产责任制形式，并将土地等按人口或劳动力的比例，根据责、权、利相结合的原则，分给农户经营，使农民个人的付出与收入挂钩，充分调动了农民的生产积极性。1983年，中央下发的《当前农村经济政策的若干问题》指出：联产承包制是"马克思主义农业合作化理论在我国实践中的新发展"。中共十七届三中全会作出的《关于推进农村改革发展若干重大问题的决定》中强调"家庭经营要向采用先进科技和生产手段的方向转变，增加技术、资本等生产要素投入""培育农民新型合作组织""扶持农民专业合作社加快发展"。尽管我国农业实行的以家庭联产承包责任制为主，统分结合的双层经营体制，经实践证明是一项成功的体制改革，但是，随着农业市场化改革进程与市场经济的发展，统分结合的双层经营体制的弊端也日益显露：

第一，以土地为主的产权制度与家庭和集体统分结合的双层经营体制不对称。农村没有形成所有权、承包经营权神圣不可侵犯的保护制度和实现方式，更为欠妥的是，没有一个能够代表农民集体的组织或者机构作为农村土地所有权的代表，农民集体所有权的最终处分权实际上属于国家所有，导致集体土地所有权的利益缺乏保障；土地权属不清、管理体制不健全，使农民利益受到损害。

第二，双层经营体制中的统一经营和统一管理层次较弱。集体经济组织未能在引导和组织农户应对不断变化的市场环境方面发挥中介作用和组织协调功能。随着农民专业化生产和社会化分工逐步扩大，这种集体经济组织已经不能满足农民多样化经营的服务需求，如不能为农民提供全方位的一体化服务，不能实行土地规模化经营，不能为农户提供有效的市场信息以及信息资源交流平台，不能达到提高市场交易效率、降低生产成本和交易成本等要求。

第三，统分结合的双层经营体制与农业市场化间的矛盾凸显。随着社会主义市场经济体制建立，农产品市场逐步开放，农村个体私营经济发展，这种经营体制与农业市场化之间的矛盾也日渐突出，因为任何分散的小农经济想要介入农业领域，都会面临交易费用过高的问题。随农产品市场环境不断变化，以家庭联产承包责任制为主，统分结合的双层经营体制已经不适应现代农业快速发展的要求，需要一种能更好地引导和组织农户发挥合作优势的制度安排。

第三阶段为农业产业化制度阶段（20世纪90年代初至21世纪初）。1993年，山东省潍坊市在全国率先提出农业产业化概念，并实施农业产业化发展战略，将农业产业化的内涵概括为"确立主导产业，实行区域布局，依靠龙头企业，发展规模经营"。由此拉开了我国农业产业化发展的序幕（耿现江，2003）。1995年9月，中共中央出台的《关于制定国民经济和社会发展"九五"计划和2010年远景目标的建议》提出："鼓励各种形式的合作与联合，发展联结农户与市场的中介组织，大力发展贸、工、农一体化经营"。自此，全国各地逐步建立起不同形式的农业产业化经营试点，出现了"公司＋农户""公司＋基地＋农户""科研单位＋农户"等经营组织形式。1996年，江泽民同志提出引导农民进市场，推动农业产业化，对农业产业化发展给予充分肯定。1996年3月，全国八届人大四次会议通过《中华人民共和国国民经济和社会发展"九五"计划和2010年远景目标纲要》，提出"大力发展贸工农一体化，积极推进农业产业化经营"，表明农业产业化经营正式成为国家发展战略。

农业产业化的本质是生产经营一体化。即以龙头企业为带动力，以广大农户参与为基础，以形成风险共担、利益均沾的利益分配调节机制为核心（熊万胜等，2011）。到2000年年初，在农业产业化实践过程中，已发展多种模式，包括龙头企业带动模式、市场带动模式、主导产业带动模式、中介组织带动模式、科学技术带动模式、集团开发带动模式等。农业产业化经营作为一种新的生产经营方式，是农业和农村经济发展过程中诸多矛盾相互作用的必然结果。因为农业产业化制度的实质就是采用不同的分工方式，以协调农户与市场之间的交易关系。在这种制度安排下，"农户＋龙头企业"的"生产—加工—销售"一体化的经营模式，将龙头企业与农户的利益机制紧密联系起来，把分散的农户生产变为龙头企业的原料基地，实现了规模经营和规模效益，减少交易成本，降低农户承担的市场风险，提高农产品的科技含量和市场竞争力，开拓农产品市场范围，完成小生产同大市场的对接，但也出现了一些问题：

第一，信息不对称。受制于农户自身受教育水平、地方通信基础设施建设落后等,农户与企业间、农户与上下游产销商间存在严重的信息不对称现象,出现农户与其交易对象之间违约情况较严重、监督和检测环节较难到位、农户在与企业的谈判中地位低下、公司与单个农户交易的成本过高等问题。

第二,缺乏完善的农产品交易规则。有些地方采取强制性手段分派任务,违背经济发展规律和市场交易原则,对农产品生产和销售的产前、产后等相关的交易行为关注较少。这种企图用行政手段推动农业产业化发展的行为,导致部分地方产业化发展问题突出,不仅没有培育出具有地方特色的主导型产业,没有解决农户收益与市场交易成本之间的矛盾,还挫伤了农户的参与积极性。

第三,农户谈判地位低。在农业产业化制度中,规模相对较小的农户与具有双重垄断地位的大企业结成的利益共同体里,农户谈判能力弱,地位低。在二者间的商品交换中,企业明显占有买方优势,往往会利用其优势侵占农户大量的生产者剩余。最后,"企业+农户"模式将农户的市场风险一次性买断,尽管从表面上看风险转移了企业,但实际上,一旦出现市场不景气、产品滞销等问题,企业会停止下一批进货,从而导致农户的产品闲置,最终还是将风险转嫁给农户。

总体上,农业产业化制度虽然在一定程度上缓解了分散农户与市场之间的交易成本较高的问题,但由于在这种经营模式中,处于主导地位的是龙头企业,实现规模经营带来的收入增加和交易成本减少,最终的获益者也是龙头企业,农户实际上并未得到最优的效益。因此,需要一种新的制度安排来解决该问题。

第四阶段为农业组织化制度阶段(21世纪初至今)。在市场发展和市场竞争中,农产品从生产到销售的各个环节中,都存在各种形式的交易费用,农民想节约交易费用,就需要一个代表农民自身利益的中介组织,来实现农业"产前-产中-产后"纵向一体化,使农户与农户之间、农户与市场之间、农户与政府之间实现良好的对接。鉴于农业产业化制度中的一些弊端,近些年越来越多的学者认为只有提高农业组织化程度,才能快速、有效地实现交易成本降低和农民增收。我国作为一个农业大国,截至2011年年底,农村人口约占全国总人口的48.7%[①],在面临市场高速发展这一挑战时,这些小规模、分散的农户要想在激烈的市场竞争、复杂的市场环境以及高速发展的现代农产品市场中取得一席之地,最好的办法就是组织起来,形成一定的规模,开展合作,即必须在提高农业组织化程度上下功夫。随着2007年《中华人民共和国农民专业合作社法》[以下简称《合作社法》(2007年)]的颁布与施行,中国农村改革进程不断深化,我国大部分农村地区鼓励创办农民合作社,在农业生产的基础

---

① 数据来源:中华人民共和国国家统计局《中国统计年鉴2012》。

上，支持农民合作社向加工、流通等领域扩展，逐步进入一个以农民合作社为主的各类农民合作组织快速发展的新阶段。

1.1.2 问题提出

基于研究背景分析可知，自1949年以来，中国政府致力于推动农民合作经济发展、规范合作经济组织制度，以及提高基于农民合作社制度安排的农户交易效率。20世纪末以前，其探索的主要目标和方向是，以计划经济为主的人民公社制度、以统分结合的双层经营体制为特征的家庭联产承包责任制、以龙头企业为主导的产业化组织制度替代基于市场经济体制的农民合作制度。从实践绩效来看，这一农业交易制度创新过程取得较大成绩：

第一，在农业发展初期，计划经济体制弥补和抑制了市场调节的不足和消极作用，加强社会保障和收入的再分配，防止两极分化，发展了农业生产力，并使农业由落后的小规模生产的个体经济，变成较先进的大规模生产的合作经济。

第二，发挥集体统一经营的优越性，调动农民的生产积极性。

第三，把农业生产、加工和销售等环节连接起来，降低单个农户与市场交易的费用，实现资源的优化配置。

随着中国合作制度创新过程中出现合作社经营效率较低、农户合作意识薄弱、合作行为倾向不强、农户农产品入市交易成本过高等问题，进入21世纪后，相关领域学者提出，建立以农民合作社为经营主体的农民合作制度创新路线，是符合我国农村发展要求的制度选择。同时，从过去半个多世纪农业制度创新过程可看出，尽管我国农民合作制度交易效率不断提高，组织结构不断完善，但随着市场经济体制改革步伐加快，农村商品经济不断发展，这一农业交易制度创新过程也暴露出一些问题：

第一，组织效率不高。新中国成立初期高度统一的计划经济体制使农业发展存在投入多、产出少、生产效率和效益不高、农民收入提高不快等问题。

第二，信息失灵。以计划经济体制为主导的农民合作制度逐渐难以满足农民在获取农产品市场信息、掌握农业生产技术知识等方面的需求。

第三，法律制度不完善。《合作社法》（2007年）颁布与实施以来，农民合作社的设立与登记、组织机构以及法律责任等方面已作出相应规定，但对合作社产权的界定依然不明晰，致使合作社的发展出现两种极端情况。一方面，规模较大、运行良好的合作社，在发展过程中逐步变成由政府主管的组织，最终使农民的切身利益得不到有效保护。另一方面，对于规模较小、农民自发形成的合作社，政府则关注较少，使这类合作社的发展出现资金匮乏、难以持续运行等问题。

第四，农民合作社的持续发展出现瓶颈。如合作社的中介作用，包括信息沟通、经济组织、资源配置和政策传递等作用，没有得到有效发挥；合作社规模较小、市场竞争力薄弱；合作社的内部管理机制不健全、运营效率不高等。这些问题直接导致农户合作意识薄弱、合作行为倾向不强、农户农产品入市交易成本过高及合作社缺乏持续发展能力等。由此，推进以农民合作社为经营主体的合作交易制度改革与优化，助力以农民合作社为经营主体的农户合作发展模式走出困境，是当前中国现代农业组织制度创新与建设过程中需要解决的重要问题。

根据交易成本经济学的观点，推动任何产业发展的产权界定、法律制定和实施、体制改革与完善、政策优化与供给，目标都是降低交易成本。因此，完善农民合作社管理和运行机制、提高农民合作社的交易效率、降低其交易成本以及充分发挥合作社的经营中介职能，是现阶段我国现代农业产业组织体系建设的重要内容。

基于交易成本理论，规范并明确农户（生产经营主体）、农民合作社（市场经营主体及农户与市场之间的中介）、政府（市场监管主体）3 类主体的职能，按照以政府规制为导向，以农户改造为基础，以农民合作社为经营主体和中介，以涉农企业为龙头的思路，完善合作组织制度，是现阶段我国现代农业产业组织体系建设的重要任务。

1.2　研究目的和意义

1.2.1　研究目的

以新制度经济学理论及交易费用理论为支撑，围绕《合作社法》（2007年）实施以来我国农民合作社数量扩张过程中存在的主要问题，以"苹果种植户—果业合作社"交易制度及其关系为研究对象，结合调研数据和访谈资料，通过分析农户合作交易的内在机理，探索建立基于交易成本视角的农户合作交易制度分析体系，以及农户交易成本与农民合作社之间关系的实证分析体系，验证以农民合作社为经营主体的合作交易制度是一种有效的交易制度。

具体研究目的包括 3 个。

第一，以高价值农产品生产者为例，构建农户合作交易制度选择的研究体系。

第二，基于"农户—农民合作社"合作交易制度，明晰以农民合作社为经营主体的合作交易原理；基于交易成本理论，探索形成基于合作经济制度视角的测定农户农产品交易成本的有效途径和方法。

第三，构建农户生产效率测度模型，明晰合作交易模式对提高农户农产品成本效率的影响机理；构建合作社成员投资意愿分析体系，探讨影响以农民合作社为经营主体的合作交易制度持续发展的因素，为实现合作交易制度可持续发展提出对策建议。

整体上，以高价值农产品生产者为例，建立农户合作交易制度选择的研究体系，明晰以农民合作社为经营主体的合作交易制度创新过程中出现的问题，为推进以农民合作社为经营主体的合作交易制度的改革与优化提供对策建议，也为粮食作物（如玉米、小麦等）生产者的合作交易制度选择提供借鉴。

1.2.2　研究意义

自《合作社法》（2007 年）实施以来，在中国农民合作社登记注册数量与带动农户数量快速增长的同时，"农户—农民合作社"的发展模式显现出诸多弊端，以合作社为经营主体的交易制度急需改革。由此，相关领域学者和政策制定者提出建立"农超对接"模式、发展"家庭农场"，以及倡导培训"职业化农民"等方式。国家发展和改革委员会在《关于 2013 年深化经济体制改革重点工作的意见》中提出，"构建以企业为主体、市场为导向、产学研相结合的技术创新体系"。同时，一些学者结合中国近半个世纪的合作制度发展与创新历史，认为以农民合作社为经营主体，构建"产前-产中-产后"纵向一体化的合作交易制度，是带动农民实现规模效益、增加农户收入，有利于提高弱势群体（即中国小规模农户）组织化程度的基本制度。本书将从新制度经济学角度（即基于交易成本理论），系统分析与评估"农户—农民合作社"合作交易制度。

以交易成本理论为基础建立交易成本分析机制，对高价值农产品生产者交易成本理论具有借鉴意义；建立交易成本测定体系，可为今后高价值农产品生产者交易成本（包括信息成本、谈判成本、执行成本与运输成本）的量化测定提供借鉴；基于交易成本视角，形成农户合作交易制度选择的研究体系，对丰富高价值农产品生产者交易成本理论具有学术价值，也为以后粮食作物生产者交易成本的相关研究提供借鉴。

本书的决策借鉴意义如下。

第一，证明以农民合作社为经营主体的合作交易制度是减少交易环节与降低交易成本的交易制度，提出引导农户合作交易模式选择行为倾向、建立现代农业合作组织体系的基础性制度模式、通过合作交易制度的选择增强小农户市场竞争力等方面的对策建议。

第二，分析农户合作交易制度选择的制约因素，为推动以农民合作社为经营主体的合作交易制度的发展提供对策建议。

第三，探讨影响合作社成员投资意愿的因素，有利于找出制约以农民合作社为经营主体的合作交易制度持续发展的因素，为合作交易制度的完善与持续发展提出启示。

第四，根据研究成果提出的相关对策与建议，对规范并明确农户与农民合作社的关系、农民合作社与政府的职能，完善以农民合作社为经营主体的合作组织功能，营造有利于合作经济制度发展的市场环境，具有重要决策参考价值。

1.3 国内外文献综述与评价

关于农民合作社及其交易成本方面的问题，国内外理论界已经展开多方面的研究，并形成一批具有重要学术价值的研究成果。基于研究目的，对交易成本理论、合作组织发展等研究成果进行综合评述，旨在从中得到启发，并试图发现有待研究的问题或当前研究的不足之处。

1.3.1 国外研究述评

1.3.1.1 交易成本理论研究

为了更清楚地了解农民合作社中的交易成本的概念，全书首先归纳国外关于交易成本的研究。国外对于交易成本的研究较早，大体可分为两部分。

（1）交易成本理论研究

在市场交易的情形中，分工受限于市场范围，交易由此产生。早在 1776 年，Adam Smith 就在其著作《国富论》开篇举的制针例子中，很好地描述了企业（组织）内交易这一思想。Adam 发现，制针者的工作可以被分为一系列程序："一个人抽铁线，一个人拉直，一个人切断，一个人削尖线的一端，一个人磨另一端……"每个工人只从事其中的一个步骤，相互合作，最终完成制针的工作。在这个例子中，针在企业内每换一次手，显然就发生了一次"交易"（斯密，2009）。

Coase（1937）最早认识到交易费用这一概念在制度经济学分析中的重要性。他在《企业的性质》一文中指出，利用价格机制或市场交换手段交易的费用即交易费用，包括提供价格的费用、讨价还价的费用以及订立和执行合同的费用等。Coase 将交易成本分为获取市场信息的成本和谈判与履约的成本两方面内容，并认为组织作为一个交易的综合体，其经济作用为代表若干数量的要素所有者参与市场交易，从而减少交易者数量，降低交易成本。科斯的中心思想是，制度运行成本（交易费用）的差别致使企业（组织）取代市场。合作组织的出现和发展可以被看作是产品市场被要素市场取代的过程，其结果是节约了交易费用。Arrow（1969）认为交易费用是经济制度的运行费用。

这些持续产生的费用以及制度中与政治组织有关的费用，共同构成了交易费用的基本要素。Furubotn（1986）则认为，交易费用除了 Arrow 所说的经济制度的运行费用外，还应该包括建立、维持或改变体制基本制度框架的费用。他将交易费用分为市场型交易费用（market transaction costs）、管理型交易费用（managerial transaction costs）和政治型交易费用（political transaction costs）。其中，市场型交易费用指使用市场的费用和企业内部发号施令的费用；管理型交易费用包括建立、维持或改变一个组织设计的费用；政治型交易费用包括建立、维持和改变一个体制中的正式和非正式政治组织的费用，以及使政体运行的费用。Alchain（1969）将交易费用看作信息费用，他认为，获取和加工有关潜在交易机会的信息是一种费用高昂且可以通过不同方式完成的活动。

　　Commons（1931）认为经济关系的本质是交易，整个社会是由无数种交易组成的有机组织。并指出交易是经济活动的最基本形态，是个人与个人之间对物质所有权的让与和取得。Commons 把交易分为 3 种类型：买卖的交易、管理的交易和限额的交易。随后，Williamson（1979，1985）用交易成本的 3 种特征，即不确定性、交易发生的频率和资产专用型投资的程度，将交易费用的概念具体化，提出有限理性和机会主义两个假设。从 Williamson 的研究中可得出启示：一是无论是有限次数的还是经常性的非专用交易，通过市场来组织是很有效率的；二是在交易是经常性的，需要特质投资的情况下，以及在较不确定的条件下执行时，交易专用性的规制结构能得到较充分的发展；三是交易优化应该同时注意生产费用节约和交易费用节约两个方面。

　　以 Williamson 为代表的交易成本经济学（Transaction Cost Economics，TCE）认为，交易的自由度大小和交易成本的高低，是决定市场运行及资源配置是否有效的关键因素。交易成本理论的提出，对于新制度经济学具有重要意义。由于经济学是研究稀缺资源配置的，交易费用理论表明交易活动是稀缺的，市场的不确定性导致交易也是冒风险的，所以交易也有代价，从而有如何配置的问题。资源配置问题就是经济效率问题。所以，一定的制度必须提高经济效率，否则旧的制度将会被新的制度取代。

　　（2）交易费用与组织（企业）和市场关系研究

　　Alchain 和 Demsetz（1972）认识到，经济组织的问题，与寻找一种最为经济的度量生产力和报酬的方式密切相关。认为企业是作为一种加强团队生产的有效组织形式而产生的，通过这种组织安排，可以减少监督费用（交易成本之一），增强要素所有者的行为效率。Williamson（1988）提出交易成本经济学的概念，并指出交易成本经济学是以交易费用为基本分析单位，考察各种管理结构细节和人的因素的经济组织研究学科。

Barzel（1982）从最普通的买卖双方的商品交换角度切入，研究同样的问题，并强调了商品考核费用与市场组织选择的关系。市场组织的方式有许多种，Barzel 列举了以下几种：质量保证、分享契约、品牌投资和信息隐瞒。Dietrich（1994）也认为组织最重要的性质是一个生产—销售单位，制度安排的演变不仅使交易成本最小化，还应涉及其他方面的因素，即制度的变迁不仅取决于交易成本的节约，还取决于制度变迁带来的收益的增加。此外，诺斯（1994）认为，随着交易人数增多，交易频率也逐渐增多，信息不对称导致的违约、欺诈等行为将大量出现，"搭便车"行为成为一种问题，使交易费用逐步增加，因此需要一种降低交易费用、增加收益或者降低成本的合作形式来改变这种情况，即建立组织。

1.3.1.2　农民合作社经济学研究

国外对农民合作社经济学问题研究起步较早。在 1968 年，Laidlaw 就指出，农业面临的一个重要问题是如何建立一种适应需求变化的制度，并着眼于为人们所熟知的农业制度——合作社问题的研究，指出合作制度发展的空间及其局限性。

从 20 世纪中期至今，对农民合作社的理论研究大致可以分为 3 个流派：以 Phillips（1953）、Alback 和 Schultz（1998）为代表，认为合作社是厂商，并进一步拓展其内涵；以 Cook（1995）、Chapulle 等（2008）为代表，将合作社看作一个"契约集"，指出每个合作社都是由通过契约联合在一起的一小组生产者建立起来的，通过发展获得共同收入，最终实现产品多样性的转变；以诺斯（1994）为代表，提出组织的出现是为了降低交易费用。

还有诸多相关领域的学者从合作社成员角度入手，将合作社成员的决策行为模型化。Karli 等（2006）以对土耳其 Anatolian 东南部地区的农业合作社成员的决策力和理解力调研数据为基础，应用二元逻辑模型测定了影响农民加入农业合作社概率的因素。Basu 和 Chakraborty（2008）以对印度两个村庄中运用不同成功模式的合作社中所有农户的调研数据为基础，运用 Logistic 回归分析，研究影响加入印度农村乳产品合作社资格的农户特征。Kalogeras 等（2009）通过分析 120 个合作社成员的调查数据，运用联合分析法，指出农业合作社的效用与其内部社员的属性，以及组织的战略属性有关。

部分学者则对合作社组织结构问题展开研究，包括对基于农户不同兴趣的异质性、投资激励以及决策条例的设计等方面（Cook et al.，2004）。有学者试图用社会经济因素和社会因素评估合作社绩效。结果表明，合作社的组织结构及政府的支持力度，包括贷款、为合作社提供免费的机械设备等，是影响合作社绩效的主要因素（Ezatollah et al.，2005）。Soboh 等（2009）的研究也表明，如果合作社能够为其社员提供较为完善的服务，合作社将会有较好的发展前景，社员对合作社的评价也较高。此外，合作社的盈利能力也是影响农户对合作社满意程度的重要因素。Osterberg 等（2009）认为社员对其所在合作社成功程度的评估与其对合作社管理工作的参与程度相关。研究结果表明，社员对合作社的义务，以及对合作社董事的信任程度的差异，取决于合作社的盈利能力和管理者的管理经验。一些学者通过评估、比较、分析两个合作社的绩效，指出合作社还可以提供许多看不见的、不能用货币衡量的价值。这些看不见的价值包括为社员产品提供市场保障、为农资来源提供保障、降低价格风险、提供农业和市场服务、提高农户市场谈判地位及市场合作能力等。

20 世纪 80 年代至今，国外学者在对农业合作组织的研究中，运用了新制度经济学中的诸多理论和方法，包括交易费用理论、产权理论、委托—代理理论和博弈论等，以这些理论为基础，对合作组织制度进行微观分析，并作出绩效评价（奥尔森，1995；David，1996；Al-Hasan et al.，2002；Karami et al.，2005）。同时，诸多学者的研究表明：合作社的所有权结构和区域特征、管理运作效率和技术效率、合作社的市场竞争力以及政府的公共政策等，对农民合作社的发展具有重要作用。例如，Caves 和 Petersen（1986）通过研究，指出所有权结构和公共政策，尤其是政府的税收和反垄断行为，对农业合作社的市场份额和纵向一体化程度有重要影响。Lin 等（2007）认为提高农业合作社的管理成本效率和技术效率，可以增加其整体利润，最终提高其生产能力和竞争力。

对合作组织的经济学分析，主要基于新古典经济学的理论，通过研究制度与合作组织结构之间的关系，强调制度在合作组织发展过程中的重要作用，进而更系统、更深入地对合作组织进行理论分析，并在解释合作组织产生的原因、产权制度的不可转让性等方面取得很大收益。例如，Holloway 等（2009）以埃塞俄比亚高原地区最具代表性的 peri-urba 牛奶生产者为样本，运用 Tobit 分析法进行实证研究，指出交易成本的存在使当地小农户的发展受到阻碍，而合作销售体系的建立是减少交易成本、刺激市场准入性、促进当地农村社区经济增长的潜在催化剂。

基于国内外研究综述，国外对交易成本具体测度的实证研究已有一定成果，且已经通过理论分析和实证检验证明了以合作社为主体的合作交易制度是交易成本相对较低的选择。国外学者关注农业合作社的时间较早，研究的范围和规模也较大，研究重点偏向于如何提高合作社的管理效率、竞争力及给农民带来的收益。其中，对农民合作社成员的研究可以概括为两个方面：一是对合作社成员自身特征的研究，包括社员的受教育水平、年龄结构、对新事物的接受能力、工作经验、决策力和理解力、家庭收入水平等；二是合作社吸引农民加入的自身特征，主要有合作社的运行计划和目标、盈利能力、交易效率水平、与当地政府的关系等。此外，国外对农民合作社的研究已经从对其存在的合理性的解释，发展到对合作组织的制度要素和运行机制的深入研究；从合作组织的交易费用、信息不对称等单个视角（Peng et al.，2005；Mikami et al.，2008），发展到在不断进步的经济技术条件下，对农业合作组织的组织结构的调整和创新（Downing et al.，2005）。

1.3.2 国内研究述评

1.3.2.1 农民合作社发展研究

自改革开放以来，我国对农民合作社的研究大致经历 3 个阶段。

第一阶段，对农村社区性合作经济或者专业化合作经济的探究（20 世纪 80 年代到 90 年代初）。这一时期，我国学者主要对农村社区性合作经济或者专业化合作经济，这种崭新的合作经济模式展开探索性研究，研究成果屈指可数。如部分学者（李树基等，1985；李星字，1988）认为，农村合作经济实际上是统一经营与分散经营相结合的双层经营，并指出这种新型的农村合作经济形式的出现将为我国农村发展商品经济开拓一条重要途径，为农村经济体制和科技体制改革提供新鲜的经验。有的学者（刘荣勤等，1989）则提出了"社区性合作经济"概念，指出这种合作方式是由过去的生产大队演化而来的，是土地集体所有制的载体，与村民自治组织是同一的，也是农村经济发展的一个重要的经济单元。

第二阶段，对农业产业化的研究（20 世纪 90 年代初至 90 年代末）。随着农业产业化进程的开始，我国学者开始重视对合作经济组织发展规律的研究。运用调研数据，分析这种新型的合作组织形式，该阶段对合作组织的研究没有停留于合作社的概念及性质，而是着重于探讨如何促进我国农村合作组织的进一步发展。认为合作经济组织是联结农民与市场的有效桥梁（罗荣根，1999）。还有部分学者对合作经济组织的发展前景进行预测，指出具体的可完善之处，包括健全和完善内部运行机制，转变职能，增强村级合作经济组织的市场开发能力和完善根据市场需求组织农户生产、营销及提供配套服务的功能等（吴道建，1993；熊继恩等，1991）。

第三阶段，对农民合作社发展的研究（21 世纪初至今）。自《合作社法》（2007 年）实施以来，大力发展农民合作社已经成为增加农民收入、促进农民就业、整合农村资源要素、壮大农业主导产业的重大举措。因此，研究范围和研究重点都与前两个阶段有所不同。过去只是对农民合作社的内涵及其发展进行尝试性探索，现在则注重分别从农户和农民合作组织两个方面分析其影响因素，且大部分以实地调研数据为基础，运用不同的经济计量学方法、博弈论和制度经济学的相关理论，基于研究结果给出相关的政策建议。具体研究大致可以划分为 4 个方面。

第一，影响农户参与农民合作社行为倾向的研究。有学者（张娜等，2010；李忠旭等，2014；廖文虎等，2017；毛帅等，2018）主要运用 Logit 模型或 Probit 模型，以实地调研数据为基础，指出农户的心理契约、农户对合作社的认知程度、家庭主要农产品的商品化程度、农业种植技术、固定生产设备、农产品价格波动程度、主要农产品销售半径以及政府的宣传与支持程度等因素，对农户参与农民合作社意愿的影响显著。林岩（2010）通过调查烟台市 6 个村的农户，将影响农民组织化意愿的因素归结为经济、认知、信息、人才和发展 5 个方面。

第二，农民合作社的博弈论研究。部分学者（王楠，2007；李道和等，2008）从博弈论的角度探讨了农民合作社的合作机制、利益机制及农户合作的激励机制。胡振华和陈柳钦（2010）则通过对农村合作组织的纳什均衡分析和合作博弈分析，指出农村合作组织能使多方主体共同实现效益最大化，并且共同分享合作剩余；通过分析农村合作组织绩效，指出，建立农村合作组织有助于交易顺利且低成本地进行。汪艳涛和吴珊（2021）基于多方利益主体博弈视角，分析了商业银行与农民合作社之间的利益联结机制。陈旎珊等（2021）以福建省三明市的林业金融产品——"福林贷"为例，建立合作社、农户、金融机构三方共同参与的两阶段博弈模型，研究了合作社担保模式对林权抵押贷款的作用机理。

第三，农民合作社发展过程中存在的问题及对策研究。在这方面的研究中，孔祥智和史冰清（2009）、赵培和易守宽（2009）等认为农民合作社的发展主要受农民、农业产业化经营进程、政府以及社会环境 4 个层面的影响。诸多学者（杜贤文等，2006；冯道杰等，2006；苑丰等，2005；叶海燕，2009）通过分析外部发展环境障碍、内在发展机制障碍和发展成本障碍 3 方面，指出我国农民专业合作组织在发展过程中存在总体实力弱、人力资源缺乏、管理机制滞后、利益结构松散、政策引导不足等问题。王鹏和霍学喜（2011，2012）则以苹果合作社为例，分析合作社中农户退出合作社的诱因与退社方式，进而对合作社发展过程中存在的问题提出相关政策建议。

自《合作社法》（2007 年）实施以来，部分学者开始审视中国农民合作社快速增长背后出现的问题。于战平（2011）认为中国农民合作社的迅速发展，在反映农民适应市场竞争需求的同时，也反映出农民的机会主义行为。并提出合作社的发展不能急于求成，要明确政府引导与扶持的重点，建立村级集体经济组织与农民合作社发展相结合的发展道路。也有学者指出目前在登记注册合作社数量快速增长的同时，不应该放大合作社对农民的实际带动能力，应对合作社的发展数据保持理性判断；合作社的未来发展方向取决于政府导向和合作社相关主体间的利益博弈（潘劲，2011）。邓衡山和王文烂（2014）认为，现实中，中国绝大部分合作社不符合合作社的本质规定，原因在于农户间的异质性和现行的政策环境。

第四，成员异质性与合作社制度安排问题研究。近些年关于合作社及合作社成员问题的研究中，基于不同的分类标准，对异质性成员的界定存在差异。部分学者按照人口统计学特征和专业背景、学历及职业经验特征，将成员异质性分为一般异质性和专长异质性（张钢等，2009）。鉴于农民群体在职业、收入和消费等方面的分化，邵科等（2013）认为农户异质性主要体现在农户的农业生产特征、人口统计学特征和农户对风险的偏好特征 3 个方面。有些学者以农户的农业生产规模为基准，将农户异质性定义为农业生产大户和小户在谈判地位和投资激励方面存在的差异（黄珺等，2007）。在对农民合作社成员异质性的相关研究中，鉴于社员在资源禀赋、利益偏好、角色与作用等方面的差异，异质性社员间的合作关系是目前我国农民合作社的本质特征（黄胜忠等，2008）。邵科和徐旭初（2008）则将社员异质性定义为区别于传统合作社成员特征的成员间的特征差异化，即合作社成员间基于基本特征的利益诉求差异。何安华等（2012）认为初始的资源禀赋差异诱致合作社成员出现异质性并导致社员分层，进而形成不对等的权利格局。

林坚和黄胜忠（2007）指出，在异质性成员结构下，少数合作社核心成员拥有合作社的多数财产所有权，由于在集聚生产要素和避免代理问题上有优势，当前的所有权安排存在一定合理性。由此部分合作社研究者开始考虑并分析合作社成员异质性对合作社组织结构、合作社治理机制的影响作用。袁久和和祁春节（2013）通过建立合作社成员关系模型，应用博弈论方法分析异质性成员合作关系，研究表明，适度加强合作社成员之间的信息不对称、提高合作社成员间的合作意愿与彼此信任程度、提高预期的合作效应系数等，均有利于保持合作社异质性成员之间合作关系的稳定性和长期性。孔祥智和蒋忱忱（2010）以水果合作社为例，探讨了成员异质性对合作社治理机制的影响，指出合作社的治理机制偏向于确保人力资本要素拥有量作用发挥的制度安排。张靖会（2012）应用俱乐部理论，通过分析认为成员异质性对合作社的影响有正有负，即成员异质性可促进合作社的形成，有利于合作社成员之间的学习与互补，进而起到提高合作社运营效率的作用。总之，合作社在市场中的存在对产品质量改善和创新的影响大小，取决于社员异质化程度和/或产品创新成本（梁巧等，2011）。

1.3.2.2 农民合作社经济学研究

国内学术界关于农民合作社的经济学研究，是在第三个阶段发展起来的［即《合作社法》（2007 年）颁布后］。借鉴国外关于合作组织的新制度经济学研究方法，结合中国农业体制改革趋势及合作组织制度发展状况和问题，形成了一些成果。学者们具体的研究角度和研究观点不同，得出的结论也有所不同，以下对其中的主要成果做出概括。

（1）农民合作社产生及发展研究

许多学者在我国农业需要实行合作经营这一点上达成共识。他们以交易费用理论为基础，通过对比分析农业家庭经营在分散入市和有组织入市条件下交易成本的变化，指出由于家庭内部交易成本小，外部交易成本大，所以如果没有其他组织与之衔接，外部交易成本会逐渐增大，尤其是以信息成本、谈判成本和执行成本为代表的交易成本对农户选择不同的契约方式有重要影响。

我国学者对农民合作社的研究主要是从基于产业发展、农民权益和制度安排3个视角进行的（黄祖辉，2008）。国鲁来（2001）通过分析组织制度的实践，认为根据社员对组织收益需求的变化来不断调整制度，是合作社保持旺盛生命力的必要条件；要推动专业协会的组织发展，提高专业协会的市场替代能力，就要降低其制度实施成本和服务供给成本。罗夫永（2006）也从制度经济学角度分析了我国农村合作经济组织的发展动因，研究其演进趋势，并针对我国农村合作经济组织中存在的问题，提出了相应的制度措施。

农民合作社的出现使个体农户联合起来，提高他们在市场竞争中的地位，增加农民家庭收入，同时农业合作社的存在也增强了农民抵御自然风险与生活风险的能力（乐波，2005）。诸多学者也认为，成立农民合作社是一个既能保证家庭效率，又能降低交易成本，提高农民在市场中的谈判地位和议价能力的办法（黄祖辉，2006；高贵如等，2008；娄锋，2008）。此外，根据制度创新理论，农民合作组织作为一种新的制度形式，可以将农户直接进入市场的成本内在化，即形成内在交易费用，当内部交易费用低于外部交易费用时，农户就可以通过加入农民合作组织获得收益。黄志坚等（2008）也指出，农民是否加入农民合作社，实际上是在降低的外部交易成本和增加的内部交易成本之间进行博弈选择。总之，上述学者的研究表明，节约交易费用是农民合作社的决定性优势所在。

在关于加强农民合作社发展的研究中，史月兰（2006）认为，交易费用是制约农民合作组织建立和发展的主要因素。王士海和刘俊浩（2007）也认为，中国农民面临经营规模过小、社区社员异质性加大和人均人力资本存量少的现实约束，导到农户发展农业合作经济组织的交易成本过大，同时由于政府相应的制度供给缺位，使制度创新缺乏必要的外部支持，这些都是中国农业合作经济组织发展滞后的根本原因。同时，信息不对称严重、资产专用型较强、"搭便车"现象严重，这些问题都限制了农民合作社的发展（林坚等，2006；曾祥凤等，2008）。此外，也有一些学者（高贵如等，2008；朱艳等，2009）以交易成本理论为中心，研究农村合作组织建设中的交易费用，指出加强农户之间的合作有利于降低农产品进入市场的交易费用，增加农民收益。王芳等（2007）则从交易费用角度，讨论了农村合作经济组织在市场经济中的重要作用。总之，对于各种形式的交易方式，无论其农业生产的专业化、标准化和商品化程度如何，制度和技术的选择都是朝着约束条件下交易成本最低的方向发展。

（2）农民合作社运行机制和制度创新成本研究

尽管目前我国农业合作社蓬勃发展，但在发展过程中也存在诸多问题。有些学者（李姿姿，2006；蔡荣等，2007）从交易成本理论的交易成本和资产专用性角度入手，通过比较农民开展经济合作的几种组织模式，指出农产品市场组织的创新之处在于提高其生产率、保证交易双方的利益协调、降低交易风险和交易费用，并指出，在制度创新的同时也要注重技术创新。孙亚范（2004）认为我国学术界普遍重视对农民合作组织创新的动因和收益的研究，忽视了对创新成本的分析，因此运用制度经济学中的制度变迁与创新理论，分析了农民合作经济组织创新的成本及其影响因素，并在此基础上提出成本化解的思路和对策建议。王慧娟（2007）也指出，农民合作组织这一制度安排缺乏积极的利益激励和约束机制，认为需要对合作组织进行体制创新，在原有的合作基础上引入股份制，使合作组织的投资者与服务对象合二为一，进而降低交易成本，减少农业产业化经营中的逆向选择和道德风险。还有部分学者指出，受成员异质性的影响，合作社中的普通成员收益得不到保障，陷入收益共享的困境（曲承乐等，2019；曾博等，2021）。

通过回顾中国农业70年的发展可以发现，强调合作社的组建，即进行组织创新，是减少交易成本、促进生产力发展的关键，在农业领域中，交易费用不容忽视。卢妍妍（2007）以奶业合作组织为例，指出合作组织作为一种制度创新，带来的收益主要来自节约的交易成本收益、规模经济收益、技术进步收益、减少不确定性及规避市场风险和维护其经济地位的收益，成本则包括合作组织的启动成本、摩擦成本和运行成本；并指出，只有当预期的收益大于预期的成本时，制度的变迁才会发生。还有一些学者（罗冬梅等，2008；张娟，2008；张前程，2009）从交易费用理论和制度变迁理论角度展开研究，认为降低交易费用、实现规模经济是小规模经营制度变迁的主要原因，同时给出降低交易成本的相关建议，如明晰土地产权关系、鼓励农民集体参与市场竞争等。

1.3.2.3 存在缺陷及有待深化的理论问题

基于文献综述，相对于国外研究进展，中国关于农民合作组织制度的研究起步较晚。虽有诸多学者以交易费用理论为基础，从不同的角度对农民合作组织展开理论和实践研究，但目前对合作交易制度下农户交易成本的分析，还未形成定量测定的系统方法。具体来说，现有的研究成果中存在的缺陷和有待深入研究的理论和实践问题有3点。

第一，国内学者对"农户—农民合作社"交易模式研究较多，且大部分学者对该交易模式持肯定态度。但缺少以交易成本理论为基础的系统的规范分析体系，尤其是缺少对系统测定交易费用的研究。

第二，国内案例研究虽数量较多，研究视角也从农民合作组织建立和发展阶段延伸到合作社管理与运营绩效情况，但大部分实证研究均从合作社角度入手，对合作社绩效进行评估分析等。国外对农业合作组织的研究侧重于如何使农民加入合作组织，同时如何提高合作组织自身的竞争力以吸引更多农户加入，我国学者的研究则侧重于政府应该采取什么措施来鼓励地方村主任、镇长或大规模农户建立农民专业合作组织。鉴于合作社成员具有异质性特征，合作社管理者（合作社社长）与合作社成员（普通农户）对其所在合作社的评估结果也可能存在差异。可以认为，从普通合作社成员的角度入手，分析和评估合作社的持续发展问题，更能反映当前合作社发展过程中存在的问题，能切实引导农户选择对其有益的交易制度。

第三，以新制度经济学理论为基础，在农户交易费用问题上，已经积累了大量国内外文献，这些文献分别从理论和实证方面证明交易费用的重要性已被认识到。国内大部分的研究主要是将交易费用作为一种启发式的分析工具，虽然已有学者尝试测度不同规模农户的交易成本，但多停留在影响因素分析阶段，且对交易原理分析不够透彻。此外，国内相关研究成果大多以粮食作物生产者为例，鉴于粮食作物和高价值农产品生产者在内涵与外延方面均存在显著差异，对高价值农产品生产者的交易制度选择行为进行系统研究，对探索农户市场行为及规律更具有借鉴意义。

1.4 研究思路和研究方法

1.4.1 研究思路

以新制度经济学理论为支撑，以苹果种植户、苹果专业合作社，以及"苹果种植户—果业合作社"交易制度及其关系为案例，根据规范分析基本原理（即超边际分析原理和交易成本比较分析原理）构建基本假设（即合作交易制度下农户交易成本小于非合作交易制度下农户交易成本）。应用数理统计分析的相关原理及其模型方法（包括 Probit 模型、Tobit 模型、边际效应、DEA - Tobit 两阶段模型、有序 Logit 模型等），设计实证分析模型，按照"农户合作交易模式选择意愿→农户合作交易模式选择行为→合作交易模式农户交易成本测定→合作交易模式农户生产效率评估→合作交易模式持续发展分析"的研究思路，在验证与修正基本假设的基础上，形成基于交易成本视角的农户合作交易制度分析体系，以及农户交易成本与农民合作社之间关系的实证分析原理及体系。

具体而言，技术路线规划为 7 个方面（图 1-1）。

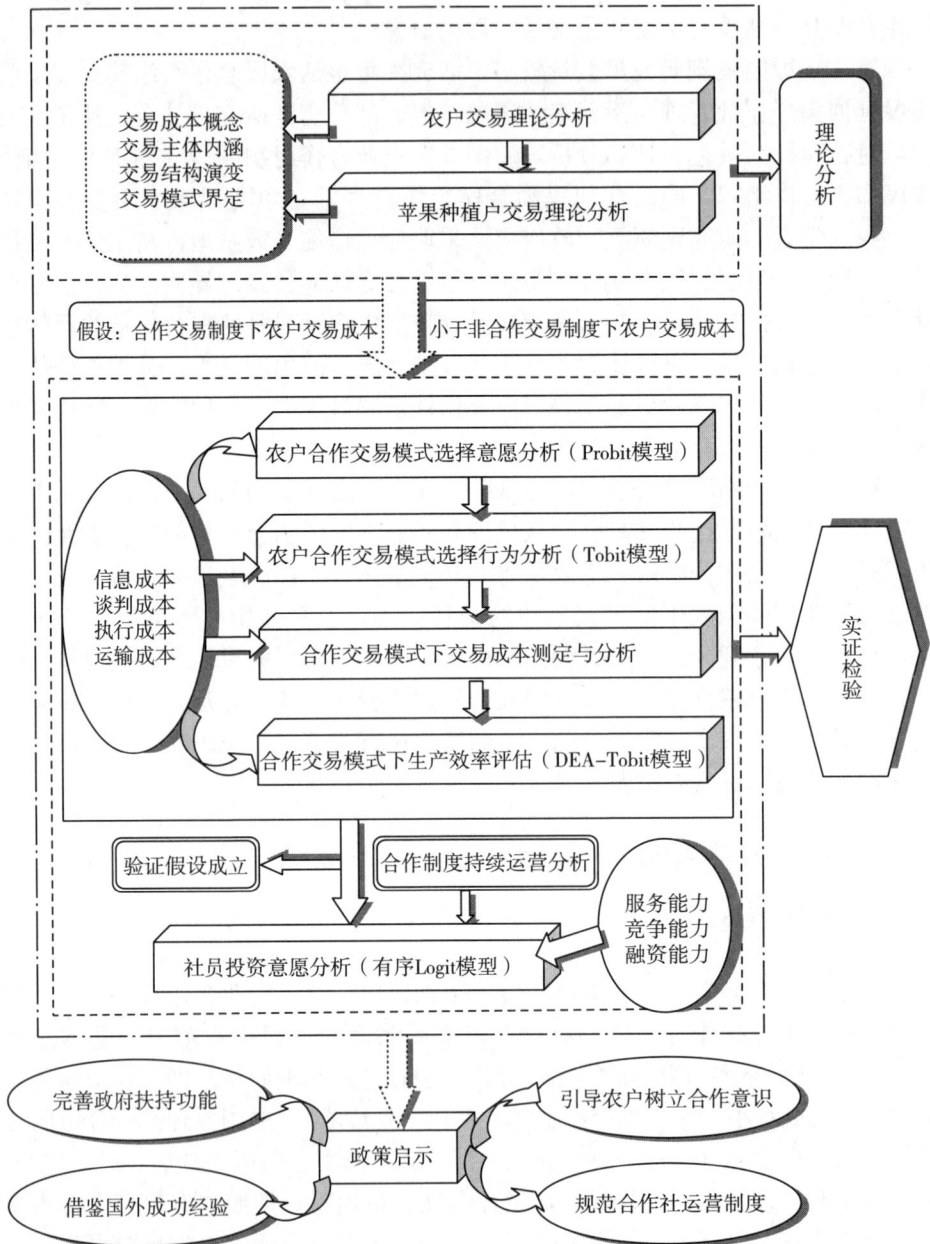

图 1-1　研究技术路线

第一，以交易成本理论为基础，以"苹果种植户—果业合作社"交易制度及其关系为研究对象，在把握国内外农民合作社产生和发展的制度背景与经济背景的基础上，结合超边际分析法（杨小凯，2003）和交易成本比较分析法（Williamson，1991），构建高价值农产品生产者交易制度选择的研究体系（即根据规范分析的原理及基本假设的属性，设计实证分析模型方法、数据收集方法，并验证规范分析结论——基本假设）。

第二，基于交易成本视角，以高价值农产品生产者（即苹果种植户）为案例，通过对农户农产品进入市场时的 3 种典型交易模式，即"农户＋消费者""农户＋农产品经纪人＋消费者""农户＋农民合作社＋消费者"进行理论研究，进一步分析基于合作制度安排的农户与合作社之间的交易机理，明晰交易原理。

第三，设计并建立交易成本定量研究模型。以苹果种植户为例，测定交易成本（主要包括信息成本、谈判成本、执行成本、运输成本）对农户农产品销售行为的影响方向与程度，初步探索形成基于合作经济制度视角的农户农产品交易成本测定的有效途径和方法。

第四，建立合作交易模式和非合作交易模式下农户生产效率与成本效率的比较评估模型，测定并比较"苹果种植户—果业合作社""苹果种植户—其他市场主体（即合作社以外的市场交易主体）"间的技术效率与成本效率，进一步明晰合作交易模式对提高农户农产品成本效率的影响机理。

第五，构建合作社成员投资意愿分析体系。结合中国农业体制背景及中国合作组织制度发展现状和出现的问题，以苹果种植户为例，探讨影响以农民合作社为经营主体的合作交易制度持续发展的因素，为实现合作交易制度可持续发展提出对策建议。

第六，以高价值农产品生产者为案例，建立农户合作交易制度选择的研究体系，明晰以农民合作社为经营主体的合作交易制度创新过程中出现的问题，为推进以农民合作社为经营主体的合作交易制度的改革与优化提供对策建议，也为粮食作物（如玉米、小麦等）生产者的合作交易制度选择提供借鉴。

第七，按照形式一致性、逻辑一致性、内容一致性原则，对规范分析结论与实证分析结论进行比较分析，对规范分析结论、实证分析结论与文献综述及评价结论进行比较分析，凝练形成本书的研究结论及创新点。

1.4.2　研究方法

围绕研究目的，即农户合作交易制度（农户加入合作社并与合作社进行农产品交易）选择机理，综合应用交易成本理论、数理统计模型的相关原理与方法，建立规范分析体系，运用实证模型验证假设（即规范分析结论）。

具体研究方法包括实地调查法和数理统计分析法。

（1）实地调查法

问卷的科学性主要体现在其隐含的信度和效度问题。信度指量表的可靠性；效度指研究得到的信息可以准确测量研究者想要测量的东西。调研的问卷设计在借鉴相关学者调研问卷的基础上，结合本书的研究目的与研究方法，通过理论分析确定所需变量，并将变量转化为问卷中的问题，由此完成问卷设计。调研采取与样本农户面对面、一对一地填写问卷，结合与样本农户进行访谈的方式。同时，对样本合作社理事长、样本村村主任以及当地果业管理部门的相关工作人员进行问卷访谈，以掌握样本地区合作社发展整体情况。

本次调研共设计3类问卷：苹果种植户调查问卷、苹果专业合作社调查问卷、村级调查问卷。

苹果种植户标准问卷设计包括4个方面内容。

第一，农户基本情况，包括户主年龄、受教育水平、非农工作经验、农业生产活动经验等。

第二，农户进行农业生产的投入产出情况，包括土地、资本（主要涉及农药、化肥、果袋、地膜等）使用情况、劳动力使用（涉及农户家庭内部劳动力使用与家庭外部劳动力雇用）情况、耕地面积、苹果种植面积、苹果产量及收入等。

第三，农户生产和销售苹果的过程中产生的交易成本，包括信息成本、谈判成本、执行成本和运输成本。

第四，农户对合作社提供各项服务的满意度、合作社发展绩效指标，以及在生产销售过程中遇到不同问题的困难程度的评估等。

苹果专业合作社调查问卷设计内容包括合作社的注册时间、注册资金、社员人数、带动群众人数、苹果种植面积、苹果产量、合作社提供各项服务、合作社规模、业务范围、经营情况等相关信息。

村级调查问卷内容主要涉及调研地区总耕地面积、总苹果种植面积、苹果种植不同品种占比、配套基础设施建设（如水利设施）、调研地区登记注册的果业合作社相关信息以及政府补贴形式与补贴额度等。

（2）数理统计分析法

包括均值检验、李克特量表、Probit 模型、Tobit 模型、DEA - Tobit 两阶段模型以及有序 Logit 模型。本书在分析农户合作交易制度内在机理的基础上，以苹果种植户为例，统计、比较分析合作交易制度与非合作交易制度安排下的农户基本特征（包括农户年龄、受教育水平、非农工作经验、苹果种植经验等）和苹果种植特征（包括耕地面积、苹果种植面积、苹果收入、非农收入等）。应用 Probit 模型，分析了影响农户合作交易模式选择意愿的因素。应用 Tobit 模型，结合边际效应测度方法，深入分析了影响农户合作交易制度选择行为倾向及特征的因素；通过测算与比较合作交易制度与非合作交易制度下农户交易成本统计数据的大小，证明了合作市场交易制度下农户的交易成本显著低于非合作交易制度下农户的交易成本（即验证本书基本假设）。运用 DEA - Tobit 两阶段模型，分析并比较了合作交易制度与非合作交易制度下农户成本效率差异，探讨了影响两种交易制度安排下农户成本效率的交易成本因素。采用有序 Logit 模型，分析并识别影响合作社成员为合作社持续发展投资的意愿的因素，即在验证合作交易制度可显著降低农户交易成本后，从合作社成员角度入手，分析合作交易制度安排的可持续发展因素。

1.4.3　样本选择

样本选择的科学性是实证研究的关键因素。中国、美国和欧盟地区是世界三大鲜苹果主产地，自 2009 年来，中国鲜苹果产量居世界鲜苹果产量首位（Wang et al.，2013a）。陕西是中国最大的苹果主产省，本书主要以陕西省 6 个苹果重点生产县的苹果种植户为基本样本单位展开研究。

在定量抽样调查中，等距抽样方法应用较为普遍。本书采取分层抽样与等距抽样相结合的多阶段抽样方法。虽然等距抽样方式存在总体单位数可能包含不合格样本的弊端，但是由于抽样者对总体结构有一定了解，可先利用已有的相关信息排列总体单位，而后抽样，以提高抽样效率。

鉴于时间和经费限制，不能调查每一位潜在农户，只能选择潜在农户中的一部分作为调查样本，因此所选择的样本需要具有代表性。鉴于对陕西省苹果种植情况较为了解，所以在选样初始，将陕西省统计局和国家统计局陕西调查总队主编的《陕西统计年鉴 2011》中涉及的陕西省 30 个苹果重点生产县[①]，

---

① 苹果重点生产县定义：根据苹果生产县形成的历史背景、分布规律、结构及功能状况等特点，将苹果基重点生产县定义为农业区域分工体系中的一种基本形式，是社会化生产条件下社会分工发展的产物，是社会分工深化发展的产物，是社会分工深化发展的基本条件，是现代社会组织大规模生产体系的物质基础。苹果重点生产县的本质是一种农业专业化区域，是社会化生产条件下，农业产业在空间上集聚的结果。这种农业专业化区域以苹果种植为重要农业产业，即以苹果终值为农业区域专业方向。从发展方向看，这种农业专业化区域不是一种传统的、自给自足的自然经济体系，也不是单纯追求苹果产量增长的产品经济体系，而是一种商品经济体系。

按 2010 年的苹果年产量顺序排列与编号，同时设置目标样本单位数为 6，根据公式 $k = \dfrac{N}{n}$（k 表示样本距离，N 为总体单位数，n 为样本单位数），最终确定样本距离为 5。按此样本距离，从 30 个苹果重点生产县中选取 6 个苹果重点生产县（富平、千阳、凤翔、扶风、乾县和长武）作为样本县。乡（镇）级、村级、农户级样本则用随机抽样方法确定。本书作者于 2011 年 4—8 月在陕西省不同地区开展面对面入户调研，最终获得 6 个县、12 个乡（镇）、21 个村共计 400 户样本农户数据。

鉴于苹果树的寿命一般在 30～50 年，其生长分为幼树期和结果期，结果期又分为初果期、盛果期和结果后期，其中幼树期一般为 3～6 年。为了避免果树年龄差异导致果树产量出现较大差异，进而可能导致测算结果存在有偏估计：首先剔除 35 份新建园样本（果树还没有开始结果实）与问卷部分内容缺失的无效样本（受调研农户记忆问题等的影响），最终得到 365 份非新建园的有效样本，其中合作社成员样本数为 115 户，非合作社成员样本数为 250 户，样本有效率为 91.3%。调研采取问卷填写与农户访谈相结合的方式进行，通过与农户面对面访谈，可有效弥补或纠正问卷部分内容，使问卷内容更具真实性和代表性。表 1-1 为有效样本的分布情况。

表 1-1　陕西苹果种植户样本选择（有效样本统计）

市	县	社员人数	非社员人数	合计
渭南	富平	44	27	71
宝鸡	千阳	24	37	61
	凤翔	35	45	80
	扶风	0	42	42
咸阳	乾县	11	40	51
	长武	1	59	60

2006—2009 年，30 个苹果重点生产县的苹果产量平均约占陕西省苹果总产量的 85.9%；同期样本地区苹果产量占苹果重点生产县样本总数的 14.6%（图 1-2）。由此可认为选取样本地区的苹果种植情况可以代表陕西省苹果种植情况。

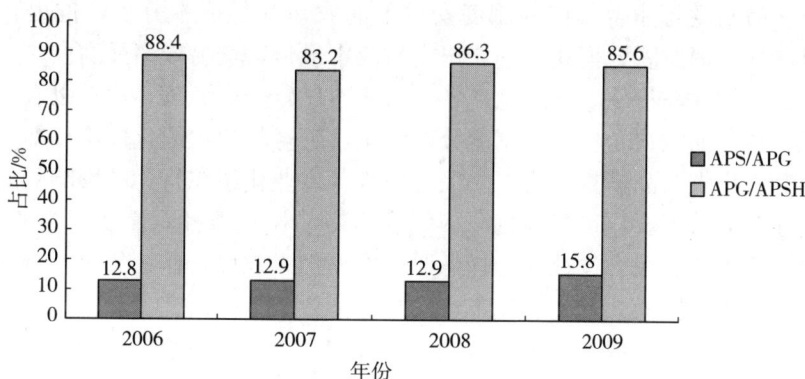

图1-2　样本地区苹果产量占陕西苹果总产量比重

资料来源：中国统计出版社《陕西统计年鉴》(2007—2010)。

注：APS为6个样本县苹果总产量，APG为陕西省30个苹果重点生产县苹果总产量，APSH为陕西省苹果总产量。

苹果是一种喜冷凉和干燥气候、对空气湿度要求较低的植物，最适宜其生长的温度为7～14℃、年降水量为500～800毫米，并要求土质肥沃，土层深度在1米以上为最佳。地势和地形也是影响苹果生长的重要环境因素，光照、温度、降水量等在地面上的分配，对苹果的生长发育、品质变化以及产量会产生影响。黄土高原沟壑丘陵区具有独特的光照、温度、水分、热度等地理特征，适宜苹果生长发育。表1-2为各样本地区的自然条件和苹果种植面积及产量统计情况。可以看出，所选取的样本地区的温度、降水量以及地理位置等自然条件均适合苹果生长。

表1-2　2010年样本地区自然条件与苹果生产情况

市	县	温度/℃	降水量/毫米	地理位置	苹果园面积/公顷	苹果产量/万吨
渭南	富平	14.4	626	黄土高原沟壑区	8 847	17.5
宝鸡	千阳	10.9	653	关中西部	1 695	1.2
	凤翔	11.5	610	关中西部	4 791	7.2
	扶风	12.4	592	关中西部	4 533	15.8
咸阳	长武	9.1	584	黄土高原丘陵沟壑区	14 333	22.0
	乾县	14.1	582	关中平原中段北侧	22 847	45.2

1.5　创新之处

第一，拓展和验证了超边际分析理论适用范围。即将超边际分析理论应用于合作交易制度与非合作交易制度安排下的农户交易成本分析，推出在"农户＋合作社＋消费者"模式下，农户交易成本最低，交易效率最高。

第二，构建高价值农产品生产者交易成本比较分析原理，建立以农民合作社为经营主体的农户合作交易制度分析体系，健全农户组织化理论。即针对交易成本对农户农产品销售行为、农民合作社等专业化组织行为的影响的复杂性和广泛性，完善了合作市场经营环境中农户交易模式选择意愿及行为的研究，包括对农户加入农民合作社的选择意愿、农户加入农民合作社的选择行为、农户农产品销售不同模式的交易成本、农户生产效率等的研究。

第三，采用交易成本理论，区别于传统农产品生产与消费市场研究，结合高价值农产品生产者（即苹果种植户）市场交易特征，应用 Tobit 模型，结合边际效应测度方法，深入分析、测定信息成本、谈判成本、执行（监督）成本、运输成本等交易成本对不同经营规模农户农产品销售过程的约束程度，以及对不同经营规模农户市场行为影响的差异，揭示交易成本约束下农户农产品销售行为规律及特征，完善交易成本分析方法。结果表明，交易成本对苹果种植户选择通过合作社销售的苹果数量占其苹果总产量的比重有显著影响作用。在反映谈判成本的变量中，苹果分级时间对苹果种植户选择通过合作社销售的苹果数量有显著积极影响作用；在反映执行成本的变量中，收到全部货款的等待时间对苹果种植户选择通过合作社销售的苹果数量有显著积极影响作用；接待交易对象产生的费用对苹果种植户选择通过合作社销售的苹果数量有明显抑制作用。

第四，研究建立量化交易成本的测算与分析体系。以苹果种植户为例，具体测算出农户在合作交易制度与非合作交易制度下，农产品生产、销售活动过程中信息成本、谈判成本、执行成本和运输成本的数值差异，实际测算并验证了农户选择合作交易模式可以降低交易成本中的运输成本与谈判成本，同时，苹果种植规模越大的农户，选择合作交易模式之后节省的交易费用越多。具体来看，农户选择合作交易制度可每年平均节省运输成本 800 元左右，降低购买者违约行为给农户造成的损失约 190 元，节省苹果分级时间 8.1 小时（相当于 1 个工作日）。

第五，运用 DEA-Tobit 两阶段投入产出方法及测度模型，以苹果种植户为例，比较分析了作为独立自主经营主体的农户，与作为合作社成员的农户之间的生产效率和成本效率，及交易成本对成本效率的影响作用。研究结果表明，合作社成员的技术效率、成本效率、规模效率均高于非合作社成员，且非合作社成员的交易成本显著高于合作社成员。说明苹果种植户借助农民合作社平台作出的合作交易制度安排，可以有效降低交易成本。对合作社成员来说，合作社应当提高为社员提供的苹果分级服务水平与服务质量，以减少成员产品交易时产生的执行成本；对非合作社成员来说，信息成本和运输成本是影响其成本效率的主要交易成本类型，由此，合作社可以从提供不断更新的市场信息和提供免费或低价的农产品运输服务两方面入手，吸引农户加入。

第六，采用有序 Logit 模型，从农户角度探讨影响合作交易制度可持续发展（即农户为其所在合作社的进一步发展投资的意愿）的因素。实证研究表明，合作社的规模越大，并不意味着社员对合作社投资的意愿越大。社员的投资意愿主要取决于合作社是否建有健全的管理体系和合理的分配机制，及其合作社与其成员之间、普通成员与合作社管理者或核心成员之间是否有较好的沟通渠道，是否能及时、有效帮助社员解决农业生产问题。

第 2 章

交易成本及农户交易理论分析

在经济体制改革过程中，如何权衡改革成本与收益之间的关系，即选择生产与交易成本较小、收益较大的改革途径，具有重大意义。准确理解交易成本的内涵，把握农民合作社的特点，辨析农户在合作交易制度与非合作交易制度下交易行为的异同，从交易成本视角分析研究农户对合作交易制度与非合作交易制度的选择意愿与选择行为，分析农户在合作交易制度与非合作交易制度下的交易效率与生产效率的异同，有助于揭示农户选择不同市场交易制度而产生的生产成本和交易成本的差异及特征，测度和评价合作交易制度安排（即农户加入合作社，按照合作社章程确立的制度安排，以社员身份与合作社进行农产品交易）和非合作交易制度安排（即农户没有加入合作社，且不与合作社进行农产品交易）的优劣，为农户选择有效的交易制度提出对策建议。

本章在界定"交易成本"概念的基础上，基于交易成本视角，详细阐述了农产品市场交易主体相关概念，包括"农户""农产品经纪人""农民合作社""涉农企业或公司"；界定了合作交易制度与非合作交易制度；形成了农户合作交易模式研究理论分析体系，为后文的实证检验奠定理论基础。

2.1 交易成本及其属性与分类

2.1.1 交易成本概念

交易成本指由于存在知识和经验差异、信息不对称，不同交易主体在利益冲突调和过程中损耗的资源。制度是经济主体之间有约束力的规则体系。制度决定市场需求与市场供给组成部分产生约束关系的情况下的规则、条款或者条件。制度约束的是经济主体之间的相互经济关系，即交易关系。在社会经济系统中，经济主体在无数次交易中需要遵守的所有规则构成了制度。制度的存在不能使交易成本降至最低，但是制度能成为经济增长或下降的独立根源（North et al.，1994）。制度不一定，甚至常常不能提高社会效率，但是制度，或者至少正式的制度，其建立的目的是为制定新规则并有讨价还价权利的人提供服务（North，1990）。

广义上，新制度经济学中的交易费用包括所有与制度或组织的建立或变迁，以及制度或组织的使用有关的费用。新制度经济学家以交易成本为分析工具，以交易为基本研究单元，把交易作为稀缺性资源来研究，打破传统经济学的研究界限。Williamson 认为，交易成本产生的主要原因在于人的有限理性和机会主义行为特征，有限理性和机会主义行为的存在，导致出现信息成本、计划成本、适应成本、监督成本、执行成本等，因此交易成本可以被降低或减少，但不能被彻底消除。交易成本是社会竞争制度安排下选择的核心，降低交易成本的主要力量是技术进步和制度安排，因此，在技术条件不变的条件下，选择较好的制度安排即可节约或降低交易成本。

Williamson（1975）指出，市场失灵是交易成本产生的主要原因。即由于交易参与人的信息获取能力有限，在讨价还价过程中存在机会主义倾向，且具有较大不确定性，使商品或服务的购买者很难评估商品或服务供给者的行为。同时，较高的资产专用性也使商品或服务供给者的机会主义倾向增强，加大了购买者的风险。由于交易存在极大的不确定性，在不确定性较高的情况下对商品或服务供给者行为的评估，以及潜在供给者在资产专用性较高的条件下的机会主义倾向，都降低了交易双方对交易的控制力，进而使双方的交易产生费用。

交易成本可以以机会成本的形式出现（Maertens et al.，2009）。这些成本与资产专用性、环境不确定性以及行为不确定性直接相关。其中，资产专用性导致出现资产维护问题，如果没有进行适当的维护，企业或组织将会面临巨大的事后风险；环境不确定性导致出现适应性问题，由此产生的交易成本包括获取新信息、协商与达成一致、协调性活动等，环境适应失败会产生适应不良的机会成本；行为不确定性导致出现绩效评估问题，要获取交易一方的真实绩效就必须有直接的测量评估成本投入，如对产出及行为的评估，因此，绩效评估失败会产生生产性损失的机会成本（表 2-1）。

表 2-1　交易成本性质

项目	资产专用性	环境不确定性	行为不确定性
交易成本来源（政府管理问题性质）	维护问题	适应性问题	绩效评估问题
交易成本类型（直接费用）	维护成本	交流、谈判与协商成本	筛选或选择成本（事前成本）；评估成本（事后成本）
机会成本	生产性投资失败的费用	适应性失败的费用	辨识适合的合作者失败的费用（事前成本）；通过努力调整之后的生产性损失（事后成本）

资料来源：RINDFLEISCH A，HEIDE J B. Transaction Cost Analysis：Past，Present，and Future Applications [J]．Journal of Marketing，1997，61（4）：30-54.

关于交易成本的内涵，国外已有诸多学者作出不同界定。Coase（1937）认为交易成本是利用价格机制的成本；Arrow（1969）认为交易成本是经济系统运作的成本；Williamson（1975）提出交易成本是为了促成交易而产生的成本；Dahlman（1979）认为交易成本是交易发生时产生的信息搜寻、谈判以及交易实施等成本。表2-2对交易成本内涵进行详细说明。

表 2-2   交易成本内涵

交易成本类型	内涵
信息成本	交易者寻找潜在交易对象，获取交易对象能提供的服务与交易商品相关信息所需支付的费用
谈判成本	为实现交易，交易双方针对交易商品的价格、质量等进行议价、谈判、协商，并最终作出决策等产生的费用
监督成本	交易双方签订契约后，由于存在机会主义，为了预防交易双方出现违背契约的行为，在签订契约后，交易执行的过程中，交易双方互相监督产生的费用
执行成本	交易双方签订契约后，交易双方对交易商品进行必要的检验，以确定对方是否遵守契约，按规定执行；或当交易一方出现违约行为时，交易另一方强制对方履行契约而产生的费用

2.1.2   交易成本与其他成本的差异

交易成本是新制度经济学的基本概念，其特征与传统生产成本有本质区别。本节从本质、定义、构成及计算方式4个方面比较交易成本与其他成本的差异。从定义上来看，农业生产成本指农户从事农业生产活动的过程中产生的各项费用，包括种植或养殖所需的化肥与农药、饲料等费用，及雇工工资、农机折旧费用等。交易成本是交易经济主体（即人与人）之间由于存在有限理性、信息不对称等，在交易过程中为了调和利益冲突，最终达成协议所产生的费用。

农业生产成本可以按照不同的生产类型，如农业、林业、畜牧业、渔业等分别设置成本账户，进行会计核算。由于环境和行为具有不确定性，人们只能估计交易成本中的部分种类和数量，交易成本中的信息搜寻成本、讨价还价成本、签订契约成本、监督和履行契约成本等涉及人的时间和精力的、抽象的资源消耗，则很难用货币计量。具体差异如表2-3所示。

表2-3　交易成本与其他类型成本差异

成本类型	本质	定义	构成	计算
交易成本	人与人之间的关系	由于存在知识和经验差异、信息不对称的问题，不同交易主体之间在利益冲突调和过程中损耗的资源	信息成本、谈判成本、监督成本、执行成本	较难测量
生产成本	人与自然界之间的关系	生产单位为生产产品或提供服务而产生的各项生产费用	直接材料、直接人工、制造费用	会计核算方法
经营成本	人与自然界之间的关系	生产单位在经营期内负担的全部成本	销售成本、销售税金、期间费用	会计核算方法
销售成本	人与人之间的关系	已经销售的产品的生产成本、已经提供劳务服务的劳务成本、其他销售的业务成本	主营业务成本、其他业务成本	会计核算方法
农业生产成本	人与自然界之间的关系	农户从事农业生产活动的过程中产生的各项费用	土地（地租）、农资（种子、农药、化肥、饲料等）、劳动力（农户自身，雇用劳动力）、农机具折旧等	会计核算方法

2.1.3　交易成本分类

交易成本可分为内部交易（internal transactions）和外部交易（external transactions），或者企业内交易（intrafirm transactions）和市场间交易（market transactions）。交易成本在本质上是专业化与劳动分工的费用，服务于交易目的的真实资源需要通过融资来实现。

根据交易成本的可计算性，可分为外生交易成本和内生交易成本。其中，外生交易成本指在交易过程中直接或者间接发生的、客观存在的实体成本；内生交易成本指由于道德风险、机会主义和逆向选择等行为的存在而产生的、需要用概率和期望值来测度的潜在的损失。根据交易成本的范围，可分为搜寻成本、信息成本、议价成本和决策成本（Williamson，1979）。以交易发生为标准，可将交易成本分为事前交易成本和事后交易成本。其中，事前交易成本包括签订合约、讨价还价（谈判）、保障合约执行等成本；事后交易成本指由于合约的不适应性产生的成本（Williamson，1985）。Dahlman（1979）通过类别化处理交易活动内容，将交易成本分为搜寻信息成本、协商和决策成本、契约成本、监督成本、转换成本和执行成本（表2-4）。

表 2 - 4　交易成本分类

作者	分类标准	类别	解释
Williamson (1979)	交易成本范围	搜寻成本	搜集商品信息与交易对象相关信息的成本
		信息成本	为了获取交易对象的信息而与交易对象交换相关信息所产生的成本
		议价成本	与制定合约、价格、品质相关的讨价还价时产生的成本
		决策成本	由于签订合约、制定决策产生的成本
Williamson (1985)	交易发生时间	事前交易成本	包括签订合约、讨价还价（谈判）、保障合约执行等成本
		事后交易成本	由于合约的不适应性产生的成本
Dahlman (1979)	交易活动内容	搜寻信息成本	搜集商品信息与交易对象相关信息的成本
		协商与决策成本	与制定合约、价格、品质相关的讨价还价，并最终作出决策等产生的成本
		契约成本	交易双方达成协议准备交易时，因签订契约并协商契约内容产生的成本
		监督成本	为了预防交易对方出现违背契约的行为，在签订契约后，交易执行过程中，交易双方互相监督产生的成本
		转换成本	交易双方完成交易后，若有一方更换交易对象时产生的成本
		执行成本	交易双方签订契约后，交易双方对交易商品进行必要的检验，以确定对方是否遵守契约，按规定执行时产生的成本
杨小凯 (1998)	交易成本可计算性	外生交易成本	交易过程中直接或间接发生的，不是由决策者利益冲突导致的交易费用，包括运输过程中的资源消耗，用于生产、通信、运输及交易过程中的交易设施等
		内生交易费用	广义内生交易费用：只有在所有参与者都作出决策后才能确定的交易费用 狭义内生交易费用：市场均衡与帕累托最优间的差别，即人们在交易中争夺分工好处的机会主义行为产生的交易费用，一般来自垄断、外部效应、公共财政，与个体的决策、制度及合约安排有关

2.2 交易主体分析

基于农户农产品生产销售过程中主要涉及的生产经营主体，将农产品市场交易主体分为 4 类，即农户、农民合作社、涉农企业（公司）、农产品经纪人。

2.2.1 农户

2.2.1.1 农户的定义

农户以家庭为单位，其家庭成员是长期从事农业生产经营活动，包括种植业、养殖业、渔业及其他农业生产活动的劳动者，家庭收入的主要来源是从事农业生产经营活动的收入。农户家庭成员直接从事农业生产活动，自主经营拥有的土地或牲畜，也可以雇用其他劳动力帮助其从事农业生产活动。

2.2.1.2 农户的分类

第一，从农业生产经营内容来看，可将农户分为种植业农户，即以土地为基本生产资料，从事绿色植物栽培，如蔬菜、水果类种植活动的农户；养殖业农户，即从事畜牧、家禽养殖和繁殖活动的农户；渔业农户，即从事捕捞、养殖鱼类或者其他水生生物的农户。

第二，从农业生产经营规模来看，可将农户分为小规模、中等规模和大规模农户。国内对农户生产经营规模划分的现有研究文献中，基本以种植面积为划分标准，且同类生产经营内容的农户的规模分类差异不大，一般将种植面积小于 3 亩*的作为小规模农户，种植面积大于 8 亩的作为大规模农户（李岳云等，1999；张忠根等，2001）。

第三，从农业生产经营专业化角度来看，可将农户分为专业农户、兼业农户和非农农户。其中，专业农户和兼业农户又可细分为其他类型（图 2-1）。

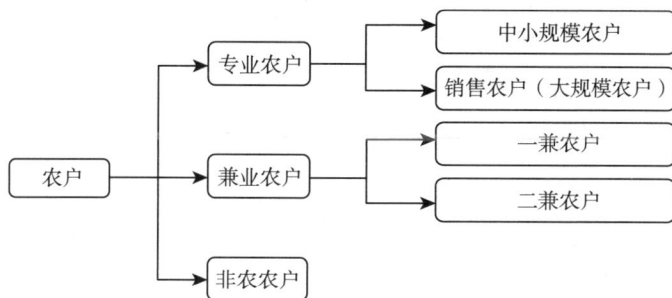

图 2-1 基于农业生产经营专业化程度对农户的分类

---

* 亩为非法定计量单位，1 亩≈666.7 平方米。——编者注

专业农户指家庭成员都从事农业生产活动而不兼营其他业务活动的农户，家庭收入的全部来源是农业生产活动，或者与农业生产相关的活动。专业农户可以分为中小规模农户和销售农户。中小规模农户，即农村中以家庭成员为劳动力，依靠传统的农业生产经验从事农业生产经营活动，以维持家庭生活的农户；销售农户指从事农业生产活动，以销售农产品获取利润为目的的农户，是农业生产的主力（朱振达，2004）。专业农户的农业生产规模较大，具备一定的管理、技术、经营知识以及获取市场信息的能力，能为社会提供大量农产品。

兼业农户分为一兼农户和二兼农户。一兼农户指以农业收入为主，非农收入为辅的农户，家庭成员会利用农闲时间外出打工以贴补家用；二兼农户指以农业收入为辅，非农收入为主的农户，即家庭成员中至少有一人从事非农工作，且从事非农工作获得的收入高于家庭农业收入的农户。

非农农户，指拥有农村户口，但家庭成员都不从事农业生产活动或与农业生产相关的活动，家庭收入全部是非农收入的人家，如个体工商户、在工商企业中实现稳定就业的农业人口、私营企业主等。

第四，从农民合作社参与角度来看，分为农民合作社成员、非农民合作社成员。2007年颁布实施的《中华人民共和国农民专业合作社法》规定，合作社成员指具有民事行为能力的公民，以及从事与农民专业合作社业务直接有关的生产经营活动的企业、事业单位或社会团体，可参加社员大会，并享有表决权、选举权和被选举权。合作社成员不仅享有当地政府提供的农业补贴和服务，还享有合作社提供的相关补贴和服务。非合作社成员指具有民事行为能力的公民，以及从事与农业有直接关系的生产经营活动但没有加入合作社，实现农产品自主生产、经营、销售的农户。非合作社成员可以享有当地政府提供的农业补贴和服务，但不享有地方合作社提供的相关补贴和服务。

根据农户在合作社的地位及其参与合作社运营、决策事务的情况，可以将合作社成员分为普通社员、核心社员和理事长3类（表2-5）。

表2-5　农民合作社成员分类

社员类型	定义	合作社运营、决策事务参与程度	生产/种植规模
普通社员	一般农户	对合作社的运营情况不十分关心，几乎没有机会参与合作社经营决策相关事务	中小规模苹果种植户
核心社员	具有一定规模的生产或销售大户、苹果种植示范户等	对合作社的运营情况非常关心，并参与合作社经营决策相关事务	较大规模苹果种植户

（续）

社员类型	定义	合作社运营、决策事务参与程度	生产/种植规模
理事长	负责合作社相关管理工作的人员，也是合作社成员之一	对合作社的运营情况非常关心，并负责合作社经营决策事务	由于对合作社管理人员的要求主要取决于其组织管理能力，因此该类社员的种植规模不定

资料来源：王丽佳，霍学喜. 合作社成员与非成员交易成本比较分析——以陕西苹果种植户为例 [J]. 中国农村观察，2013（3）：54 - 64，71，92.

根据不同分类标准，可将农户分为不同类型。结合研究目的，即不同交易模式（农户加入合作社并与合作社进行农产品交易的合作交易模式，与农户没有加入合作社并不与合作社进行农产品交易的非合作交易模式），以农户是否加入农民合作社并与其进行农产品交易为标准，将农户分为农民合作社成员与非农民合作社成员。

2.2.2　农民合作社

根据交易成本理论，外部市场的交易费用很高时，就会激励形成一种组织，将公开市场环境中的交易费用内化为该组织的内部协调、管理费用。农民合作社通过提供技术、信息、购买、销售、储运、加工等服务，在保证其成员的专业性生产正常进行的同时，将农户与农产品市场中其他主体交易产生的费用内生化。《合作社法》（2007 年）对农民合作社作出了详细界定。从概念来看，农民合作社是在农村家庭承包经营的基础上，同类农产品的生产经营者或者同类农业生产经营服务的提供者、利用者自愿联合起来，实行民主管理的一种互助性经济组织。从服务对象来看，农民合作社的主要服务对象是其成员，为合作社成员提供农业生产资料的购买，农产品的销售、加工、运输、储藏以及与农业生产经营有关的技术、信息等服务［《合作社法》（2007 年）第一章第二条］。

2.2.2.1　农民合作社本质

农民合作社是一种服务的使用者拥有、服务的使用者控制的法人组织。农民合作社按照使用者拥有、使用者控制的组织形式，将弱势群体（如中国的小规模农户）组织起来，改善合作社成员的生产经营环境，培育新的市场势力，改进农产品市场结构。同时，根据合作社成员的使用情况，为其提供不同的优惠服务和分配收益等。其中，"使用者拥有"指合作社服务的享有者大部分是为合作社提供资金支持的社员；"使用者控制"指合作社的管理人员，包括董事及董事会社员，是从合作社全体社员中，以民主选举的方式产生的。"使用者收益"指合作社运营的目的是根据其社员的使用情况，为其社员提供和分配收益。

2.2.2.2 农民合作社功能

农民合作社作为一种特殊的经济组织形式，主要功能是为合作社成员提供农产品生产和交易需要的服务，最重要的是合作社与其成员之间的交易不以营利为目的，合作社与除了成员以外的其他经济主体的交易则以营利为目的。合作社的盈余，除了小部分作为公共积累外，绝大部分要根据合作社与其社员之间的农产品交易额来分配。分配方式以按股分红、按交易额分红或按股分红和按交易额分红相结合3种方式为主。农民合作社与其他经济组织的区别详见表2-6。

表2-6 农民合作社与其他经济组织的区别

项目	农民合作社	股份公司、集团企业等企业组织	农业协会	政府组织（农业农村局、农机局等）
组织性质	非营利性组织	营利性组织	非营利性组织	非营利性组织
组织基础	社员	资金	会员	工作人员
社员制度	进退自由	不能退股，只能转让	进退自由	考核制
分配制度	按社员与合作社的交易量（额）分配	按股分红	无	无
决策原则	一人一票制	一股一票制	一人一票制	无
经营目标	销售产品，获取利润	获得高额的资本回报	提供生产信息技术服务	执行国家关于农业的方针政策
社会责任	为社会弱势群体（农户）提供服务	推动社会发展及技术进步，解决就业	为社会弱势群体（农户）提供服务	指导农业和农村经济发展

具体来看，农民合作社主要有4个方面功能。

第一，提高农户在农产品市场中的谈判地位。合作社作为社员代表，按照委托代理关系原则，代表社员与其他交易主体或谈判主体，包括其他农户或消费者、国内外涉农企业或公司以及政府等谈判，提高社员在谈判中的地位，保障社员基本权益。

第二，改善农用物资产品的市场结构，为农户提供优惠的价格和良好的服务。合作社通过集中、批量采购农资产品，获得采购折扣，实现规模化经营，并以优惠的价格为合作社成员提供农资产品以及相关服务。此外，在合作社的框架下，合作社成员为了提高自身的家庭收入，接受合作社的统一指导，如新型农资或农产品品种、新的农业生产技术等，在发挥家庭生产积极性的同时，实现生产作业与经营环节的协调发展。

第三，提供及时、有效的信息、技术与管理服务。合作社作为一个组织，有一定的获取市场信息的技术设备和资源渠道，可为社员提供包括技术培训与职业导向、新型农产品或农业技术的示范与推广、良好的农产品经营与管理决策、农产品市场信息等方面的服务。此外，合作社可根据需要，直接与相对应的教学、科研单位或行业专家学者建立联系，有助于建立需求型农业技术生产推广体系。

第四，为社员提供信用保障。因缺乏资金而很难进一步扩大生产，是制约我国农村经济发展的因素之一。农户贷款难、贷款利率高是我国农村地区普遍存在的问题。农民合作社作为小规模农户的代表，可以为其社员提供金融市场信息、信用的担保及投融资的相关服务，有助于改进其社员的信用状况，增强其社员的投融资能力，保证农户获得农业贷款。

2.2.2.3　农民合作社类型

按照合作社成立主体，可将农民合作社分为 4 类。

第一，地方政府主导型合作社。该类合作社通常是政府相关部门为了贯彻落实国家农业发展战略与政策，利用地方政府行为鼓励并号召农户联合起来，并帮助和指导农户组建形成的一种具有合作性性质的农村经济组织形式。

第二，龙头企业带动型合作社。该类合作社一般以"农户＋合作社＋龙头企业"的生产经营模式为主。具体来看，农户负责农业生产，农民合作社负责联系销售对象并提供与农业生产经营活动相关的服务，龙头企业则负责农产品的营销与加工。在该种经营模式下，农民合作社与龙头企业通过合约或股份合作社，保持稳定的业务联系和利益关系。在高度发达的现代加工流通企业中，具有规模化生产条件和销售市场的农产品加工企业，急需建立品质有保障的、稳定的农产品批量供应基地和组织，而农民合作社作为将分散、小规模农户的农产品集合起来销售的组织，是龙头企业合作的较好选择。

第三，农业生产大户领导型。该类合作社一般由从事农业生产、销售、技术推广和村镇管理的农业生产大户、农产品经纪人、农村干部等牵头，联合当地或邻近地区从事同种专业性农业生产活动的农户自发创立的。这些农业生产大户多年从事农业生产活动，不仅熟练掌握先进的农业生产技术，而且善于经营管理，有较为丰富的生产营销经验，并有一定的社会资源。

第四，集体经济依托型。该类合作社主要由地方乡村集体经济改制而成。是依托村或者乡（镇）、社区相关组织的优势，以社区组织的人力、物力和财力为基础，引导并吸收本村或周围村庄从事同一专业性生产活动的农户组建而成的。其目的是鼓励和发展地方专业化生产，为当地农户提供社会化服务。该类合作社具有一定区域性特征，一般是村集体延伸兴办的服务性组织，联合村干部指导农民开展农业生产活动,并组织农民集中销售农产品,进而实现农民增收的目的。

按照合作社经营种类,可将农民合作社分为蔬菜类合作社、水果类合作社、畜产品类合作社、林特类合作社,及其他产品类合作社。截至 2018 年 2 月底,全国依法登记的农民合作社达 204.4 万家,是 2012 年年底的 3 倍;实有入社农户 11 759 万户,约占全国农户总数的 48.1%;成员出资总额 46 768 万亿元,是 2012 年年底的 4.2 倍(乔金亮,2018)。农民合作社主要集中在高价值产品行业,如养殖业(Fock et al.,2006)。有学者认为,可能的原因是与种植业相比,养殖业对及时支持、生产资料采购、联合销售的要求更高。据 Fock 等(2006)的调查,水果农民合作社占农民合作社总数的 18%,而果园面积占中国可耕地面积的 5%,可能的原因是水果生产不仅需要技术上的支持,更需要市场经营方面的支持。据国家现代苹果产业技术体系产业经济研究室调查,截至 2010 年年底,中国果业合作社达 3.2 万个,果业合作社成员达 3.7 万户,果业合作社成员约占果农总数的 5.8%。

随着中国政府对农民合作社的大力推广与扶持,陕西的农民合作社也迅速发展,合作社涉及农、林、牧、副、渔等各个产业。据统计,截至 2012 年 6 月底,陕西登记注册的农民合作社达 1.6 万家,社员总数为 86.1 万户,带动非社员 145.3 万户(田进,2012)。陕西农民合作社的牵头发起人和出资主体也呈现多元化趋势,除传统的种养大户、经营能手、种养示范户外,还出现了龙头企业和公司实体等法人团体。此外,围绕区域产业特色,为实现规模效应、信息共享等,近些年,陕西同类产业农民合作社逐步产生联合的愿望。三秦果业联合社是陕西首家跨省专业合作社联合社,有陕、甘、晋、豫等地区社员 5 万多名,由陕西 13 个市(县)的果业合作社负责人共同发起。该联合社有"三秦果业网"、《三秦果农报》等服务媒体,有片区理事单位 13 家,基层专业合作社、果业协会、村镇服务网点 667 个,一线技术人员 400 多人(常永平,2012)。可见,陕西农民合作社的数量增长及产业经营方式均走在全国前列。

2.2.3 涉农企业(公司)

涉农企业(公司)(Agriculture-related Enterprises or Firms),主要指从事农产品的生产、销售、加工、研发和服务等活动,以及从事农业生产资料的生产、销售、研发和服务活动的企业或公司,涉及农、林、渔、牧、副、果、茶、桑、菜、烟等行业企业。

涉农企业或公司具体可分为 6 种类型:第一,农资生产及经营型企业,作为农资流通的终端,为农产品生产提供所需的生产资料(如农药、化肥等)和服务的企业；第二，农产品生产型企业；第三，农产品加工型企业，负责农产品分级、包装等；第四，农产品流通型企业，处于我国农业产业链的下游，是实现产销衔接的涉农企业，如农产品储藏、农产品运输及农产进出口企业等；第五，农业服务型企业，是为帮助农户销售农产品而成立的专业化服务企业，利用互联网、社会媒体、公司会议、电话等多种渠道为供需双方建立一个快捷、精准的农产品供需信息资源共享库，最终实现信息对称、供销对接、利益共享目的；第六，农工商联合企业，是在农业基础上发展起来的经济地域组织形式，是农业生产的社会化产物，是将农业生产活动、农产品加工业务、农产品销售服务等联合起来经营的综合型企业。涉农企业或公司的发展有利于扩大农业生产规模，提高农民专业化水平，实现农产品的商品化。

2.2.4　农产品经纪人

2.2.4.1　农产品经纪人特征

农产品经纪人（Agro-products Agents），主要指从事农产品收购、储藏、运输、销售，以及提供信息传递、销售代理和其他农业生产服务等中介行为活动，以从中获取佣金或者利润的经纪个人或组织。农产品经纪人应当具备一定的农产品商品知识、财务会计知识、经营管理知识以及信息技术应用等方面的知识。农产品经纪人的出现有利于加快农业产业化的进程、推动地方经济的发展、加快农民脱贫致富的速度。

2.2.4.2　农产品经纪人类型

根据农产品经纪人从事的行业类型，可将其分为 4 类：第一，科技型农产品经纪人，利用自身掌握的最新农业生产技术为农民服务，帮助农民引进、推广、利用各种农业新品种、新产品以及新技术；第二，销售型农产品经纪人，专门从事农产品收购和营销的经纪人，其作用是实现产—供—销的衔接，解决农民在农业生产销售过程中出现的"买难"和"卖难"问题；第三，信息型农产品经纪人，具备一定信息技术知识水平，及时掌握市场行情，为农民提供农资和农产品价格、劳动力需求等信息的经纪人；第四，复合型农产品经纪人，既是农产品的生产者，也扮演"中间人"的角色，为其他农户提供市场信息，帮助其他农户联系农产品买卖的交易对象，他们除了从自己的农业生产经营活动中获利外，还从"中间人"（即经纪人）活动中获得一定的佣金，总的来说，复合型农产品经纪人是集农产品生产与信息提供及农产品销售为一体的经纪人。

2.3　交易结构演变超边际分析

农产品从生产到销售的整个流通环节中，供应链上不同的参与者带来的价值增值至关重要。在不同经营环境下，农户对市场交易制度的选择对其交易成本产生直接影响。随着小规模农户与上下游交易对象谈判地位差距的增大，急需一种将生产资料销售者、农户和农产品购买者连接起来的组织形式，以实现均衡三者在农产品市场环境中的地位、增加农户收入的目的。

以杨小凯（2003）提出的超边际分析方法，从理论上对农产品进入市场时农户"自产＋自消""自产＋自消＋自销"和"自产＋组织＋全销"3 种交易结构进行比较分析，指出农民合作社通过直接向加工厂或者终端用户销售农产品，可直接融入市场供应链中，有效取代供应链上的其他环节，达到降低农户交易成本、提高农户经济收益的目的。

2.3.1　超边际分析原理

亚当·斯密认为，分工一旦形成，一个人生产的劳动产物只能满足自己需要的一小部分，其他大部分要依靠别人满足，这就必须用自己消费不了的剩余劳动生产物，去交换自己需要的别人的劳动生产物剩余部分，于是，人的一切生活都依赖交换，即人在一定程度上都成了商人，整个社会也变成了商业社会（斯密，2010）。马歇尔（2004）认为，如果变化能使人类准备好拥有一种组织并适合它，此组织在财富生产上比较有效，且在财富分配上比较平均，那么尽管只增加了一点点生产直接效率的变化，也是值得的。

新兴古典经济学从分析人们的专业化决策入手，导出需求和供给函数，从而使需求供给分析不但包括资源分配问题，也包括经济组织问题。这里的经济组织与个人专业化方向和程度有关，与社会的分工模式、市场的发育程度、交易的分层结构等问题有关。制度分析的主要内容包括制度的形成和变迁，以及制度在经济发展过程中的地位和作用。新古典经济学在分析制度时，把制度作为独立变量内生化。

超边际分析方法（Infra-Marginal Analysis）是杨小凯（2003）提出的一种新兴古典经济学研究的分析方法，使用专业化经济的概念，即从内生个人选择的专业化水平视角，重新整合了以新古典经济学为核心的多种相互独立的经济学理论，并考虑各种交易费用的一般均衡意义。超边际分析即对每一个角点进行边际分析，然后在各个角点之间比较总的效益费用，其中，每一种组合即为一个角点解，是人们在选择不同专业化水平的时候产生的。对不同角点间的总效益费用的分析，决定了专业化水平和模式（即经济组织结构），所有人的这类决策决定了其分工水平，而分工水平又进一步决定了市场容量及其对商品总量的需求。

超边际分析方法的核心是把不同的分工模式内生于模型中分析，其缺点在于求解困难。交易费用是影响制度的主要因素，因此，超边际分析以交易费用为媒介，把与交易费用相关的交易效率作为内生变量，分析讨论在不同分工模式下，其交易效率变化的一般均衡状态，以及这种不同均衡状态的演化过程。根据超边际分析，人们既是生产者，也是消费者，不仅需要在各种产品消费之间做出边际选择，还要在专业生产某种产品上作出超边际选择。对农户来说，他们还要选择出售多少农产品、是否雇用家庭外劳动力等。

超边际分析可以分为 3 个步骤：第一，确定经济系统中人与人之间的组织关系模式；第二，用边际分析的方法求出不同交易模式下的角点解，进而实现有效的资源配置；第三，对不同的角点解进行总收益—成本的比较分析，得出整体的最优解，即一般均衡最优解（彭美玉等，2005）。

2.3.2 交易结构演变

在具体的研究中，以新古典经济学中的经济理性人假设为基本假设，即 A 和 B 都是追求效用最大化的理性人；X 表示消费者 B 可以消费的最大产品数量；Y 表示农户 A 可以生产出的最大产品数量。共有 6 种决策模式（角点解）分别是：

① 农户 A 自产自消。

② 消费者 B 自产自消。

③ 农户 A 专业生产，消费者 B 专业消费。

④ 农户 A 半专业化生产半消费，消费者 B 专业消费。

⑤ 农户 A 专业生产，消费者 B 半专业化消费。

⑥ 农户 A 专业生产，组织专业收购，消费者 B 专业消费。

这 6 种决策模式组合，产生了 3 个结构：

一是一个自给自足的结构：由①和②角点解组合而成；

二是一个完全分工结构：由③和⑥角点解组合而成；

三是一个局部分工结构：由④和⑤角点解组合而成。

2.3.2.1 农户"自产＋自消"交易结构（结构 1）

交易效率为负或者很低时，农户采用"自产＋自消"交易结构（结构 1）（即自己不仅是产品的生产者，也是产品的消费者），所得到的效用最大（图 2-2）。因为在这种情况下，如果农户把产品拿到市场上去交易，不仅得不到利润，或者只是获得很小的利润，还会由于运输、储藏等费用的支出，使自己入不敷出，所以农户选择"自产＋自消"的方式，对自己来说反而效用是最大的。

2.3.2.2 农户"自产＋自消＋自销"交易结构（结构 2）

当交易效率提高到某个临界点时，农户会从"自产＋自消"结构状态转到"自产＋自消＋自销"交易结构（结构 2）状态。农户在市场上进行产品交易时，交易效率一定程度上的提高，可以部分弥补由此产生的农户的运输、储藏等费用。但由于交易效率提高的程度未能全部或者更多地弥补损失，所以农户

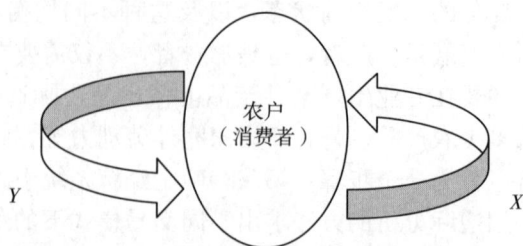

图 2-2 农户"自产＋自消"的交易结构（结构 1）

只能选择将部分产品拿到市场上销售，剩余的产品不予销售。

（1）结构 2A

农户的生产数量（Y）大于消费者的消费水平（X），即 $Y > X$ 时，表示消费者不能完全购买农户生产的产品，即使在交易效率有所提高的情况下，农户和消费者之间也不可能继续交易。因此，剩余的产品（$Y-X$）需要农户自己消费，或者是储藏至来年再销售，对易腐烂的农产品则选择丢弃（图 2-3）。

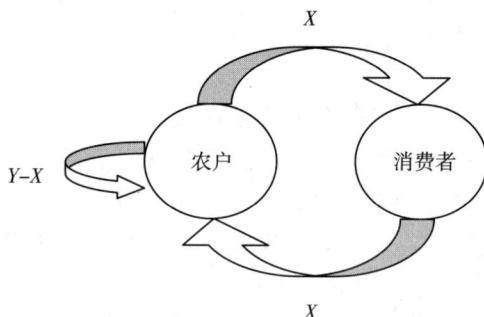

图 2-3 农户"自产＋自消＋自销"交易结构（结构 2A）

（2）结构 2B

农户生产的产品数量与消费者的需求量相等，即 $Y_0 = X_0$ 时，实现供需平衡，即达到瓦尔拉斯均衡，相比结构 2A，其交易效率有所提高（图 2-4）。

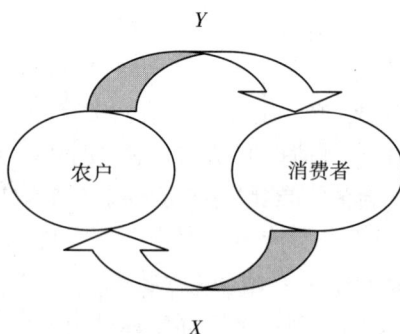

图 2-4 农户"自产＋自消＋自销"交易结构（结构 2B）

（3）结构 2C

如图 2-5 所示，消费者的消费数量大于农户的生产数量，即 $Y < X$ 时，表示农户提供的产品数量不能满足消费者的全部需求，因而在此交易结构中，对农户来说，其效用最低，损失最大，损失的数量为（$X-Y$）。

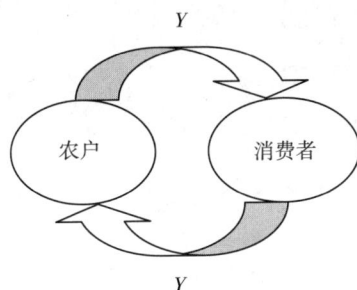

图 2-5　农户"自产＋自消＋自销"交易结构（结构 2C）

由图 2-6 可以看出，在结构 2A 中，农户生产过剩，在完全满足消费者产品需求的条件下，存在浪费现象；在结构 2B 中，农户生产不足，不能完全满足消费者的产品需求，损失了本该获得的收入。因此，在结构 2 中，结构 2A 和结构 2C 都对农户有所不利，农户的利益都有所损失。

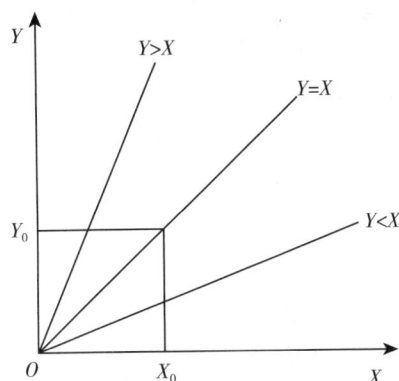

图 2-6　农户与消费者产品交易关系

2.3.2.3　农户"自产＋组织＋全销"交易结构（结构 3）

组织是为了实现一定的目标而组建的群体。从图 2-7 可以看出，交易效率继续提高时，农户会从"自产＋自消＋自销"交易结构状态转到"自产＋组织＋全销"交易结构（结构 3）状态。这种结构有助于实现农户利益最大化、交易成本最小化。结构 3 与结构 2B 有一定的区别，结构 2B 中，农户没有通过中介组织销售产品，只是在农户与消费者之间存在信息不对称问题时，在农户的产品供给和消费者的产品需求之间，存在一种实现农户利益最大化的可能，即使农户的产品供给量与消费者的需求量相等。但是这种交易结构并不是绝对存在的。而在结构3中，无论消费者的需求量是多少，农户都可以将所有的产品销售给中介组织，其余的交易行为由中介组织与消费者完成，农户与消费者之间没有直接的交易关系。因此，这种交易方式节省了农户由于生产过剩而导致的损失。

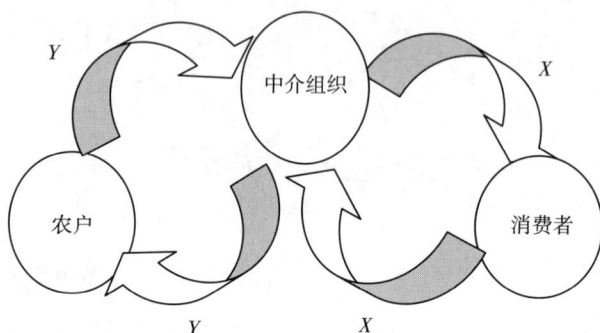

图 2-7 "自产＋组织＋全销"的交易结构（结构3）

通过对农户与消费者之间交易关系的超边际分析，可以看出，随着专业化水平的提高、交易条件的不断改进，为了得到最优决策，实现效用最大化，生产者与消费者的关系出现结构性变化。即中介组织的出现不仅提高了人们的专业化水平，也改变了二者的关系。

上述分析表明，假如市场的生产者和消费者之间的交易效率非常低，或者为负，那么自产自消（即没有交易关系）将呈现均衡状态；假如市场中生产者和消费者之间的交易效率略有提高，则均衡状态会转到半专业化的分工水平；假如生产者和消费者之间的交易效率得到进一步提高，中介组织的出现会使均衡状态从之前的一元结构调整为二元结构，从而实现决策的最优化。

在农产品从生产到销售的整个供应环节中，供应链上不同的参与者为农产品带来的价值增值至关重要。通常农户难以获得农产品价值增值部分的收益。在农产品生产销售过程中，每增加一次与农产品经纪人的交易，就会有部分价值增值被农产品经纪人获得，所以农产品经纪人越多，农户获得的收益相对就会减少，因为农产品经纪人会尽量减少支付给农户的款项，从而增加自己的收入。

农民合作社通过直接向加工厂或者终端用户销售农产品，可以直接融入市场供应链中，有效取代供应链上的其他环节，如小商贩或批发商、经销商等，从而使农户得到更大的经济效益。农民合作社可以通过联合购买农业生产资料及组织农产品联合销售与运输，实现农产品的产前与产后的规模经济，进而减少农户的购买、销售和运输成本。以家庭为生产销售单位的农户，规模较小，在获取市场信息方面存在劣势，农民合作社可以为农户提供及时、有效、全面的市场信息，进而降低信息不对称带来的损失。单个农户的力量薄弱，难以与农产品生产及销售的有关政府部门交涉，其建议或问题也难以引起相关部门的重视。农民合作社由于具有一定的规模，可以与相关部门交涉，从而维护农户的权益。

2.4　交易模式分析

2.4.1　交易模式分类

在不同经营环境下，农户对市场交易模式的选择对其交易成本产生直接影响。农户农产品市场交易可分为农户分散经营环境中的外部公开市场交易模式（即"农户＋涉农企业""农户＋农产品经纪人""农户＋消费者"）和农户合作经营环境中的内部非公开市场交易模式。可以是否通过合作社销售或与合作社直行交易为标准，将合作经营环境中的市场交易制度分为农户合作交易模式（即农户与合作社进行农产品交易的部分）和农户非合作交易模式（即农户与其他市场主体进行农产品交易的部分）。

2.4.1.1　"农户＋涉农企业/农产品经纪人/消费者"外部公开市场交易模式

市场交易的目的是最大限度地追求经济利益。农户分散经营环境中的外部公开市场交易指农户作为交易主体，直接与市场环境中合作社以外的其他交易主体，包括其他农户或消费者、涉农企业或公司、其他市场主体等进行农产品交易。公开市场交易的优点是农户直接与购买者交易，可获取全部的价格利润，避免支付中介费用；弊端是在每次交易中，农户都需要考核所购买的生产资料特征，同时，消费者也要考核所购买的产品特征，导致交易频率和交易费用过高（图 2 - 8）。

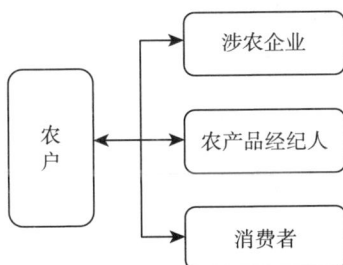

图 2 - 8　农户分散经营环境中的公开交易

2.4.1.2　"农户＋合作社"内部非公开市场交易模式

科斯在《企业的性质》一文中指出，交易成本是运用价格机制的成本。具体包括获取市场信息的成本、谈判与履行合约的成本两个方面。科斯认为，如果没有企业制度，每个要素的所有者都用自己的要素来生产产品并直接参与市场交易，将会导致市场中交易者的数目增多，进而导致交易成本增大，最终使交易停止。组织作为一个交易的综合体，其经济作用为代表若干数量的要素所有者参与市场交易，从而减少交易者数量，达到降低交易成本的目的[①]。农户合作经营指两个或两个以上农户，基于合同或协议合作，共同开展农业生产活动或农产品销售活动等，按照合同的规定或协议的约定投入资金、劳务、销售比例等，分享权益和承担风险。本书中的农户合作经营环境中的内部非公开市场交易模式是以农户是否加入农民合作社，并通过农民合作社开展农业生产、销售活动等为标准，即以农户与合作社进行农产品交易为核心，以合作社代表农户分别与其他农户或消费者、涉农企业、农产品经纪人及其他市场主体交易为依托来实现的市场交易模式。

单个农户由于种植规模较小、经营范围较窄、经营渠道单一，在农业生产资料市场、农产品销售市场中均处于被动地位。农户通过自发建立合作社，实现合作行动，不但可以增强自身的讨价还价能力，还可以提高在市场谈判中的地位，同时获得实现规模经济带来的收益。由此，农户与农民合作社之间建立的合作交易制度关系对降低交易成本、提高农户农业收入有很大帮助。

将农户以农民合作社为直接交易对象（即把农产品出售给农民合作社，或通过合作社实现农资购买和农产品销售），且不与合作社以外的市场交易主体交易的模式，定义为"农户＋合作社"内部非公开市场交易模式。在这种交易环境下，农户只需与农民合作社交易，将交易行为内部化，减少交易频率。短期内由于固定成本的存在而不能随意更改合作社目标，即使交易费用较高也必须运行。但从长期看，合作社可以调整其规模，降低运行成本，当然也包括交易成本。需要指出的是，在这种内部非公开市场交易制度下，农户与合作社的交易按照《合作社法》（2007 年）中的章程与规定完成，农户与合作社的交易可被视为无费用，即交易成本为 0。

农户在与农民合作社合作交易的同时，也可能与合作社以外的其他市场主体交易。方式一是农户加入农民合作社，与合作社进行全部农产品交易，即由合作社全权代表农户，与其他市场主体，包括消费者、涉农企业或公司、农产品经纪人等，进行农产品销售等交易活动或谈判（图 2 - 9 方式一），在此交易制度中，农户不与其他市场主体交易。方式二是农户加入农民合作社，与合作社进行部分农产品交易，同时与其他市场交易主体，包括

---

① 虽然形成一个组织也需要一定的成本，但科斯没有在《企业的性质》一文中讨论。组织建立的成本问题也不在本书研究范畴之内。

其他农户或消费者、涉农企业或公司、农产品经纪人等进行剩余部分农产品交易（图2-9方式二）。

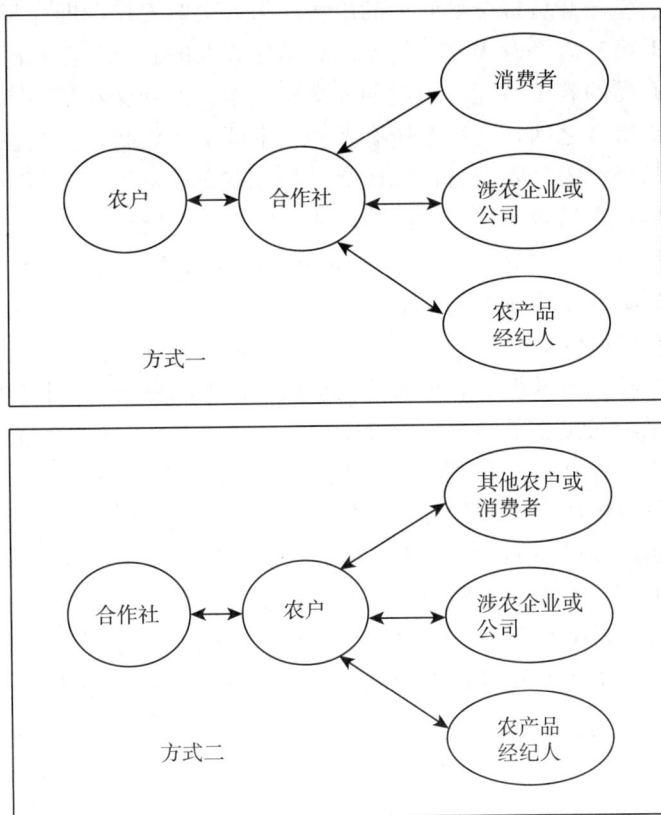

图2-9　农户合作经营环境中的非公开市场交易

2.4.2　不同交易模式的交易成本比较分析

交易是在不同主体间进行的，是一个复杂的过程，因此交易活动中产生的费用也是不能忽视的。农户与个体或者团体组织交易时，会产生如下交易费用：界定和保障农产品产权的费用、寻找和发现交易对象的费用、讨价还价的费用、制定和执行合约产生的费用以及监督和维护交易的费用。科斯认为，制度的运行成本，即交易费用的差别致使企业取代市场。合作组织的出现和发展可以看作是产品市场被要素市场取代，其结果是节约交易费用。在农产品销售过程中，农户面临3种选择：第一，自己生产并出售（销售利润全部归农户所有）；第二，采用契约安排方式，把产品销售给农产品经纪人或中间商，以获得一定收入（销售利润由农户和农产品经纪人或中间商分摊）；第三，加入农户自发成立并已登记注册的具有法人地位的合作组织，实现交易成本内部化为管理成本，进而降低农户交易费用（销售利润由农户和合作社分摊）。

选择自己生产并负责全部农产品出售和引入契约安排（即介于农户与农产品消费者间的第三方经营中介）的农产品销售方式的农户，在每次交易中，都需要考核农产品的若干特征，由此加大交易成本。不管交易是在一个农产品经纪人和一个消费者之间，在一个所有者和一个消费者之间，还是在一个所有者和一个农产品经纪人之间进行，每次交易都存在交易费用，这些经常性的交易活动最终将导致交易费用增大。因此，更为经济，也能节省更多交易费用的方法是第三种选择——放弃若干次小数量交易，取而代之的是少数的大批量交易，进而实现降低交易成本的目的。

由于交易费用的概念较为模糊，所以对其进行精确度量存在一定难度。根据交易过程中相关服务组织和个人的收费水平，来测算交易过程中交易者为交易支付的费用的间接估算方法，在前提假设中往往会忽视很多重要变量的作用，所以此方法存在一定的局限性。鉴于此，可采用 Williamson 提出的比较分析方法进行数理研究。比较分析的主要思想是研究交易费用的大小，目的在于分析不同制度或组织的效率水平。因此，能比较不同制度或组织环境下交易费用的大小即可，不需要分别计算出不同制度或组织环境下的交易费用的准确值（胡乐民等，2009）。此处的目标是从理论上比较不同交易模式下的交易费用，无需计算出不同交易模式下交易费用的精确值，只需比较不同交易模式下交易费用的大小。

在前文对农户农产品市场交易模式的界定的基础上，简化数学模型，更直观地比较不同市场交易模式下的交易成本，将农户农产品市场交易模式分为"农户＋消费者""农户＋农产品经纪人＋消费者"和"农户＋农民合作社＋消费者"3 种模式，分别建立数学模型，比较 3 种交易模式下的交易成本。

假设：市场中存在 m 个农业生产资料供给者（p），n 个消费者[①]（c），k 个农户，且农户只生产 1 种产品，其中 $k \leqslant m, k \leqslant n$，$F_i$ 表示第 i 个农户的固定生产成本，其中 $i=1, 2, \cdots, k$，假定固定生产成本包含了除交易成本以外的所有成本；第 i 个农户与第 t 个农业生产资料供给者之间的交易成本为 p_{it}，其中 $t=1, 2, \cdots, m$；第 i 个农户与第 h 个消费者之间的交易成本为 c_{ih}，其中 $h=1, 2, \cdots, n$；此外，上标 1、2、3 分别表示模式 1、模式 2、模式 3。

---

① 消费者指为达到个人目的而购买商品或服务的社会成员。在本书中，消费者专指消费者个人，不包括单位或集体。

2.4.2.1 "农户＋消费者"交易模式（模式 1）

在"农户＋消费者"交易模式（模式 1）中，农户与农业生产资料供给者和产品的消费者直接交易（图 2-10）。

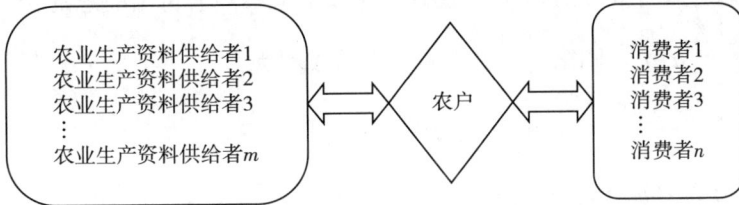

图 2-10 "农户＋消费者"交易模式（模式 1）

对第 i 个农户来说，选择该模式的交易次数为 $(m+n)$ 次，其交易费用为 $(\sum_{t=1}^{m} p_{it} + \sum_{h=1}^{n} c_{ih})$，则第 i 个农户的生产总成本为：

$$TPC_i^1 = F_i + \sum_{t=1}^{m} p_{it} + \sum_{h=1}^{n} c_{ih} \qquad (2-1)$$

整个市场中 k 个农户的总的交易次数为 $(m+n)^i$，$i=1,2,\cdots,k$，市场中所有农户总的生产成本为：

$$\sum_{i=1}^{k} TPC_i^1 = \sum_{i=1}^{k} F_i + \sum_{i=1}^{k} (\sum_{t=1}^{m} p_{it} + \sum_{h=1}^{n} c_{ih})^i \qquad (2-2)$$

从式（2-1）和式（2-2）可以看出，在每次的交易中，农户都需要考核所购买的生产资料的特征，同时消费者也要考核所购买的产品的若干特征，导致交易频率过高，也增加了交易成本。

2.4.2.2 "农户＋农产品经纪人＋消费者"交易模式（模式 2）

"农户＋农产品经纪人＋消费者"交易模式（模式 2）引入契约安排方式，农户把产品销售给农产品经纪人，以获得一定的收入，即农户与农业生产资料供给者和农产品经纪人交易，不与消费者交易（图 2-11）。

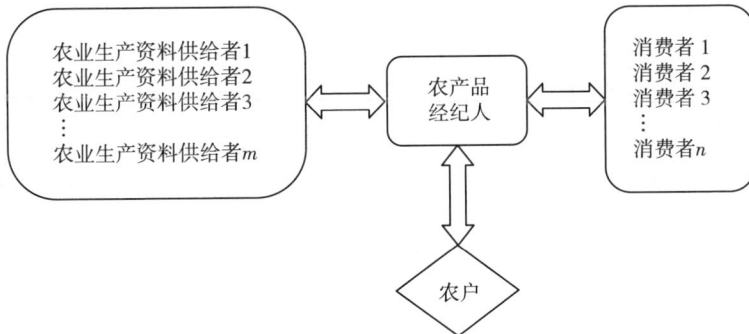

图 2-11 "农户＋农产品经纪人＋消费者"交易模式（模式 2）

假设：市场中存在 q 个农产品经纪人，第 i 个农户与第 l 个农产品经纪人的交易费用为 a_{il}，其中，$l = 1, 2, \cdots, q$，$q << n$。选择该模式的农户需完成的交易次数为 $(m + g)$ 次，由于模式 2 中农户与农业生产资料供给者的交易关系与在模式 1 中的关系一致，模式 2 中第 i 个农户需付出的总的交易费用为 $(\sum_{t=1}^{m} p_{it} + \sum_{l=1}^{q} a_{il})$，则第 i 个农户的生产总成本为：

$$TPC_i^2 = F_i + \sum_{t=1}^{m} p_{it} + \sum_{l=1}^{g} a_{il} \qquad (2-3)$$

整个市场中 k 个农户的总的交易次数为 $(m + g)^i$，$i = 1, 2, \cdots, k$，市场中所有农户总的生产成本之和为：

$$\sum_{i=1}^{k} TPC_i^2 = \sum_{i=1}^{k} F_i + \sum_{i=1}^{k} (\sum_{t=1}^{m} p_{it} + \sum_{l=1}^{g} a_{il})^i \qquad (2-4)$$

由于本书着重考察的是与农户相关的交易成本的变化情况，因此农产品经纪人与消费者的交易关系及发生的交易费用不予考虑。

在模式 2 中，农户选择的农产品经纪人的人数有限，农产品经纪人的人数远小于市场中消费者的人数。农户可以按照质量、重量、品种或色泽等标准将农产品分类，然后将不同类别的产品以不同售价销售给不同的农产品经纪人，或同一个农产品经纪人以不同的价格收购不同类别的产品，这种方法在一定程度上减少了农户的交易费用；为了更大限度地减少交易频率、降低交易成本，农户也可以以均价将所有的产品一次性销售给某一个农产品经纪人。

以这种模式销售的农户虽然节省了交易费用，但是因为农产品经纪人与农户这两个主体之间是相反的利益关系，农户希望以高价出售自己的农产品，而农产品经纪人则希望以尽可能低的价格来收取农户的农产品，即农产品经纪人代理销售的目的是赚取收购价格与销售价格之间的差额，因此在模式 2 的交易中，农户仍然会蒙受一定的利润损失，其损失额即为农产品经纪人的收益。

2.4.2.3 "农户＋农民合作社＋消费者"交易模式（模式 3）

"农户＋农民合作社＋消费者"交易模式（模式 3）降低了交易费用与 3 个成本边际，即能增加资本流动性，降低信息成本，分散风险。农民合作社是为了实现共同的目标而建立的群体，在短期内由于固定成本的存在而不能随意更改目标，即使交易费用较高也必须运行。但其可以运用自身的资源来尽可能减少固定成本的投入。从长期看，农民合作社可以调整其规模，尽量降低其运行成本，当然也包括交易成本（图 2-12）。

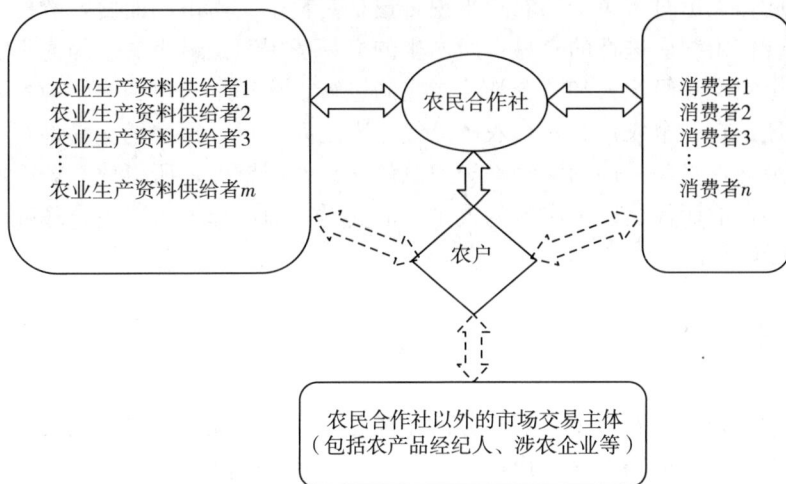

图 2-12 "农户＋农民合作社＋消费者"交易模式① （模式 3）

在模式 3 中，建立农民合作社后，农户只需要与农民合作社直接交易，不需要与农业生产资料供给者和消费者交易，R 个农户形成一个整体，通过农民合作社可以以较低的价格统一、批量购买生产资料，而后将生产资料分给农户。同理，农户通过农民合作社出售产品，这样就只需要与农民合作社交易 1 次。本书的分析忽略农民合作社与农业生产资料供给者以及消费者之间的交易费用，因为本书着重分析在不同交易模式下，以农户为中心产生的交易费用的变化。

在该模式中，第 i 个农户与农民合作社之间的交易次数为 2 次，交易费用为 $O_{1i} + O_{2i}$，则农户总的交易费用亦为 $O_{1i} + O_{2i}$，第 i 个农户总的生产成本为：

$$TPC_i^3 = F_i + (O_{1i} + O_{2i}) \qquad (2-5)$$

市场中所有农户总的生产成本之和为：

$$\sum_{i=1}^{k} TPC_i^3 = \sum_{i=1}^{k} \left[F_i + (O_{1i} + O_{2i}) \right] \qquad (2-6)$$

比较式 （2-1）、式 （2-3）、式 （2-5），结合之前所作的假设，因为 $g \ll n$，可得出：

$$TPC_i^3 < TPC_i^2 < TPC_i^1 \qquad (2-7)$$

$$\sum_{i=1}^{k} TPC_i^1 < \sum_{i=1}^{k} TPC_i^2 < \sum_{i=1}^{k} TPC_i^3 \qquad (2-8)$$

---

① 农户在与农民合作社交易的同时，也可能与农业生产资料供给者、消费者，及农民合作社以外的市场交易主体（主要指农产品经纪人、涉农企业等）进行部分农资或农产品交易。鉴于本书的研究目的是测度农户合作交易制度安排，因此图 2-12 中的虚线箭头表示的交易关系不在本书研究范围内。

因此，无论对于单个的农户来说，还是对整个交易市场而言，选择建立农民经济合作组织后进行的交易，所产生的交易费用都是最小的。因为不管交易是在一个农产品经纪人和一个消费者之间进行，在一个农户和一个消费者之间进行，还是在一个农户和一个农产品经纪人之间进行，每次的交易都存在交易成本，最终这些经常性的活动将导致总的交易费用增大，所以放弃若干次小数量的交易，取而代之以少次数的大批量的交易，即选择加入农民合作社，是最经济的做法。

2.5 本章小结

本章结合中国农户小规模、分散化经营的现实情况与特点，从农业生产经营角度出发，在理论上对农户进行概念分析，并根据《合作社法》（2007 年）对我国农民合作社的本质、特征、功能等重要方面的阐述，以交易成本理论为基础，界定了包含农户分散经营环境中的外部公开市场交易模式制度和农户合作经营环境中的内部非公开市场交易制度，并以农民合作社为交易对象，将农户合作社经营环境中的市场交易制度细分为合作交易制度（即农户加入农民合作社并与农民合作社进行农产品交易）和非合作交易制度（即农户加入农民合作社但不与农民合作社进行农产品交易），构建一个以"农户—农民合作社交易关系"为主的合作交易制度选择行为理论分析体系。

此外，本章通过建立数理模型，对农户在不同市场交易模式下，即"农户＋消费者""农户＋农产品经纪人＋消费者"和"农户＋农民合作社＋消费者"3 种交易模式下的交易成本进行比较分析。基于交易成本理论，研究农户在不同市场交易模式下的选择意愿、参与行为、生产效率、交易成本等，有助于揭示农户由于选择不同市场交易模式而产生的生产成本和交易成本的差异及特征，分析影响农户合作经营环境中合作交易模式选择的因素及特征，进而比较合作交易制度与非合作两种交易制度安排下农户的交易效率和生产效率，结合理论分析与实证验证结果，为农户选择有效的交易制度安排以降低交易成本提出政策建议。

第 3 章

苹果种植户交易理论分析[①]

中国是世界上最大的苹果生产国和重要的鲜食苹果、浓缩苹果汁出口国。苹果作为重要的高价值农产品，其生产销售状况对提高农户家庭收入、促进农村经济发展有重要意义。对苹果及其产业发展特征的分析，以及对苹果种植户市场交易制度的理论分析，对丰富高价值农产品生产者交易成本理论具有学术价值。

基于第二章对农户交易成本理论、市场交易主体、农产品市场交易结构演变与不同交易模式下交易成本的比较分析，本章重点介绍高价值农产品（主要指经济作物）的市场交易主体及交易渠道，结合高价值农产品的区别与传统农产品（主要指粮食作物）的属性（以中国主要的出口水果——鲜食苹果为例），构建苹果种植户交易成本分析体系，详细分析苹果种植户交易模式的演变，进而提出基本假设，即合作交易制度下的农户交易成本小于非合作制度下的农户交易成本，为后文的实证验证奠定理论基础。

3.1 苹果交易客体分析

3.1.1 高价值农产品

高价值农产品（High Value Agricultural Product，HVAP）指市场价值

---

① 本书在第二章已讨论农户交易成本，鉴于高价值农产品（主要指经济作物）与传统农产品（主要指粮食作物）在产品属性、特征等方面均存在显著差异，即相对于传统农产品，高价值农产品具有对储运等条件要求较高、市场化程度较高、价格波动性较大，及经济收益较高等特点。由此，高价值农产品生产者在生产、销售过程中与传统农产品生产者相比，也存在一定差异。如高价值农产品生产者生产规模相对较小，因而具有较高的合作需求；高价值农产品中间商（包括零售商、批发商、加工商等）较为分散，且数量较多。因此，在众多交易对象中，高价值农产品生产者选择高效的交易对象，对其提高交易效率（即降低交易成本）具有重要意义。同时，通过对高价值农产品生产者不同交易制度选择行为进行系统研究，也可为传统农作物生产者提高交易效率、降低交易成本提供借鉴。因此，在对农户交易成本的分析基础上，本章重点对高价值农产品生产者（以苹果种植户为例）交易理论进行细化分析。

高于传统粮食作物和出口农作物的农产品。按照种类差异，高价值农产品可分为高价值农作物（主要包括水果、蔬菜、花卉、室内植物等）和高价值畜牧产品与渔业产品（主要包括鲜奶、牛肉、猪肉、鸡肉、鸡蛋等）。高价值农产品的主要特点是它们不是人们日常饮食习惯的一部分，主要用于国内市场销售或出口以获取经济利润（Andrew et al.，2005）。农产品市场从传统农产品市场逐步向高价值农产品市场转型，这一过程对农产品供给渠道的本质特征、小规模农户进入农产品市场的机会以及政府公共政策与投资项目等方面有深刻影响作用（Gulati et al.，2007）。诸多学者通过比较高价值农产品与传统农产品，对高价值农产品进行分类和论述。鼓励高价值农产品出口是促进发展中国家农村经济发展、增加农民收入的重要策略之一（Aksoy et al.，2005；Anderson et al.，2005；Carter et al.，1996；The World bank，2008）。研究表明，随着传统粮食作物价格递减，粮食作物市场也逐步萎缩，一些拉丁美洲与亚洲发展中国家的高价值农产品出口部门已经逐步成为主要的农产品出口部门，高价值农产品出口量分别占农产品出口总量的43％和38％（Maertens et al.，2009）。

对发展中国家来说，高价值农产品在农村经济发展中的作用日益重要。因此，以高价值农产品即鲜食苹果为例，以"苹果种植户—果业合作社"交易制度及其关系为研究对象，从交易成本角度入手，分析农户在农产品市场交易过程中对不同市场交易模式的选择意愿与选择行为。

分别从种类、种子特点、种植目的、种植特点及市场特征角度汇总传统农产品和高价值农产品的区别与联系（表3-1）。综合来看，传统农产品，即粮食作物主要用作人类食物和畜牧业饲料，具有种植技术简单、易于栽培、耐储存、种植地域性不强、市场价格波动较小，及市场价值不高等特点；高价值农产品具有种植栽培技术要求高、不耐储存、种植地域性较强、市场价格波动较大、经济价值较高等特点。

表3-1 传统农产品与高价值农产品的区别与联系

项目	传统农产品（粮食作物）	高价值农产品（经济作物）
定义	以收获成熟果实为目的，经去壳、碾磨等加工程序而成为人类基本食粮的一类作物	相对于传统农产品具有较高市场价值的农产品，即利润率较高的农产品（Andrew et al.，2005）
种类	谷类、薯类、豆类等	畜产品、奶产品、水产品、水果、蔬菜等（Katinka et al.，2007）
种子特点	含水量较低，耐储存	不耐储存，种植地域性强，对自然条件要求较严格，对运输和储藏条件要求较高
种植目的	为人类提供食物来源，为畜牧业提供饲料来源	用于出口贸易，获取经济利润

（续）

项目	传统农产品（粮食作物）	高价值农产品（经济作物）
种植特点	种植面积较大，易于栽培，种植地域性不强	经济价值高，种植技术要求高，商品率高
市场特征	品质差异不大，市场价格波动较小，市场价值不高	品质差异大、市场价格波动较大、市场价值高

3.1.2　苹果与主要农产品生产比较分析

传统农作物（主要指粮食作物）生产的基本目的是满足人类对食物的需求，及畜牧业对饲料的需求。高价值农产品（主要指经济作物）生产的主要目的是获取经济收益。1978—2011 年，中国主要农产品（包括稻谷、小麦和玉米）种植面积波动较明显。统计数据显示：稻谷和小麦种植面积占当年农作物总播种面积的比重持续下降；玉米种植面积占比稳中有升，至 2011 年达到 20.7％；苹果作为中国重要的高价值农产品之一，果园面积占农作物总播种面积比重持续增加，从 1978 年的 1.1％增加到 2002 年的 5.9％，从 2003 年起趋于稳定，保持在 6.0％～7.0％（图 3-1），原因在于 2003 年农业部颁布了《苹果优势区域发展规划（2003—2007 年）》，确定了苹果优势发展区域的种植面积。

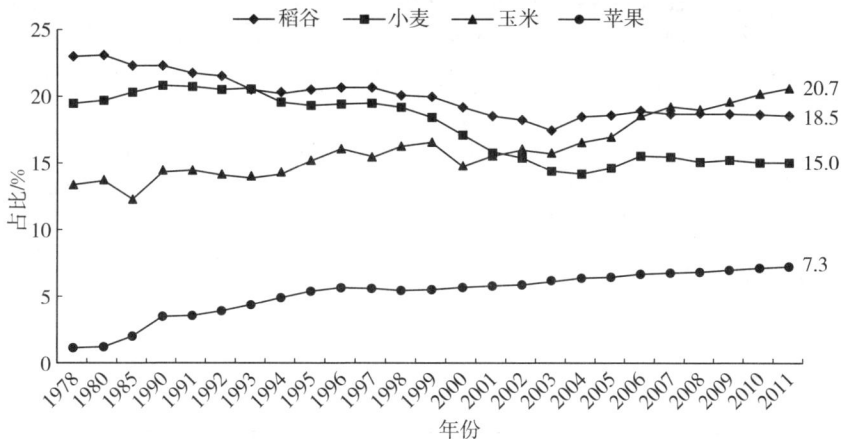

图 3-1　1978—2011 年中国主要农产品种植面积占比

数据来源：国家发展和改革委员会价格司《全国农产品成本收益资料汇编（2012）》。

从主要农产品与苹果的生产成本与收益的比较来看，稻谷、玉米和小麦的亩均主产品产值、亩均生产总成本和净利润均显著低于苹果种植。从图 3-2 和图 3-3 可以看出，2002—2012 年，稻谷、小麦和玉米的亩均主产品产值与亩均生产总成本虽有小幅上涨，但总体变化不大。其中，上述 3 种农产品的亩均生产总成本依次为 999.2 元、830.4 元和 924.2 元。同期相比,苹果种植亩均生产总成本大幅上涨,从 2002 年的 910.8 元飙升到 2012 年的 4 745.4 元,涨幅达 421.0%。苹果亩均生产总成本上涨的主要原因是人工费用和物质与服务费用不断提高,2009—2011 年,人工费用和物质与服务费用的涨幅分别为 188.8% 和 116.2%。苹果主产品的亩均产值则呈明显增长趋势,从 2002 年的 1 280.6 元快速上升到 2012 年的 8 768.3 元,涨幅超过亩均生产总成本的涨幅,达 584.7%。数据证明,与大田作物不同,高价值农产品——苹果是一种高投入、高产出的农产品。

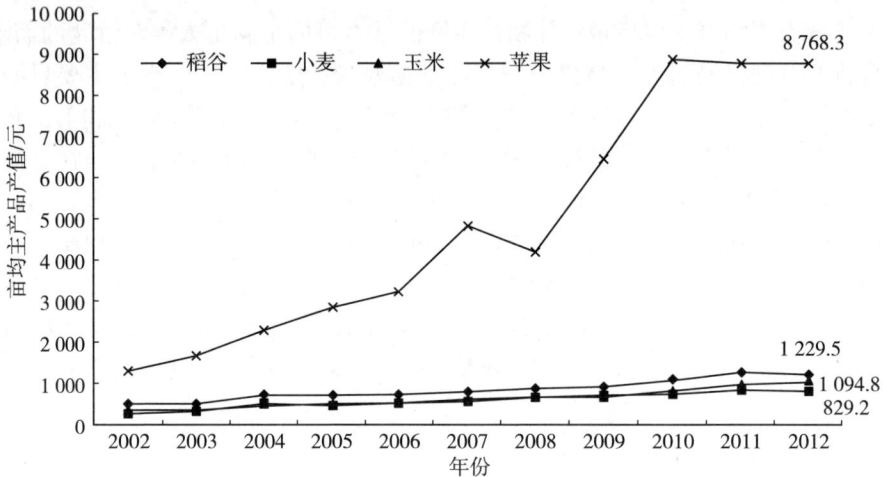

图 3-2 2002—2012 年中国稻谷、小麦、玉米、苹果的亩均主产品产值

数据来源:国家发展和改革委员会价格司《全国农产品成本收益资料汇编(2013)》。

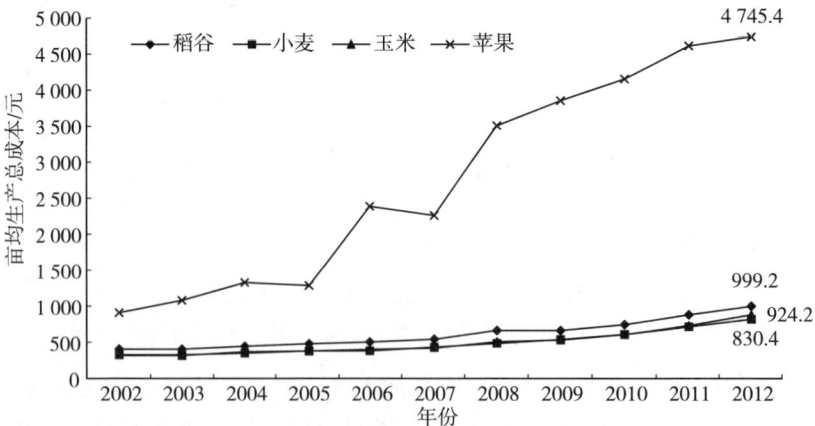

图 3-3 2002—2012 年中国稻谷、小麦、玉米、苹果的亩均生产总成本

数据来源:国家发展和改革委员会价格司《全国农产品成本收益资料汇编(2013)》。

注:总成本包括生产成本(物质与服务费用和人工费用)和土地成本(流转地租金和自营地折租)。

图 3-4 比较了小麦、玉米、稻谷和苹果的亩均净利润。结果显示，苹果种植的亩均生产总成本显著高于其他 3 种主要农作物，其亩均净利润也相对很高。其中，2002—2012 年，稻谷、玉米和小麦亩均净利润仅为 223.5 元、155.0 元和 90.5 元；苹果的平均净利润达 2 370.9 元/亩。

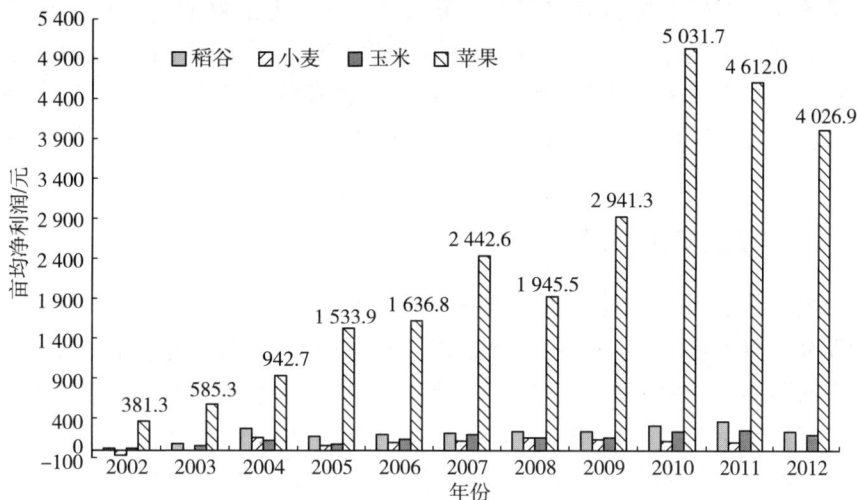

图 3-4　2002—2012 年中国稻谷、小麦、玉米、苹果的亩均净利润

数据来源：国家发展和改革委员会价格司《全国农产品成本收益资料汇编（2013）》。

图 3-5 比较了不同农产品的人工用量和商品率。可看出，相比大田作物

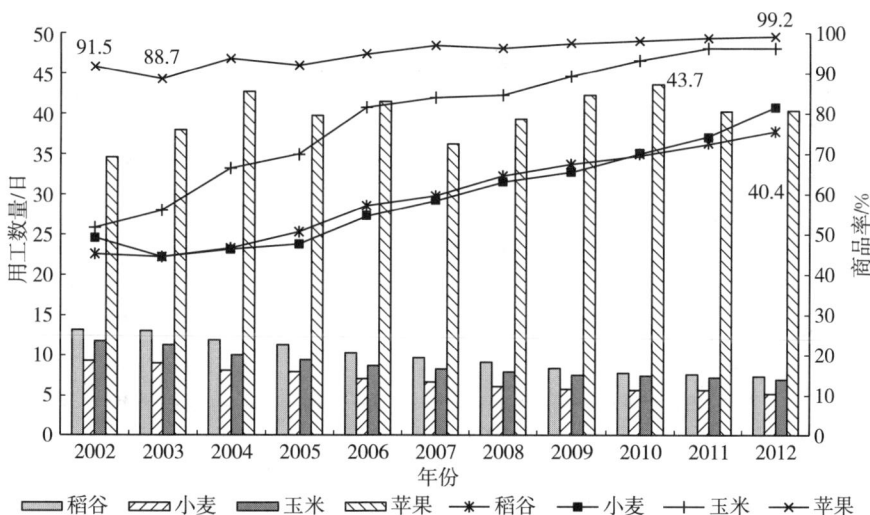

图 3-5　2002—2012 年中国稻谷、小麦、玉米、苹果的人工用量与商品率比较

资料来源：国家发展和改革委员会价格司《全国农产品成本收益资料汇编（2013）》。

注：直方图表示用工数量，折线图表示商品率。

生产，苹果种植活动的劳动力需求量显著较多。随着种植技术进步，2002—2012年，稻谷、玉米和小麦的劳动力需求量稳中有降，平均为8.6日。苹果种植的劳动力需求量则呈波动上升趋势，平均为39.9日。证明高价值农产品生产是劳动密集型劳动。从农产品商品率来看，2002—2012年，小麦、稻谷和玉米的商品率呈上升趋势。其中，玉米的商品率上涨最明显，从2002年的51.9%涨到2012年的97.1%。同期相比，除2003年苹果商品率为88.7%外，其余年份苹果商品率均高于90%，且自2008年起趋于稳定，2012年达最高水平（99.2%）。结合图3-4，表明高价值农产品生产活动以获取经济利润为目的。

3.1.3　中国苹果生产状况分析

中国、美国和欧盟地区是世界鲜苹果三大主要产区。自2002年起，中国在世界鲜苹果市场中所占份额不断提升，并逐步成为世界苹果市场中苹果生产和出口的驱动力。据美国农业部（USDA）和我国国家现代苹果产业技术体系产业经济研究室统计，1999—2010年，中国鲜苹果产量占世界鲜苹果产量的比重不断增加，鲜苹果产量从2006年的2 605.0万吨增长到2012年的3 370.0万吨，增幅达29.4%。2009年和2010年，中国鲜苹果产量占世界鲜苹果总产量的一半以上，苹果种植面积从205万公顷提高到213万公顷，成为世界最大的鲜苹果生产国（图3-6）。截至2012年年底，中国鲜苹果产量占世界鲜苹果总产量的57.3%，欧盟地区和美国所占比重分别为20.1%和7.2%（图3-7）。1999—2010年，美国鲜苹果产量占世界苹果总产量的比重，除2008年略有下降外（6.4%），一直维持在9.0%左右。

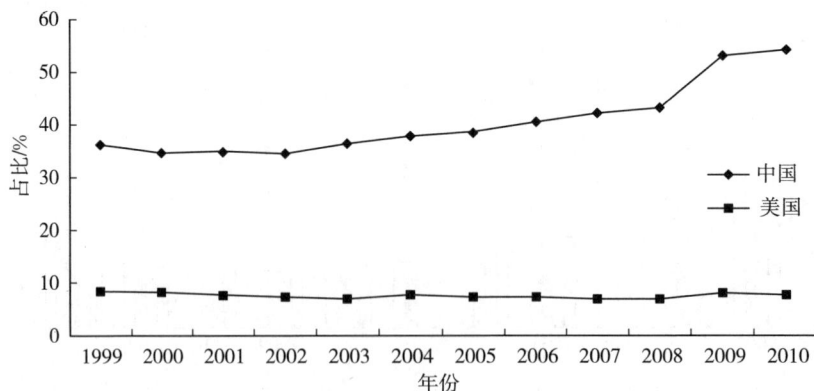

图3-6　1999—2010年中国和美国鲜苹果产量分别占世界鲜苹果总产量的比重
资料来源：美国农业部经济研究局（USDA-ERS）；国家现代苹果产业技术体系产业经济研究室。

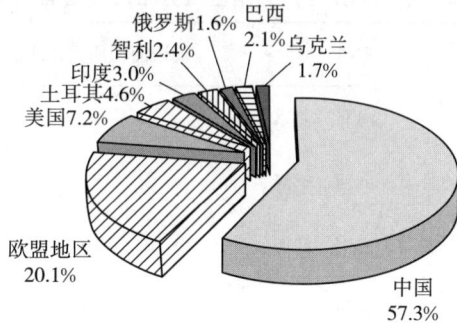

图 3-7　2012 年主要苹果产地苹果产量占世界苹果总产量比重

资料来源：美国农业部经济研究局（USDA-ERS）；国家现代苹果产业技术体系产业经济研究室。

随着我国城乡居民水果消费快速增长，家庭人均全年鲜瓜果购买量从 1978 年的 5.5 千克上升到 2000 年的 57.5 千克。《中国统计年鉴 2013》数据显示，2012 年我国城镇居民家庭人均全年鲜瓜果购买量为 56.1 千克。人均鲜瓜果购买量随家庭年均收入的提高呈增加趋势，最高收入家庭人均鲜瓜果购买量达 71.8 千克，是最低收入家庭人均购买量（32.9 千克）的 2.2 倍[①]。为推进我国居民膳食结构多样化，改善居民营养状况的健康消费模式，《中国食物与营养发展纲要（2014—2020 年）》提出到 2020 年实现中国人均全年水果消费 60 千克的发展目标。苹果是我国重要水果，且具有丰富的营养价值，已经成为我国消费者主要的水果消费品种。据农业部 2008 年发布的《苹果优势区域布局规划（2008—2015 年）》的市场需求分析，2010—2015 年，我国人均鲜食苹果消费量在 14 千克左右。2011 年，我国人均鲜食苹果消费量为 13.2 千克/年，虽超过 8.2 千克/年的世界人均消费水平，但仍远低于欧洲、北美及其他苹果高消费国家和地区（霍学喜，2013）。

农业部于 2003 年发布的《苹果优势区域发展规划（2003—2007 年）》指出，我国苹果生产栽培主要集中在渤海湾、西北黄土高原、黄河故道和西南冷凉高地等区域。其中，渤海湾 5 个主产省份的苹果栽培面积占中国苹果栽培总面积的 44.0%，产量占苹果总产量的 49.0%；西北黄土高原 5 个主产省份的苹果栽培面积占中国苹果栽培总面积的 34.0%，产量占苹果总产量的 31.0%；黄河故道和西南冷凉高地两大区域 6 个苹果种植省份的苹果栽培面积占中国苹果栽培总面积的 13.0%，产量占苹果总产量的 17.0%（表 3-2）。

---

①　城镇家庭收入分组方法，即将所有调查户按户人均可支配收入由低到高排列，按 10%、10%、20%、20%、20%、10%、10%的比例依次分成最低收入户、较低收入户、中等偏下收入户、中等收入户、中等偏上收入户、较高收入户、最高收入户 7 组。总体中最低 5%的户为困难户（数据来源：中华人民共和国国家统计局《中国统计年鉴（2013）》）。

表 3-2　中国苹果生产栽培区域分布及栽培面积与产量

区域	省份	栽培面积所占比重/%	产量所占比重/%
渤海湾	山东、辽宁、河北、北京、天津	44	49
西北黄土高原	陕西、甘肃、山西、宁夏、青海	34	31
黄河故道	安徽、河南、江苏	13	16
西南冷凉高地	云南、贵州、四川	4	1

资料来源：农业部《苹果优势区域发展规划（2003—2007 年）》

　　依据生态环境（苹果种植适宜区）、产业基础（区域内部群众有发展苹果产业的积极性）、产品市场需求空间（区域内鲜苹果及其加工品在国内外市场上具有较强竞争力，且具有较大出口潜力），于 2003 年发布农业部的《苹果优势区域发展规划（2003—2007 年）》将苹果优势发展区域定为渤海湾优势区和西北黄土高原优势区。其中，渤海湾优势区主要包括泰沂山区、胶东半岛、辽西与辽南部分地区、太行山与燕山浅山丘陵区；西北黄土高原优势区主要包括陕西渭河北部区域与陕北南部地区、山西的晋南和晋中地区、河南三门峡地区，以及甘肃的陇东与陇南地区（表 3-3）。

表 3-3　中国苹果优势区分布及栽培面积与产量

优势区域划分	省份	栽培面积所占比重/%	产量所占比重/%
渤海湾优势区	辽宁、山东、河北、北京	44	49
西北黄十高原优势区	陕西、甘肃、河南、山西	34	31

资料来源：农业部《苹果优势区域发展规划（2003—2007 年）》。

　　陕西是西北黄土高原优势区的苹果主产省。2002—2011 年，陕西苹果产量逐步提高，至 2009 年年底，苹果产量占中国苹果总产量 1/4，成为中国苹果最大主产省（图 3-8）。2012 年，陕西苹果产量达 900.0 万吨，占中国苹果总产量的 27.0%，山东位居第二，占苹果总产量的 22.0%（图 3-9）。因此对陕西苹果种植户生产效率、不同经营环境下市场交易制度选择及参与行为的研究，有助于为中国高价值农产品生产者提供指导，为政府制定相关政策提供建议。

　　从苹果种植品种来看，样本地区的苹果种植品种以富士为主。具体来看，宝鸡市富士种植面积占该市苹果种植总面积的 95.0% 左右；咸阳市富士种植面积占苹果种植总面积的 98.0%；渭南市富士种植面积占苹果种植总面积的 60.0%，嘎啦和秦冠分别占 33.6% 和 6.4%。

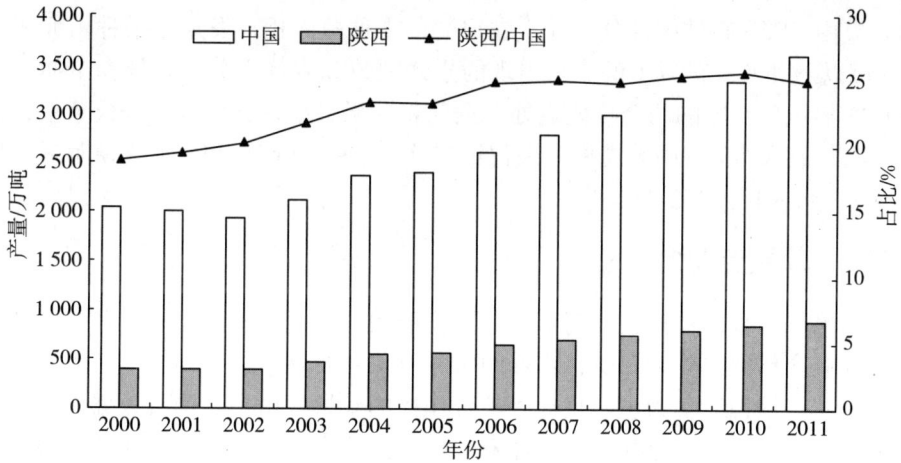

图 3-8　2000—2009 年陕西苹果产量及占比

资料来源：陕西省统计局，国家统计局陕西调查总队《陕西统计年鉴》（2001—2010）。

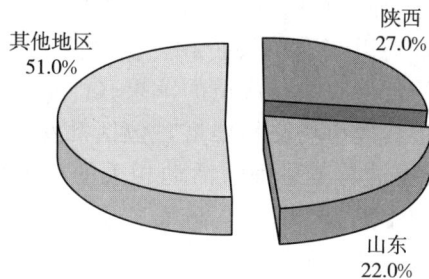

图 3-9　2012 年陕西、山东及其他地区苹果产量分别占中国苹果总产量比重

资料来源：国家现代苹果产业技术体系产业经济研究室。

3.2　苹果市场交易主体分析

3.2.1　苹果种植户

苹果种植户指以苹果种植活动为家庭主要农业生产经营活动，以苹果收入为家庭主要农业生产收入的农户。同时，苹果种植户也是从事高价值农产品生产经营活动的农户。按照苹果种植面积，可以将苹果种植户分为较小规模种植户、中等规模种植户，及较大规模种植户。

在划分经营高价值农产品的苹果种植户的经营规模时，有的学者将种植面积在 4.0 亩以下的划分为小规模农户，8.0 亩以上的划分为大规模农户（屈小博，2008）。同样，以农户的苹果种植面积为划分标准，以实际调查数据为基础，应用 SPSS 软件统计分析样本农户的苹果种植面积，发现苹果种植面积在 3.0 亩以下和 6.0 亩以上的农户出现的累计频数和累计百分比，处在全体样本农户的累积分布图的两个峰值点处，据此将苹果种植户分为较小规模苹果种植户（0.1～3.0 亩）、中等规模苹果种植户（3.1～6.0 亩）和较大规模苹果种植户（6.1 亩及以上）3 个等级。

3.2.2　苹果专业合作社

苹果专业合作社指在工商部门登记注册的，专门从事果品生产经营服务活动的专业合作社。苹果专业合作社的服务对象主要是居住在农村地区，以从事苹果种植、销售活动为主，且加入该合作社的苹果种植户。调研数据显示，不同地区的苹果专业合作社在果园经营规模、注册资金、带动当地或邻近地区苹果种植户的数量等方面存在较大差异，但苹果专业合作社在提供苹果种植、销售等服务方面差异不大（表3-4）。

中国苹果专业合作社成立的主要目的是为其成员提供与苹果种植、销售相关的服务，即以服务功能为主。提供的主要服务项目包括：一是通过为成员批量购买苹果生产资料以获取购买折扣，实现降低成员的生产资料投入；二是以高于果品市场的价格收购其成员的苹果（即苹果专业合作社为成员提供的苹果收购价格高于其他市场交易渠道，包括批发商、零售商等提供的价格）；三是定期为成员提供与苹果种植活动相关的技术培训、果树的病虫害防治帮助、果园的标准化生产与管理，进而实现提高苹果品质、生产有机或绿色果品，达到果品进入高端市场或达到出口标准的目的；四是为成员提供与苹果生产销售相关的市场信息，包括不同地区、不同等级果商的苹果收购价格，不断更新的苹果市场销售动态，苹果价格波动情况等，以帮助成员在最佳的销售时期销售果品，并根据苹果市场价格波动情况，帮助成员判断本年度是否储藏果品等，实现降低成员信息成本的目的；五是苹果专业合作社与当地农技站、农业科研机构与院校建立联系，鼓励苹果种植户尝试新型苹果栽培技术（如矮砧密植技术），建立新型苹果种植技术推广体系，同时，与农业科研院所的直接联系有助于及时、有效地帮助农户解决苹果种植过程中出现的新问题；六是为成员提供苹果分级、包装、运输及冷藏服务，以达到降低成员苹果交易运输成本的目的；七是苹果专业合作社作为一个特殊的经济组织形式，由于销售实现规模化、组织化，使其在与上、下游交易对象交易时，具有比分散的、小规模的苹果种植户高的谈判地位，由此实现降低成员交易过程中谈判成本的目的；八是成员在与苹果专业合作社交易时，与交易相关的正式合约或书面合约由合作社负责完成，同时，鉴于苹果专业合

表 3 - 4　农民合作社样本基本概况

样本市	样本县	合作社名称	成立年份	社员/户	注册资金/万元	带动群众/户	苹果园面积/亩	苹果产量/吨	培训次数/(次/年)	注册商标名称	提供主要服务
渭南	富平	林英果业种植专业合作社	2011	108	1 380	380	1 200	2 300	6	—	农资采购、技术培训、产品销售
	富平	金来苹果种植专业合作社	2011	180	300	580	3 000	6 000	5~6	—	农资采购、果品储藏、技术培训、产品销售
	千阳	鸿福果业专业合作社	2008	180	151	300	1 364	800	5	珠富贵	农资统购、病虫害防治、苹果销售
宝鸡	凤翔	范家寨鑫盛果业专业合作社	2008	500	0.9	1 000	800	1 500	8	—	农资采购、产品销售、技术培训
	凤翔	南务红苹果专业合作社	2008	380	544.5	1 000	8 000	3 200	5	雍州	产品包装、销售、技术培训、标准化生产
	扶风	富民果友专业合作社	2007	70	1.56	100	800	1 800	10	—	农资统购、技术培训、产品销售、示范园建设
	扶风	南阳供销社苹果专业合作社	2004	680	10	2 000	1 200	3 600	30	素珍	市场信息、技术指导、农资统购、果品销售、标准化生产管理
咸阳	乾县	永生果业农民专业合作社	2007	150	500	200	300	500	5	—	统一施肥打药、技术培训、介绍农产品经纪人
	长武	地掌乡庵里果业生产专业合作社	2007	56	131	100	260	350	6~7	醇古红	技术培训、标准化生产管理、产品销售

注：一表示该合作社没有注册商标。

作社是由其核心成员投资建立的，成员对其所在合作社具有较高的信任度，合作社违约情况基本没有发生，由此达到降低成员交易过程中执行成本的目的。

通过与调研地区村主任交谈，统计样本地区 6 个县 21 个村中的合作社数量与经营方式：咸阳市平均每个村有 1 个登记注册合作社；宝鸡市每个村有 1～2 个登记注册合作社；渭南市平均每个村有 2 个登记注册合作社。调研覆盖地区中，约有 84.8% 的合作社是苹果专业合作社，即该合作社运营的农产品主要或者全部是鲜食苹果。从加入合作社的农户数量角度看，具有一定规模的合作社数量仅占调研合作社总数的一半。统计数据显示，调研地区中，渭南市通过合作社销售的苹果占当地苹果总销量的 60.0%；咸阳市没有苹果种植户通过合作社销售苹果。原因在于，一是调研村中登记注册合作社数量过少，农户对合作社不了解；二是当地县政府主要支持农产品经纪人的发展，鼓励"农户＋农产品经纪人"的销售模式，大部分农户选择直接与农产品经纪人交易，或通过农产品经纪人的介绍与省内外客商联系。

本次调研重点涉及 9 个苹果专业合作社。其中，渭南市和咸阳市各 2 个，宝鸡市共有 5 个。

渭南市富平县位于黄土高原沟壑区，果友协会达 30 个，会员约为 5 000 户。结合访谈内容可知，该地区合作社发展迅速的主要原因，在于当地科技协会对合作社的鼓励和支持。苹果专业合作社为其社员提供了标准化苹果种植管理服务，以及技术培训、物资配送、产品营销等全方位的服务。尤其是在开展技术培训活动方面，实行分类、重点培训，包括果园管理专场培训、病虫害防治专场培训，及其他农业生产业务培训，同时，邀请果园果树专家直接进园为社员提供种植技术和病虫害防治指导，并现场解答实际操作中出现的问题。通过这些措施，在提高苹果质量的同时，实现苹果种植的规模化、专业化以及商品化，进而达到增加社员收入的目的。

富平县的果业合作社利用网络、报刊等媒介，为其社员提供苹果种植、销售的相关信息，以及国家在农产品方面的相关政策信息。结合与社员的访谈内容可知，社员对合作社定期发放农业类报刊的行为给予较高评价，明确表示农业类报刊提供的信息对苹果种植及苹果销售有很大帮助，该类报纸也是农户获取市场信息的主要渠道之一。同时，根据富平县果业管理局提供的信息，富平县已经开通为农户提供服务的免费专线电话，进一步实现了为农户提供及时、有效的信息服务，提高农户的苹果种植积极性。结合苹果种植户的调研数据可知，渭南市合作社成员的交易成本低于当地非社员的交易成本，且该地区苹果种植户的年均苹果种植收入高于其他调研地区的苹果种植户。

千阳县也是陕西省以苹果种植为主的优质苹果生产基地之一。据千阳县果业发展局统计，截至 2011 年年底，千阳县苹果种植面积达 4.7 万亩，挂果面积为 1 万亩，苹果产量为 1 500 万吨。千阳县南寨镇三合村的鸿福果业专业合作社，于 2008 年 4 月登记注册，注册资金为 151 万元，吸收社员 180 户。该合作社主要为社员提供化肥、农药的统一购买，纸袋、膜袋供应，病虫害防治帮助，果树修剪，以及苹果销售等服务。截至 2010 年年底，合作社成员的苹果种植面积为 1 364.0 亩，年均苹果产量为 800.0 吨左右，社员的苹果总收入为 180.0 万元。同时，该合作社于 2008 年注册了"珠富贵"牌果品商标。通过"内引外联"的方式，积极联系省内外的客商，强力打造和推销其苹果品牌，实现社员苹果种植的规模化、苹果质量的标准化以及苹果的品牌化。结合访谈内容可知，2010 年，该合作社成员的人均收入比当地非社员高 1 200.0 元左右。

凤翔县地处渭北苹果优生区，是国家级苹果生产标准化示范县，也是陕西省 30 个苹果重点生产县之一。截至 2011 年 8 月，凤翔县建成优质苹果基地 15.8 万亩，挂果面积 9.3 万亩，年均苹果销售量达 9.0 万吨。2011 年，凤翔县制定了由县财政每年拿出 100 万元用于果业发展的扶持政策。在给予财政补贴的同时，对部分老果园进行技术改造，对新建的果园实施标准化管理，包括统一放线、统一挖坑、统一购苗、统一种植等，以扩大苹果园的规模，提升农户的苹果种植技术水平。此外，该县注册了"雍州"牌苹果商标，以提高该地区苹果知名度和市场占有率。县政府还引进冷库建设项目储存苹果，用于苹果的反季节销售，实现苹果种植户的收益最大化。

扶风县地处关中西部，具有日光充足、昼夜温差较大、水利条件便利等自然环境优势，产出的苹果个头大、色泽鲜艳、糖分高、口感好，受到上海、云南、湖北、湖南、四川等地果商的欢迎。该县的南阳供销社苹果专业合作社，社员数为 680 户，带动周围群众 2 000 多户，建立苹果示范基地 1 200.0 亩。该合作社的主要职能是为社员提供技术培训、农资统购、产品销售等服务。具体服务形式包括：一是聘请果树专家，定期为社员开展技术讲座、进行技术培训和提供进园现场指导，同时为社员发放培训资料，以增强社员的科学栽种意识；二是合作社按照苹果市场的需求，对其社员的果园实行标准化生产管理，推行苹果套袋技术，以提高苹果质量。此外，合作社注册了"秦珍"牌红富士苹果商标，该品牌获得中国杨凌第十一届农业高新科技成果博览会"后稷奖"，进一步打响品牌的知名度，在利于苹果销售的同时，也为社员带来更高的收益；三是合作社采取"自购自销""代理收购"等经营方式，将其社员的苹果集合起来，实行规模销售，降低了分散经营的小农户的交易成本，有效地提高了合作社成员的组织化程度；四是合作社为其社员统一购买优质价廉的化肥、农药等农资，以降低社员的苹果种植成本。据社长统计，2011 年，该合作社为其社员提供优质化肥 6 750.0 吨、农药 30.0 吨，共计为社员节省约 135.6 万元农资成本；五是合作社统计资料显示，该社 2011 年共与 361 户社员签订了订单收购的正式书面合同，当年兑现收购 1.3 万吨，帮助社员增收 280.0 万元。结合访谈内容可知，该合作社的"秦珍"牌苹果已经进入西安、福州、湖北等地的大型超市，年供货量达 1 000 吨，实现"产前-产中-产后"纵向一体化营销模式，不仅提高了社员的收入，也增强了合作社的经济能力，提高其经营水平，为合作社的进一步发展奠定经济基础。

长武县是国家出口苹果标准化生产示范县，该地区土层深厚，土质疏松，是中国苹果优势产业带的核心区域之一。2009 年，该县 915.0 亩苹果园通过中国良好农业规范（China GAP）的认证。截至 2010 年年底，长武县苹果种植面积达 24.0 万亩，苹果总产量为 24.0 万吨，总产值突破 1.0 亿元。

长武县地掌乡庵里果业生产专业合作社，社员数为 56 户，社员入股资金为 131.0 万元，苹果种植面积 260.0 亩。该合作社的主要工作是为社员提供技术指导和苹果产销服务。结合访谈内容可知，该合作社年均举办 6～7 次技术培训会，主要聘请陕西省果业管理局和科研院校（主要是西北农林科技大学）的果树专家和教授，为农户提供相关指导。该合作社注册了"醇古红"苹果商标，结合与社长的访谈内容可知，合作社成员在销售苹果时，统一使用该商标，售价比当地非合作社成员的农户每千克高 0.4～0.6 元。仅苹果出售一项，在 2010 年就为其社员增收 60.0 万元左右。此外，该合作社为其社员统一采购了 85.0 吨农药和化肥，平均每吨化肥和农药比市场零售价便宜 200.0 元左右，供给为社员节省 17.0 万元生产成本。

乾县位于陕西省关中平原的中段北侧，全县苹果园面积为 34.0 万亩左右。乾县永生果业农民专业合作社成立于 2007 年 10 月，于 2008 年登记注册，加入该社的农户为 150 户，涉及 10 个村，苹果园总面积为 300.0 亩。合作社主要为社员提供技术培训。据社长统计，2010 年，该合作社举办技术培训活动共计 5 次，发放农业小报 4 期，并成立专业服务队，为社员的果园统一施肥、打药，实现标准化管理。

结合调研地区苹果专业合作社具体运营情况与中国苹果专业合作社特点，发现 6 个样本县中的 9 个苹果专业合作社的运营具有以下特点：一是合作社以服务功能为主，为成员提供的主要服务包括苹果种植技术指导与培训、果树病虫害防治帮助、以较低的价格批量购买农业生产资料（化肥、农药、纸袋、膜袋等）、帮助成员联系外地果商、对成员的果园实行标准化生产与管理等；二是合作社运营资金主要来源于中央和地方政府补贴，包括实物补贴（如杀虫灯、果袋、除草剂等）与资金补贴（每个果袋补贴 0.01 元，为降低苹果种植密度，实行每减伐 1 棵果树补贴 100 元）；三是合作社逐步树立品牌意识，在实行果园标准化生产管理以达到保障果品品质目的的同时，提高成员果品的销售价格，增加成员苹果种植收入。

整体来看，苹果专业合作社成立的目的是降低成员交易成本，提高成员苹果种植收入，实现成员与地方农业科研院所、农业相关部门的良好对接。此外，部分经营较好的苹果专业合作社登记注册有自己的果品品牌，在销售过程中实现品牌效应。

3.2.3　苹果经纪人

农产品经纪人按照从事的行业类型，可分为科技型农产品经纪人、销售型农产品经纪人、信息型农产品经纪人和复合型农产品经纪人 4 类。结合调研可知，苹果经纪人属于复合型农产品经纪人，既是苹果种植者，也是连接苹果种植者与当地或外地果商的中间人。苹果经纪人还为当地苹果种植户提供果品市场价格信息，帮助苹果种植户联系苹果买卖的交易对象，以从中获得一定的佣金。例如，苹果经纪人为苹果种植户介绍外地果商开展交易，要求苹果种植户按每千克 0.1～0.2 元的标准支付佣金。总的来说，苹果经纪人是集苹果种植、信息提供和苹果销售为一体的农产品经纪人。

3.2.4　苹果加工企业

浓缩果汁是苹果加工产业的主导产品，截至 2013 年年底，中国浓缩果汁加工能力已超过 150.0 万吨（数据来源：国家现代苹果产业技术体系产业经济研究室），成为世界最大的浓缩苹果汁生产国，且 90.0% 以上的浓缩苹果汁用于出口。2009 年，中国浓缩苹果汁的出口量达 89.5 万吨，占世界浓缩苹果汁总产量的 60.0% 以上（李玮，2010）。

在涉农企业中，与苹果种植户交易最频繁的是苹果加工企业，即苹果汁加工厂。苹果种植户将残次果以较低的价格（一般为 0.8～1.6 元/千克）出售给当地苹果汁加工厂。从交易数量来看，相对于其他交易渠道，包括苹果专业合作社、苹果经纪人、苹果批发商等，苹果种植户与苹果汁加工厂的交易量较少。调查显示，陕西省苹果种植户与苹果汁加工厂的苹果交易量占其苹果总产量的 10.0%～20.0%。需要指出的是，苹果种植户与苹果汁加工厂交易的苹果均为残次果，而残次果的数量在较大程度上取决于当年的自然环境条件。如在苹果盛果期出现冰雹、霜冻等自然灾害，将会极大增加残次果率。

调查的 6 个县 21 个村中，发现宝鸡市凤翔县范家寨村和扶风县东桥村分别建设有 3 个和 4 个冷库；宝鸡市扶风县有 1 个水果加工型企业。

3.3 苹果交易渠道分析

1984 年，国家经济体制改革委员会、商业部、农牧渔业部在《关于进一步做好农村商品流通工作》中提出放开苹果品种，实行自由购销。自此，中国苹果流通渠道呈现多样化特点，流通主体日益增加，苹果流通过程中的利润明显，吸引集体、个体等主体进入流通领域从事果品流通工作。《苹果优势区域发展规划（2003—2007 年）》实施 5 年后，中国鲜食苹果和苹果浓缩汁的国际市场地位得到进一步巩固，苹果产业链条进一步延伸。基于《苹果优势区域发展规划（2003—2007 年）》取得的成绩与存在的问题，2008 年，农业部发布《苹果优势区域布局规划（2008—2015 年）》，确定苹果优势区的苹果流通方向与功能定位。渤海湾优势区的苹果发展方向为"以鲜食为主""产品面向国内高档果品市场和国外市场"，以种植晚熟苹果为主，主攻国内外高档果品市场，满足国内及东南亚市场需求；西北黄土高原优势区以优化品种结构，加快绿色、有机苹果基地建设，完善产后产业体系，积极扩大出口为主，主攻国内优质高档果品市场。

中国国内的苹果消费市场主要为北京、上海、广州、西安等大中城市。从苹果流通方向来看，渤海湾优势区中山东的苹果主要流向北京和上海等发达城市；西北黄土高原优势区中山西和陕西两省的苹果主要流向广州；甘肃和河南两省的苹果主要流向西部地区，主要是西安的果品批发市场和零售市场等。

3.3.1 苹果交易渠道类型分析

在苹果流通体系中，有多种交易渠道供苹果种植户选择（图 3 - 10）。苹果种植户可以直接与苹果专业合作社交易，形成以苹果专业合作社为核心的组织化流通模式；苹果种植户可以直接与苹果经纪人、苹果零售商交易，形成以农贸市场为核心的分散化流通模式；苹果种植户可以与苹果加工、出口等龙头企业交易，形成以龙头企业为核心的产业化流通模式；苹果种植户可以与苹果批发商交易，形成以果品批发市场为核心的集中化流通模式；苹果种植户可以直接与社区、学校、综合性超市、果品专营超市连接，形成以"农校对接""农社对接"和"农超对接"为核心的新型直销流通模式。

结合调研可知，苹果专业合作社、苹果批发商与苹果经纪人是苹果种植户进行苹果交易的主要对象，交易量约占苹果总交易量的 80.0%～90.0%。苹果种植户与苹果加工企业（即苹果汁加工厂）和苹果出口企业有部分交易，但交易数量较低。目前调研地区还未实现苹果种植户与社区、学校、综合性超市、果品专营超市直接对接的销售方式。

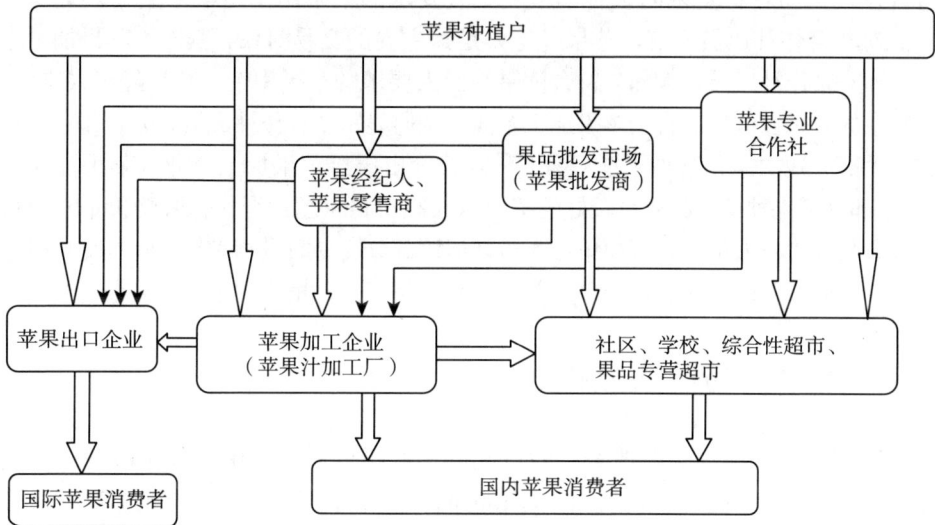

图 3-10 鲜食苹果交易渠道

3.3.2 苹果交易模式特征分析

基于对农产品市场交易主体以及苹果种植户不同交易渠道的分析，结合研究对象，即"苹果种植户—果业合作社"交易制度及其关系，围绕研究目的，参考实地调研与农户的访谈内容，可知合作社成员主要的农产品交易对象为果业合作社、苹果经纪人（复合型农产品经纪人），以及涉农企业（包括苹果加工企业和苹果出口企业）；非合作社成员主要的市场交易对象为苹果经纪人（复合型农产品经纪人）和涉农企业（包括苹果加工企业和苹果出口企业）（图3-11）。

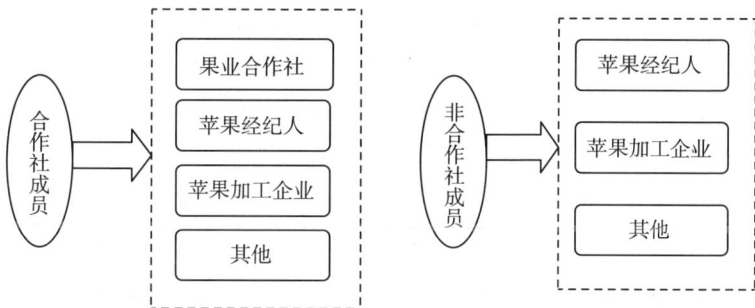

图 3-11 苹果种植户（合作社成员与非合作社成员）主要交易对象

对合作社成员而言，果业合作社是其主要交易对象，其次为苹果经纪人。鉴于品牌需求和果园的标准化生产管理，果业合作社对其成员的果品质量要求较高，由此，合作社成员将果品质量好、果个大、符合合作社要求的苹果用于与合作社交易，将剩余的符合苹果经纪人要求的苹果用于与苹果经纪人交易。

对非合作社成员而言，苹果经纪人是其主要的交易对象，其次为苹果加工企业。即非合作社成员将大部分符合苹果经纪人要求的苹果用于与苹果经纪人交易，将剩余的苹果以低价出售给苹果加工企业。调研显示，合作社成员和非合作社成员均将大部分残次果、落地果或等外果①以低价出售给苹果加工企业（苹果汁加工厂）；部分苹果种植户将质量较好的苹果以较高价格（超过合作社收购价格）出售给地方政府工作人员或企事业单位人员，但该部分交易数量相对较小，且交易机会较小。因此，与政府单位或企事业单位交易不是苹果种植户的主要交易渠道。

3.4　苹果交易模式分析

随着农产品流通体制改革、农产品购销政策的开放，国家逐步放开对果品经营的管理，实行自由购销。国家不再向苹果种植户下达农产品统购派购任务，转而使用合同定购或市场收购的方式，实行多渠道交易，促进果品产销组织的多元化发展。随着苹果产业政策的不断完善、苹果产业的不断发展，中国苹果交易模式也呈现多元化发展态势。

3.4.1　"苹果种植户＋农贸市场"分散化交易模式

中国苹果消费以消费者直接购买鲜果或者加工果为主。20 世纪 90 年代初以来，中国苹果零售市场以城乡农贸市场为主。随着农产品流通体系的完善，农贸市场中农民自销的比重逐步下降，但仍占较大比例（刘大成等，2012）。据《2011 中国商品交易市场统计年鉴》统计，2010 年我国干鲜果品交易零售市场为 4 个，总摊位数为 417 个，成交额达 19.5 亿元。到 2019 年，我国干鲜果品类成交额达 8 868.6 亿元，其中，干鲜果品类批发市场成交额达 8 563.6 亿元，占干鲜果品类成交总额的 96.6%。《2020—2026 年中国干鲜果行业竞争格局分析及投资潜力研究报告》数据显示：中国干鲜果品市场摊位数 2017—2018 年的数量减少幅度有些大，预计 2019 年干鲜果品市场摊位数为 60 726.4 个，比 2018 年减少 1 430 个。尽管干鲜果品市场摊位数量呈缓慢下降趋势，但"苹果种植户＋农贸市场"分散化交易模式仍是中国苹果种植户进行苹果交易的主要模式之一。

3.4.2　"苹果种植户＋果品批发市场"集中化交易模式

随着鲜活农产品流通市场的逐步开放和发展，果品批发市场逐步成为苹果

---

① 残次果指表面或内部有损伤的苹果；落地果指还未成熟就以人为方式下树或受病虫害等的影响而下树的苹果；等外果指已经成熟的，但果品大小、色泽等外观品质没有达到购买者标准的苹果。

流通的枢纽和主要渠道。随着苹果种植区域化发展与社会城市化进程加速，苹果种植地和消费地相对越来越集中。这种双重集中、双重分散的种植销售布局要求苹果流通必须采用从分散到集中，再从集中到分散的方式，"苹果种植户＋果品批发市场"的分散化与集中化并存的交易模式优势凸显。据国家现代苹果产业技术体系产业经济研究室统计，2010 年年末，全国共有果品批发市场 700 多个，经营量占果品经营量的 60.0% 以上。"苹果种植户＋果品批发市场"集中化交易模式是苹果种植户进行果品交易的主要模式之一。

随着苹果批发市场数量递增，出现以小规模批发商为主、缺乏大规模批发商、苹果流通不稳定等问题。此外，果品批发市场发展较快，但其市场交易相关法规建设薄弱，市场交易规范化程度较低（崔太康，2011）。同时，在以果品批发市场为核心的流通过程中，交易主体和交易环节过多，导致交易成本过高。

3.4.3　"苹果种植户＋龙头企业"产业化交易模式

龙头企业是引导农民发展现代农业的重要力量。2004 年，中共中央、国务院发布的《关于促进农民增加收入若干政策的意见》提出以加快发展农业产业化经营为目标，规定各级财政要较大幅度地增加对龙头企业的投入，并对符合条件的龙头企业的技改贷款给予财政贴息。"苹果种植户＋龙头企业"产业化交易模式实现苹果从生产到销售的一体化经营，有利于减少流通环节、降低交易成本、加快流通速度。但"苹果种植户＋龙头企业"产业化交易模式在实际运行过程中出现一些问题，主要是拥有一定实力的果品公司数量相对较少，在与小规模、分散经营的苹果种植户交易的过程中，即产销衔接过程中，普遍存在机会主义行为，影响了这种产销组织形式的发展。

具体来看，在小规模农户与具有双重垄断地位的企业结成的利益共同体中，小规模农户的谈判地位低下。在农户与企业间的产品交换过程中，企业明显占买方优势，并利用此优势侵占农户大量的生产者剩余（尤小文，2005）。此外，"苹果种植户＋龙头企业"产业化交易模式将农户的市场风险一次性买断，虽然从表面上看风险转移给了企业，但实际上，一旦出现市场不景气、价格波动、产品滞销等问题，由于缺乏具有法律保障的契约关系，企业将会减少下一批进货量或终止交易，导致农户产品低价销售或难以销售，最终依然将风险转嫁给弱势农户。"苹果种植户＋龙头企业"产业化交易模式存在的风险转嫁问题促进了"苹果种植户＋农民合作社"组织化交易模式的出现。

3.4.4　"苹果种植户＋农民合作社"组织化交易模式

组织是由成员构成的，按照一定规则运行的，并以一个整体参与相关规则的机构。内部交易指组织内部成员之间依照组织内部的规则进行的交易，即实现交易成本内部化。由此，以农民合作社为核心的组织化交易模式具有明显的优势。"苹果种植户＋农民合作社"组织化交易模式将农户（合作社成员）与合作社有机结合起来，即成员与合作社是一个利益共同体，较容易实现合作社内部的专业化分工，使成员可以从其所在合作社得到多种内部化的生产、经营、加工、储藏及销售等方面的服务与收益，同时也有助于提高合作社成员进入竞争日益激烈的农产品市场，与市场内相关主体谈判、交易的能力。

苹果合作社起到了联系苹果种植户与苹果加工企业、批发商、零售商的作用。第一，合作社通过联系各农业院所的苹果种植专家，为社员定期提供技术培训、病虫害防治指导、果园标准化生产与管理帮助，以及市场信息等，在提高苹果种植户生产积极性的同时，降低了苹果种植户的获取信息成本。第二，合作社成立的目的是为成员提供农业生产资料购买优惠及农产品销售、包装、储藏等服务，因此，苹果种植户加入合作社后有利于降低谈判成本和执行成本。第三，部分合作社为社员提供运输服务，以帮助社员节省运输成本。

"苹果种植户＋农民合作社"组织化交易模式将苹果种植户在苹果交易过程中产生的交易费用内部化，即在合作社内部交易。这种组织化交易模式有利于降低苹果种植户的交易成本，实现苹果种植的规模化和标准化，增加苹果种植收益，提高苹果产量和质量。

3.4.5 "苹果种植户＋超市或学校或社区"对接化交易模式

2010 年，中共中央、国务院《关于加大统筹城乡发展力度进一步夯实农业农村发展基础的若干意见》中提出全面推进"农超对接"，重点扶持农产品生产基地与大型连锁超市、学校及大企业等产销对接，减少流通环节，降低流通成本。2011 年，商务部贯彻落实国务院办公厅《关于加强鲜活农产品流通体系建设的意见》，联合农业部开展"全国农超对接进万村"行动，积极推动以"农超对接"为主的直供直销流通体系建设。与传统的苹果交易模式相比，"苹果种植户＋超市或学校或社区"对接化交易模式具有减少流通环节、降低交易成本、实现果品质量可追溯性等特点。

目前，我国渤海湾苹果优势区由于地势平坦、土地资源较集中，易形成有实力的苹果种植基地，因此多采用"苹果生产基地＋超市"交易模式；西北黄土高原苹果优势区土地资源较分散，致使苹果种植基地、苹果种植示范园等的规模较小，苹果产量较难满足超市的批量采购需求，由此形成以农民合作社或龙头企业为核心的"农户＋合作社＋超市"交易模式或"农户＋龙头企业＋超市"交易模式。

3.5　苹果种植户交易成本测算体系

与欧美发达国家农户（事实上是大农户，即农场主）相比，中国农户具有小规模和分散性特征，由此导致农户在农业生产、销售过程中，与上下游企业和政府谈判时处于较低地位，农户的意愿和要求经常被忽视。此外，在中国农业生产经营体制改革过程中，土地不能自由流转与农村劳动力不能完全流动（流动范围有限）也是农户农业经营规模受限的原因。

任何一项经济交易的达成都需要议定合约、监督合约的执行、讨价还价以及了解生产者和消费者的生产与需求的有关信息等。这些交易费用不仅存在，且能高到使交易无法达成。正是由于交易费用的存在，才促进了用于降低各种类型交易费用的不同制度安排的出现。基于此，研究的重点建立在合作交易制度与非合作交易制度安排下的苹果种植户交易成本分析体系。

3.5.1　交易成本分析体系

诺斯认为，在专业化和分工处于原始状态时，买、卖几乎同时发生，信息完全对称，因而交易费用较低。随着专业化和分工化发展，交换的范围和市场规模都大幅度扩张，由此，交易的形式也变得复杂多样。交易人数越来越多，交易频率越来越高，由信息不对称引起的违约、欺诈等行为也大量出现，"搭便车"行为逐渐成为一种问题，导致交易费用逐步增加。因此需要一种降低交易费用、增大收益或降低成本的制度安排形式，即农民合作社。

没有加入苹果专业合作社的苹果种植户的交易费用，与加入合作社的苹果种植户之间存在显著差异（图 3-12）。苹果种植户在未加入合作社之前，交

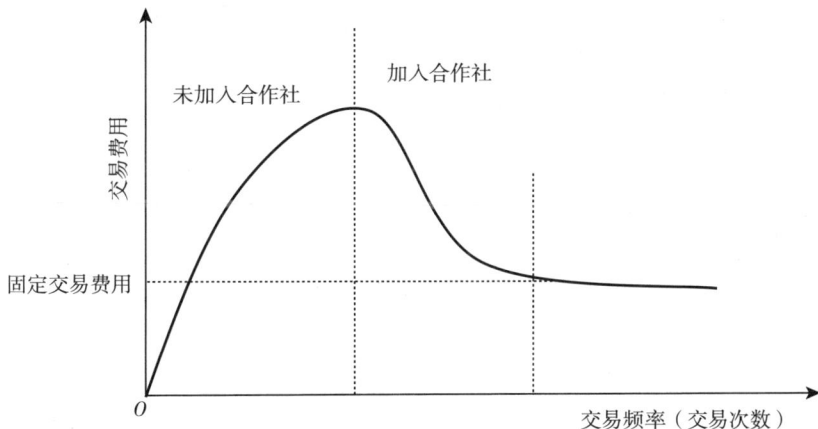

图 3-12　苹果种植户交易费用示意图

易费用随着交易频率（即交易次数）的增加而不断上升。刚开始交易时每次的交易成本都很高，随着时间的推移和苹果种植户交易经验的积累，交易成本的增长速度变慢。苹果种植户加入合作社后，交易费用随交易频率的增加而减小，最后稳定在固定交易费用（固定交易费用主要包括获取市场信息的费用，获取信息的成本不随交易频率与交易数量的变化而变化）水平。即加入合作社可以提高交易效率，降低交易成本。

受苹果专业合作社规模差异及其所处的市场环境等因素的影响，苹果种植户交易成本曲线存在各种形式，可能是陡峭的曲线，可能是又长又平的曲线，也可能是陡峭与长平相结合的曲线（图 3-13）。

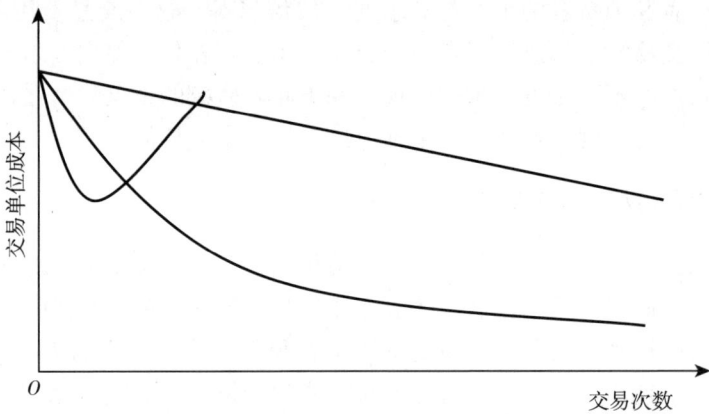

图 3-13 不同规模合作社与苹果种植户交易成本示意图

注：图中 3 条曲线表示可能出现的 3 种结果。

总之，苹果种植户从分散经营环境中的外部公开市场交易制度下转移到合作经营环境（加入农民合作社并与合作社进行农产品交易）的交易制度下，可有效降低交易成本。

3.5.2　交易成本测算体系建立

经济学家习惯假定市场是完全的，即信息获取是没有成本的。但实际上，在现实社会中，信息的获取并不是免费的。而且一般来说，信息不仅是有成本的，报酬还是递增的。即交易者只需要支付一定的信息成本，便可以将这些信息用于多次交易。因此，建立一种专门化的组织是一种最为经济的安排，因为它不仅为许多生产者或消费者提供信息，也实现了潜在的规模经济。Lin（1989）指出，传统的费用—效益分析中只考虑生产费用，即只要每一种投入的边际产品价值相等就可以得到最优。但实际在不同制度安排中，其费用还包括组织费用、维持费用，以及强制执行这种特殊制度安排所包含的规则费用等，即交易费用。

基于文献资料，结合中国苹果种植户的苹果种植特征及调研具体情况，将苹果种植户在苹果种植和销售过程中产生的交易成本分为信息成本（Information Costs）、谈判成本（Negotiation Costs）、执行成本（Enforcement Costs）、运输成本（Transportation Costs）。其中，信息成本包括农户获取生产资料价格所用时间和苹果市场价格所用时间等；谈判成本包括联系潜在客户、苹果分级所用时间，以及从苹果采摘到完成交易的过程中，由于储存条件不利等导致苹果腐烂的损失；执行成本包括收到全部货款的等待时间、销售苹果时接待交易对象的费用，以及交易对象违约造成的损失；运输成本包括将苹果从果园运输到农户家中所用时间，以及运输到交易地点的费用（图 3 - 14）。

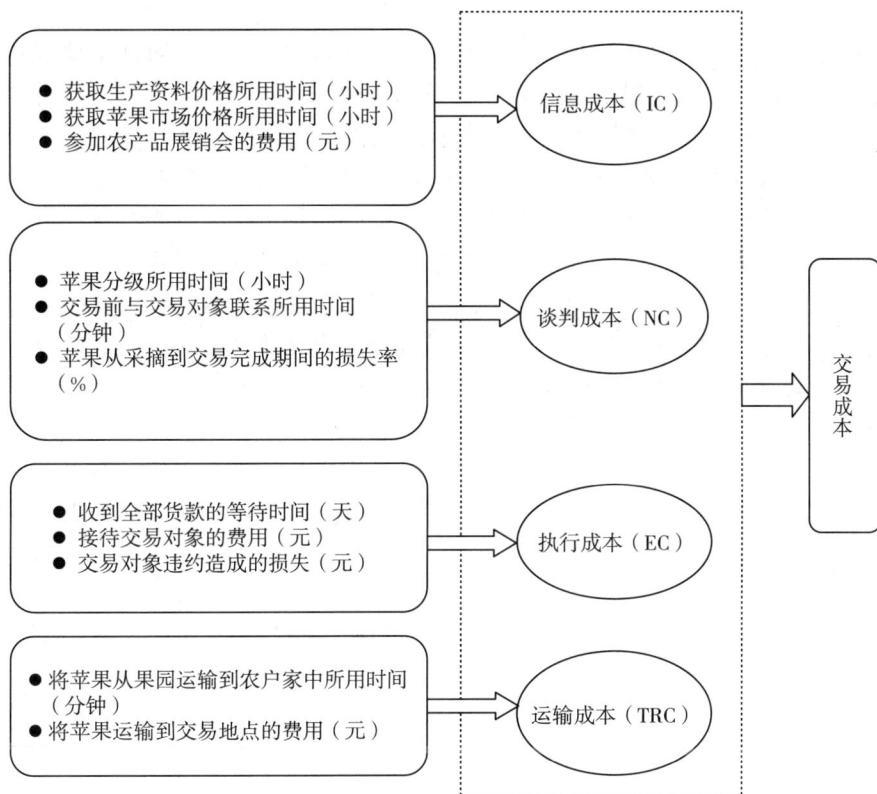

图 3 - 14　苹果种植户交易成本测定分析框架

3.5.3　基本假设

基于国内外相关文献综述与评价，结合中国交易制度背景，以高价值产品生产者，即苹果种植户为例，以"苹果种植户—果业合作社"交易关系和"苹果种植户—果业合作社以外的市场交易主体"交易关系为研究对象,提出两个基本假设。

假设 1:如果 $TC_i^a > TC_j^c$,农户选择内部非公开合作交易制度,即加入农民合作社并与合作社进行农产品交易。

假设 2:如果 $TC_i^a < TC_j^c$,农户选择外部公开非合作交易制度,即不加入农民合作社且不与合作社进行农产品交易。

其中,TC_i^a 表示第 i 个非社员的交易成本,TC_j^c 表示第 j 个社员的交易成本。

3.6 本章小结

围绕设计的研究目的(即农户合作交易模式)研究,结合对样本地区苹果种植户和苹果专业合作社实际种植、经营情况的深入了解,发现符合《合作社法》(2007 年)的规范型果业合作社占的比例很小,合作社运行过程中普遍存在治理结构设计不合理、经营管理不规范、服务及开拓市场能力弱等突出问题:合作社未能完全实现农资(如农药、化肥等)批量购买,为社员提供低价农资分配服务;未能较好地实现对社员农产品(苹果)的批量收购;未能较好地实现农户农产品交易内部化(即在合作社内部完成农资购买和农产品销售)。因此,大部分合作社成员在与合作社进行农产品交易的同时,也与其他交易主体,主要是苹果经纪人和从事苹果加工或出口的涉农企业交易。其中,苹果种植户将品质较高的苹果出售给苹果出口商,将残次果(有损伤的苹果)出售给苹果加工商。这种交易方式促进提供苹果加工、出口等中介服务的涉果企业之间的分工更加精细、协作更加密切,也导致大部分苹果销售利润被加工商、出口商等获取,分散经营的小规模苹果种植户不仅没有降低交易成本,还损失了较大销售利润。

本章通过详细分析高价值农产品(即苹果)的市场交易主体、市场交易渠道、交易模式演变及合作交易制度与非合作交易制度下苹果种植户的交易成本,建立苹果种植户交易模式分析理论框架,提出苹果种植户加入合作社有利于降低交易费用的基本假设,为后文的实证检验奠定理论基础。

第 4 章

合作交易模式选择意愿分析

在竞争日益激烈的农产品市场环境中，农产品从生产到销售的各个环节都存在不同形式的交易费用，合作社作为代表农民自身利益的中介组织，可以实现农业"产前-产中-产后"纵向一体化，使农户与农户之间、农户与合作社之间、农户与市场之间，以及农户与政府之间实现良好对接。鉴于此，对农户合作交易模式（加入合作社并与合作社交易）选择意愿的分析，是后文农户合作交易模式选择行为分析的基础。

本章以陕西省苹果种植户为例，通过统计描述对农户在合作经营环境中，合作交易模式下和非合作交易模式下遇到的不同类型问题的评估、对合作社提供服务的重要性的评估、对不同地方性组织的作用的评估等，分析影响农户合作交易模式选择意愿的因素，基于统计和回归分析结果，分别从农户、合作社和地方政府 3 个角度入手，提出相关政策建议。

4.1 背景分析

中国政府长期致力于推进农业交易制度创新。20 世纪末以前，其探索的主要目标和方向是，以计划经济特征为主的人民公社制、家庭联产承包责任制、涉农企业主导的产业化组织制度替代基于市场经济体制的农民合作制度。从实践绩效来看，这一农业交易制度创新过程取得较大成绩，即实现农业由落后的小规模生产的个体经济，转变为较先进的大规模生产的合作经济，发挥集体统一经营的优越性，把农业生产、加工和销售等环节连接起来，降低单个农户的市场交易费用。因此，坚持走以农民合作社为基本经营制度的制度创新路线，是符合我国农村发展要求的制度选择。

我国作为一个农业大国，小规模、分散性的农户要想在激烈的市场竞争、复杂的市场环境以及高速发展的现代农产品市场中取得一席之地，最好的办法就是组织起来，形成一定的规模，开展合作，即提高农业合作化程度。Machethe（1990）指出，农民合作社是促进农业发展、提高贫困地区居民生活水平的有力工具。自 2007 年 7 月 1 日《中华人民共和国农民专业合作社法》实施以来，中国以农民合作社为依托的农民合作经营方式快速发展。我国大部分农村地区鼓励创办农民合作社，登记注册的农民合作社的数量明显增加。截至2008 年年底，中国农民合作社约为 10 万家（数据来源：民政部）；截至 2012年年底，中国农民合作社数量达 68.9 万家，比 2011 年年底增长 32.1%，出资总额 11 000 万元，增长 52.1%。到 2019 年 10 月底，依法登记的农民合作社已达 220.3 万家，通过共同出资、共创品牌，成立联合社 1 万多家。农民合作社辐射带动全国近一半的农户，普通农户占成员总数的 80.7%（数据来源：农业农村部农村合作经济指导司）。农民合作社已经成为重要的新型农业经营主体和现代农业建设的中坚力量。

农民合作社作为一种特殊的经济组织形式，既代表农户利益，也反映农户的利益需求。合作社在为社员提供农产品交易所需服务的同时，也对提高农户组织化程度、增强合作社成员抵御风险和参与国内外市场竞争的能力等方面有积极推动作用。合作社作为一个中介组织，要与各方面、不同地域和层次的潜在交易对象（即客户）联系，具备必要的公关能力，在与各类交易对象建立密切联系的同时，能从合作社成员的利益角度出发，在谈判过程中为社员争取更多的利益。同时，合作社可为农户提供价格较低的农业生产资料，并将分散的小规模农户的农产品集中起来销售，实现规模经济。正如 Milgrom 和 John（1990）指出的，加入农民合作社对小规模农户来说，是形成规模、在市场链中获取有利谈判地位的较好选择。

在近 20 年中，越来越多的学者开始关注合作社相关问题。Gray 和 Kraenzle（1998）以奶牛养殖户为例，得出农户的净养殖收入和养殖规模，与农户参与合作社的决策行为呈正相关的结论。Holloway 等（2000）的研究表明，加入合作社有助于农户克服获取市场信息障碍。尤其是合作社可以将社员的产品集合起来，形成规模销售，以此提高社员在市场中的讨价还价能力。Falco 等（2008）以意大利小麦合作社为例，应用 Cobb-Douglas 生产函数，对其获得的面板数据进行两阶段分析，得出农民合作社供给生产资料和发挥市场运作功能对当地区域发展的多样性有影响作用的结论，同时指出，农户可以在通过合作社降低销售成本同时，获得更高的农产品价值。Montefrio 和 Dressler（2019）探讨了合作社的角色变化对小农户生计及食品安全的影响，研究发现合作社强化了生产和交换的不平衡农业社会关系。Moeyersoms 和 Martens（2015）用倾向评分法估计了合作社成员的平均收入和贫困程度，分析了卢旺达农业合作社的包容性和有效性，发现加入合作社对增加成员收入和减贫有显著积极作用。

合作社不仅有利于将分散的小规模农户集中起来，形成规模效益，以降低农户交易成本，对农村经济和社区的发展也有重要意义（Getnet et al.，2012；Feng et al.，2012）。Folsom（2003）以明尼苏达州的农民合作社为例，从税收政策的角度分析合作社对当地经济和当地产权的影响。结果表明，合作社作为一种经济组织形式，其集体化的组织结构可以满足地区经济和社区经济发展的需求。同时，地方政府支持合作社的发展有助于降低非农物品和服务的支出。Gray（1998）将合作社分为地方合作社、中心化合作社和美国联邦政府合作社 3 类，通过比较分析这 3 类合作社的优劣势，指出合作社可以作为农户和农业市场的桥梁，代表中等规模农户的利益。

尽管加入合作社对农户有很多有利方面，但目前合作社的发展及其提供的服务中仍存在许多问题，包括合作社管理效率低下、信誉不高、社员缺乏对合作社的归属感、市场竞争力与其他企业相比较弱等（Machethe，1990；Nils-son et al.，2012）。Royer（1992）也指出，如果合作社不能在经济方面给予社员帮助，那么社员，尤其是生产规模较大的社员，将很有可能退出合作社。Bernard 和 David（2009）通过调研表明，规模越小、越贫困的农户越不愿意加入合作社，因为合作社在作最终决策时，经常将这些小规模的农户排除在外。Hogeland（2006）以乳制品产业为例，指出合作社没有使社员准备好进行组织结构调整以实现合作社持续发展，而是在很大程度上依赖大规模社员的投资来发展。技术创新使越来越多大规模农户选择脱离合作社和使用地方性资源，最终留在合作社的是中小规模农户，因此对发展依赖于大规模农户的合作社产生负面影响。当前农民合作社快速增长与发展的背后是质与量的参差不齐，社员对合作社发展的参与程度与意愿不高仍然是影响合作社发展的重要问题（陈燕等，2019）。

文献评述表明，国外大部分学者的研究已经证明加入合作社是一种对农户有利的交易制度安排。但在现实中，合作社的发展过程中存在诸多问题，使农户，尤其是小规模农户对加入合作社持不同态度。基于此，本章以 2011 年陕西 6 个苹果重点生产县的 365 家苹果种植户（农民合作社成员 115 户，非农民合作社成员 250 户）的实地调研数据为依据，在统计分析农户基本特征、农业生产特征、苹果种植户在苹果种植和销售过程中遇到的困难，以及苹果种植户对农民合作社服务项目的评估结果的基础上，应用 Probit 模型，从交易成本角度分析影响农户合作交易模式选择意愿的因素。

4.2　变量选取与模型设计

4.2.1　变量选取

Renisi Likert 在 1932 年改进原有的总加量表，并将其应用于识别被调查者对调查目标的态度强弱程度（Frey et al.，2000）。这是目前研究者常用于调查问卷设计的一种测量方法，要求被调查者对每一个与态度有关的陈述语句表明其赞成或者不赞成的程度。在对陕西苹果种植户的调查问卷设计中，农户对合作社服务能力和绩效的评价，以及农户对苹果种植、销售过程中遇到困难程度的表述，都采用李克特量表评估。具体变量描述见表4-1。

表4-1 变量描述

变量类型	变量名称	变量设计	预期影响
因变量	选择意愿（PAC）	0＝不愿意加入合作社，1＝愿意加入合作社	
农户基本特征变量	年龄（AGE）	年	+/-
	受教育水平（EDU）	年	+
	是否有非农工作经验（OFE）	1＝有，0＝没有	+/-
	劳动力（HLA）	人	+
	苹果种植面积（APS）	亩	+
	苹果收入（AIC）	元/年	+/-
	对合作社的信任程度（CIC）	1＝非常信任，2＝信任，3＝一般，4＝不信任，5＝非常不信任	-
困难程度评估变量	运输（TRA）		-
	销售过程（SPR）	1＝非常困难，2＝困难，3＝一般，4＝容易，5＝非常容易	-
	获取市场信息（OMI）		-
	获取农业贷款（OAL）		-
合作社服务功能评估变量[a]	信息与技术服务功能（IAT）		
	技术培训	1＝非常重要/满意，2＝重要/满意，3＝一般，4＝不重要/不满意，5＝非常不重要/不满意	+/-
	病虫害防治		+/-
	果园标准化管理		+/-
	市场信息		+/-
	资金服务功能（CAP）		
	较低价格的农资		+/-
	较高苹果收购价格	1＝非常重要/满意，2＝重要/满意，3＝一般，4＝不重要/不满意，5＝非常不重要/不满意	+/-
	资金支持		+/-
	公积金分配		+/-
	农业贷款		+/-
	加工服务能力（PCE）		
	稳定收购		+/-
	苹果储藏		+/-

（续）

变量类型	变量名称	变量设计	预期影响
合作社服务功能评估变量[a]	苹果包装	1＝非常重要/满意，2＝重要/满意，3＝一般，4＝不重要/不满意，5＝非常不重要/不满意	＋/－
	苹果加工处理		＋/－
交易成本变量	信息成本（IC）		
	获取市场信息所需时间（IC）	小时	＋/－
	谈判成本（NC）		
	苹果分级所用时间（GRD）	小时	＋
	苹果从采摘到交易完成期间的损失率（ROL）	％	＋
	执行成本（EC）		
	收到全部货款的等待时间（SOP）	天	－
	接待交易对象的费用[b]（RAB）	元	＋
	交易对象违约造成的损失（ROB）	元	＋
	运输成本（TRC）		
	将苹果运输到交易地点[c]的费用（HTS）	元	＋

　　a. 由于合作社服务功能自变量较多，且存在自相关，本书将合作社服务功能综合成 4 项服务功能，采用算术平均法测算出苹果种植户对 4 项合作社服务功能的平均满意程度，用于后文的计量分析。

　　b. 接待交易对象的费用包括提供食宿、烟酒等。

　　c. 交易地点可能是农户家、苹果代办点、果园或者合作社。

　　Williamson 假定"一些人的机会主义行为与实践有很大关系，并且各不相同的可信赖度很少在事前是明显的。因此，要努力进行事前的甄别，并建立事后的保障手段"（Williamson，1985）。因此建立一套保障经济合作组织与农户间合作关系的机制是有必要的。信任是将组织内部各成员团结在一起的黏合剂（Barber，1983）。只有建立信任关系，才能减少或降低由不信任带来的规避风险的费用。在交易过程中，机会主义寻租的机会将不可避免地出现。每当组织成员拒绝了机会主义的机会，信任就会增大。因此，信任是一个非常有利于降低复杂性的因素（Luhmann，1979）。

　　将农户对合作社及其他不同交易主体的信任程度作为自变量展开分析

（表 4-1）。

4.2.2 Probit 模型及其原理

Probit 模型是由 Bliss（1934a；1934b）提出的一种广义线性模型，是一种被解释变量只有 0 和 1 两个值的回归分析方法。该模型是在标准极大似然法的基础上改进而成的，并假设其服从正态分布（Bertschek et al.，1998）。本章将 Probit 模型看作是潜变量模型的一种，具体模型设计为（Liao，1994）：

$$Y_i^* = \alpha_0 + \alpha_1 x_{1i} + \alpha_2 x_{2i} + \cdots + \alpha_m x_{mi} + \varepsilon_i \qquad (4-1)$$

式中，ε 是随机变量，服从标准正态分布 $\varepsilon \sim N（0，1）$；参数 α 是需要模型估计的极大似然变量，估值曲线为 S-型的累积正态分布，Y_i^* 是观测不到的潜变量；$x_1，x_2，x_3，\cdots，x_m$ 表示随机变量向量。Probit 模型的估计结果可理解为：当被解释变量为 1 时，解释变量发生变化对事件发生概率的影响作用。具体来看，可以观测到的是一个二元变量 Y_i，定义为：

$$Y_i = \begin{cases} 1，Y^* > 0 \\ 0，其他 \end{cases} \qquad (4-2)$$

从式（4-1）可得式（4-3）：

$$Pr(Y_i = 1) = Pr(\alpha_0 + \alpha_1 x_{1i} + \alpha_2 x_{2i} + \cdots + \alpha_m x_{mi} + \varepsilon_i > 0)$$
$$(4-3)$$

推导式（4-3），可得式（4-4）：

$$\begin{aligned} Pr(Y_i = 1) &= Pr[\varepsilon_i > -(\alpha_0 + \alpha_1 x_{1i} + \alpha_2 x_{2i} + \cdots + \alpha_m x_{mi})] \\ &= 1 - Pr[\varepsilon_i < -(\alpha_0 + \alpha_1 x_{1i} + \alpha_2 x_{2i} + \cdots + \alpha_m x_{mi})] \\ &= 1 - F[-(\alpha_0 + \alpha_1 x_{1i} + \alpha_2 x_{2i} + \cdots + \alpha_m x_{mi})] \end{aligned}$$
$$(4-4)$$

式中，F 是 ε 的累积密度函数，假设 ε 服从正态分布，可得式（4-5）：

$$\begin{aligned} Pr(Y_i = 1) &= 1 - \Phi[-(\alpha_0 + \alpha_1 x_{1i} + \alpha_2 x_{2i} + \cdots + \alpha_m x_{mi})] \\ &= 1 - \Phi(-X_i \alpha) \\ &= \Phi(X_i \alpha) \end{aligned}$$
$$(4-5)$$

式中，Φ 表示累积标准正态分布函数。

本章的研究目的是以苹果种植户为例，从交易成本角度，分析农户合作经营环境中合作交易模式选择意愿的影响因素。Probit 回归相关系数值可测度农户选择意愿与其他变量的关系，包括农户基本情况、对不同销售渠道的信任程度、对合作社服务的重要性评估，以及农户农产品生产、销售过程中产生的交易成本。基于此，采用 Probit 模型进行模型估计，建立如下实证方程：

$$PAC_i = \alpha_0 + \alpha_1(AGE_i) + \alpha_2(EDU_i) + \alpha_3(OFE_i) + \alpha_4(HLA_i) + \alpha_5(APS_i) +$$
$$\alpha_6(AIC_i) + \alpha_7(CIC_i) + \alpha_8(TRA_i) + \alpha_9(SPR_i) + \alpha_{10}(OMI_i) +$$

$$\alpha_{11}(OAL_i) + \alpha_{12}(IAT_i) + \alpha_{13}(CAP_i) + \alpha_{14}(PCE_i) + \alpha_{15}(IC_i) +$$

$$\alpha_{16}(GRD_i) + \alpha_{17}(ROL_i) + \alpha_{18}(SOP_i) + \alpha_{19}(RAB_i) + \alpha_{20}(ROB_i) +$$

$$\alpha_{21}(HTS_i) + \varepsilon_i \qquad\qquad (4-6)$$

式中，PAC_i 为 0 和 1 的二值响应变量，该值取 1 时，表示苹果种植户愿意加入合作社，取 0 时表示不愿意加入合作社；α_i（$i=1$，2，3，…，21）表示需要估计的参数，ε_i 表示随机误差项（具体系数含义见表 4-1）。

4.3　农户特征比较分析

苹果种植户包括农民合作社成员（简称为"社员"）和非农民合作社成员（简称为"非社员"）样本的描述统计与比较，为后文苹果种植户基本特征对其合作交易制度选择意愿、选择行为，以及合作交易制度的交易成本测定奠定基础。

4.3.1　农户基本特征比较分析

4.3.1.1　年龄结构

从表 4-2 中可以看出，超过一半的社员和非社员已经进入老年人范围，年龄为 51～65 岁。29.6％的非社员和 33.9％的社员是中年人，年龄为 35～50 岁。从社员的年龄来看，有 9.6％的社员年龄在 66 岁以上，2.6％的社员年龄小于 35 岁。有 8.4％的非社员年龄超过 66 岁，仅有 1.6％的非社员年龄小于 35 岁。整体来看，社员和非社员之间的年龄差异并不明显。

表 4-2　社员与非社员年龄结构

年龄/岁	社员占比/％	非社员占比/％
＜35	2.6	1.6
35～50	33.9	29.6
51～65	53.9	60.4
≥66	9.6	8.4

4.3.1.2　受教育水平

表 4-3 详述了农户的受教育水平。社员和非社员的受教育水平存在显著差异。51.3％的社员初中毕业，25.2％的社员高中毕业，18.3％的社员仅有小学文凭，只有 0.9％的社员拥有本科学历。60.4％的非社员高中毕业，14.0％的非社员拥有本科学历。尽管本科毕业的非社员较多，但从平均值来看，社员的平均受教育水平稍高于非社员的平均受教育水平。

表 4-3　社员与非社员受教育水平

教育水平	社员占比/%	非社员占比/%
小学未毕业	4.3	0
小学	18.3	5.6
初中	51.3	20.0
高中	25.2	60.4
本科	0.9	14.0
硕士	0	0

4.3.1.3　苹果种植户劳动力使用统计描述

（1）家庭内部全职劳动力[①]

表 4-4 为社员家庭和非社员家庭内部全职劳动力数量的统计比较。结果显示，79.1%的社员家庭和 89.2%的非社员家庭中有 2 个全职劳动力，分别是丈夫和妻子。14.8%的社员家庭和 7.6%的非社员家庭中仅有 1 个全职劳动力（妻子），这些家庭中的户主（一般为丈夫）基本常年在外打工，因此，妇女成为家庭中的主要劳动力。从全职劳动力的务农天数来看，在社员家庭中，38.3%的全职劳动力全年务农时间为 6~8 个月，33.9%的全职劳动力全年务农时间超过 8 个月。在非社员家庭中，88.0%的全职劳动力全年务农时间超过 6 个月。

表 4-4　社员家庭与非社员家庭中全职劳动力人数及其全年务农时间

类型	全职劳动力		务农时间	
	人数	占比/%	天数	占比/%
社员家庭	1	14.8	<90	4.3
非社员家庭		7.6		0.8
社员家庭	2	79.1	91~180	23.5
非社员家庭		89.2		11.2
社员家庭	3	5.2	181~240	38.3
非社员家庭		2.4		44.0
社员家庭	4	0.9	≥241	33.9
非社员家庭		0.8		44.0

（2）家庭内部兼职劳动力[②]

表 4-5 为社员家庭与非社员家庭中是否有兼职劳动力的情况统计。结果

---

① 家庭内部全职劳动力指日均务农时间大于 8 小时，年均务农天数超过 90 天的农户家庭内部成员。

② 家庭内部兼职劳动力指日均务农时间小于 4 小时，年均务农天数不足 90 天的农户家庭内部成员。

显示，27.0%的社员家庭中有兼职劳动力，仅有10.8%的非社员家庭中有兼职劳动力。兼职劳动力主要是家庭中在放假期间帮助父母进行农业生产活动的孩子，但其劳动时间不确定。大部分农户家庭中的孩子在外地上学，放假期间也有可能不回家。此外，部分农户家庭中的孩子还小，不能进行农业生产活动。因此，总体上农户家庭中的主要劳动力是妻子。

表4-5 社员家庭与非社员家庭中是否有兼职劳动力

项目	社员家庭		非社员家庭	
	人数	占比/%	人数	占比/%
是	31	27.0	27	10.8
否	84	73.0	223	89.2

（3）家庭外劳动力雇用

表4-6为社员家庭和非社员家庭是否雇用家庭外劳动人员的情况统计。结果显示，分别有80.9%的社员家庭和89.2%的非社员家庭在农忙时节雇用家庭外劳动力，进行苹果套袋、摘袋、摘果等活动。分别有19.1%的社员家庭和10.8%的非社员家庭没有雇用家庭外劳动力，所有的苹果种植活动均由家庭内成员完成。

表4-6 社员家庭与非社员家庭是否雇用家庭外劳动人员

项目	社员		非社员	
	人数	占比/%	人数	占比/%
是	93	80.9	223	89.2
否	22	19.1	27	10.8

从图4-1可以看出，19.1%的社员家庭没有雇用家庭外劳动力进行苹果种植活动。即所有的苹果种植、采摘及销售活动都由社员自己及其家庭成员完成。45.3%的社员家庭每年雇用家庭外劳动力的人数少于6人，7.8%的社员家庭每年雇用劳动力的人数超过11人。

雇用劳动力的工作时间见图4-2。结合访谈可知，在苹果套袋期间，40.9%的社员家庭和62.4%的非社员家庭雇用家庭外劳动力工作时间为1~5天；8.7%的社员家庭雇用家庭外劳动力工作时间在11天以上，主要的工作包括剪枝、喷洒农药、套袋、摘袋等，仅有2.8%的非社员家庭雇用家庭外劳动力的工作时间达11天以上。整体来看，社员家庭雇用家庭外劳动力的比重高于非社员家庭。可能的原因是社员家庭的平均耕地面积高于非社员家庭，因此对劳动力的需求量也高于非社员。

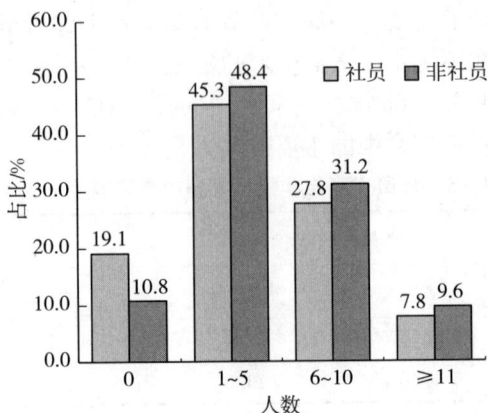

图 4-1 社员家庭与非社员家庭雇用家庭外劳动力人数

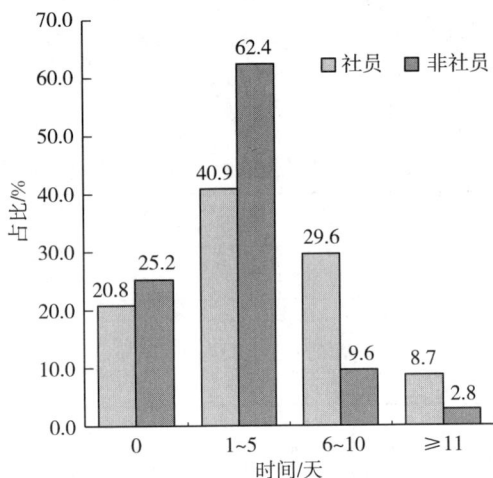

图 4-2 社员家庭与非社员家庭雇用家庭外劳动力工作时间

表 4-7 为社员和非社员的人口特征和农业生产特征的统计比较。总体上，社员和非社员的户主受教育水平、总耕地面积、苹果种植面积和苹果收入 4 个方面在统计学上具有显著差异。社员和非社员的平均受教育水平均为初中毕业；社员总耕地面积比非社员总耕地面积平均高 1.2 亩；社员苹果种植面积比非社员苹果种植面积平均高 0.9 亩；社员年均苹果收入为 2.5 万元，非社员年均苹果收入仅为 1.65 万元。数据表明：农户受教育水平越高，苹果种植面积越大，年均苹果收入越高，选择加入农民合作社的可能性也越大。

表4-7　2010年社员与非社员特征统计

变量	单位	均值（标准差）		P值
		社员	非社员	
年龄	年	53.5（8.9）	55.2（8.4）	0.461 7
受教育水平	年	8.9*（2.7）	8.3*（2.7）	0.045 3
苹果种植经验	年	18.1（5.2）	17.3（5.9）	0.181 2
雇用劳动力数	人/年	7.4（5.1）	6.5（5.1）	0.056 2
劳动力总工作日	日	465.5（181.5）	485.2（135.8）	0.275 6
总耕地面积	亩	6.3*（2.8）	5.1*（2.7）	0.000 1
苹果种植面积	亩	3.9*（2.2）	3.0*（1.6）	0.000 1
苹果产量	吨/年	6.3（5.6）	5.7（5.2）	0.199 3
苹果收入	千元/年	25.0*（20.9）	16.5*（16.0）	0.000 2

注：* 表示社员与非社员的统计差异在5%的水平上显著。

4.3.2　苹果种植特征比较分析

表4-8数据显示，仅有1.7%的社员的耕地面积小于等于1.0亩，48.7%的社员的耕地面积为5.1~10.0亩，40.9%的社员的耕地面积为1.1~5.0亩，耕地面积在10亩以上的社员数量仅占总数的8.7%；社员的苹果种植面积均未超过10.0亩，72.2%的社员的苹果种植面积为1.1~5.0亩，20.9%的社员的苹果种植面积为5.1~10.0亩。耕地面积和苹果种植面积为1.1~5.0亩的非社员占比分别为64.6%和86.8%，非社员的苹果种植面积均未超过10.0亩。该统计结果表明，所调查地区的苹果种植户以中、小规模为主。

表4-8　社员与非社员耕地面积比较

面积/亩	类型	耕地面积占比/%	苹果种植面积占比/%
0~1.0	社员	1.7	6.9
	非社员	2.4	6.4
1.1~5.0	社员	40.9	72.2
	非社员	64.6	86.8
5.1~10.0	社员	48.7	20.9
	非社员	30.0	6.8
≥10.1	社员	8.7	0
	非社员	3.0	0

社员与非社员的年均苹果产量和年均苹果收入见图 4-3。约有一半农户年均苹果产量低于等于 0.5 万千克，约有 1/3 农户的年均苹果产量为 0.5 万～1.0 万千克。15.7% 的社员的年均苹果产量超过 1.0 万千克；仅有 8% 的非社员的年均苹果产量超过 1.0 万千克；仅有 0.9% 的社员和 0.8% 的非社员年均苹果产量超过 3.0 万千克。整体上社员与非社员的年均苹果产量差异不明显，但在年均苹果收入方面有显著差异。79.1% 的社员家庭年均苹果收入超过 1.0 万元，其中 19.1% 的社员年均苹果收入超过 3.0 万元；9.6% 的非社员的年均苹果收入高于 3.0 万元。该统计数据反映出在苹果年均产量相当的条件下，社员的苹果收入明显高于非社员的苹果收入。

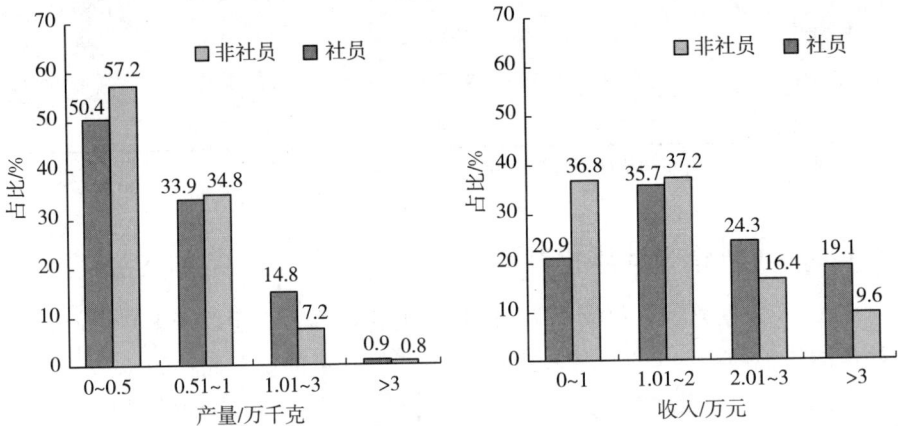

图 4-3 社员与非社员的年均苹果产量和年均苹果收入

4.4 农户对合作社态度比较分析

4.4.1 不同销售渠道信任度分析

交易成本的高低取决于个人的行为。即在一个相互信任度较高的组织中，监管和执行费用就会相对较低。因此，社会道德与交易双方的相互信任对交易费用的大小也具有一定影响。

表 4-9 为社员和非社员对各种苹果销售渠道的信任度评价统计。73.6% 的社员认为合作社是最值得信任的销售渠道，其次是批发商和公司或企业，分别有 63.5% 和 65.1% 的社员对这两种销售渠道持信任态度，55.7% 的社员对代办点表示信任。41.2% 的社员对零售商持不信任态度。仅有不到一半（46.0%）的非社员认为合作社值得信任，其最信任的销售渠道是公司或企业（75.2%）以及代办点（72.8%）。

表 4 - 9　社员与非社员对各种苹果销售渠道的信任度比较

销售渠道	类型	信任度[a]/%		
		信任	一般	不信任
批发商	社员	63.5	27.8	8.7
	非社员	73.2	25.6	1.2
零售商	社员	19.3	39.5	41.2
	非社员	14.8	34.8	50.4
合作社	社员	73.6	23.7	2.7
	非社员	46.0	42.8	11.2
苹果加工商	社员	20.0	55.7	24.3
	非社员	18.0	50.4	31.6
苹果经纪人[b]	社员	45.2	43.5	11.3
	非社员	67.6	27.2	5.2
消费者	社员	20.9	54.8	24.3
	非社员	10.4	49.6	40.0
企业或公司	社员	65.1	28.9	6.0
	非社员	75.2	21.2	3.6
代办点[c]	社员	55.7	36.5	7.8
	非社员	72.8	22.0	5.2

a. 为简化表格，将调查问卷中的"非常信任"和"信任"的统计数据合并为"信任"；将调查问卷中的"非常不信任"和"不信任"的统计数据合并为"不信任"。

b. 苹果经纪人是为买卖双方介绍交易以获取佣金的中间商人，是个体而非公司。

c. 苹果代办点是由 1 个或多个专业的苹果经纪人成立的非正式组织。苹果代办点的经纪人一般是农户熟悉的同村人。代办点作为中间人，收购农户的苹果，然后出售给省内外客商，还可为农户提供与客商直接交易的机会和地点。

4.4.2　不同组织效应分析

基于不同组织的建立方式、服务对象、服务目标以及服务功能的差异，为了获取组织效应差异的数据，在问卷设计中将该目标变量转化为可通过直接询问得出结果的主观选择问题，即"认为对农户最有帮助的组织是哪一个？（单选题，在问卷中列出的选项中，农户只能选择 1 个认为对其最有帮助的组织）"。表 4 - 10 数据显示，社员和非社员在认为对其最有帮助的组织的选择上存在显著差异。70.4％的社员认为合作社是对其帮助最大的组织；20.9％的社员认为三秦果业网对其帮助最大；没有一个社员认为农村信用合作社对其帮助最大。47.6％的非社员认为农村信用合作社是对其帮助最大的组织。原因在于农村信用合作社是非社员获取资金以扩大生产规模的重要渠道，对社员来说，合作社可以为其提供资金支持。28.4％的非社员认为政府兴办的服务组织，如农技站、果业协会等，对其帮助最大。7.2％的非社员选择农工商（龙头）企业，主要原因是这部分苹果种植户的大苹果直接出售给当地的果品企业。

表 4-10   社员和非社员认可的对其最有帮助的组织

组织	社员		非社员	
	人数	占比/％	人数	占比/％
合作社	81	70.4	36	14.8
政府兴办的服务组织	9	7.8	71	28.4
农工商（龙头）企业	1	0.9	18	7.2
农村信用合作社	0	0	119	47.6
其他（三秦果业网）	24	20.9	6	2.0

80.0％的社员认为有必要或非常有必要加入合作社，仅有 34.0％的非社员认为有必要或非常有必要加入合作社；42.0％的非社员认为没有必要加入合作社（图 4-4）。结合访谈内容可知，农户认为没有必要加入农民合作社的主要原因是他们对合作社的功能不了解，以及从部分已经加入合作社的朋友或亲戚处了解到，加入合作社对其苹果生产和销售无明显的作用。

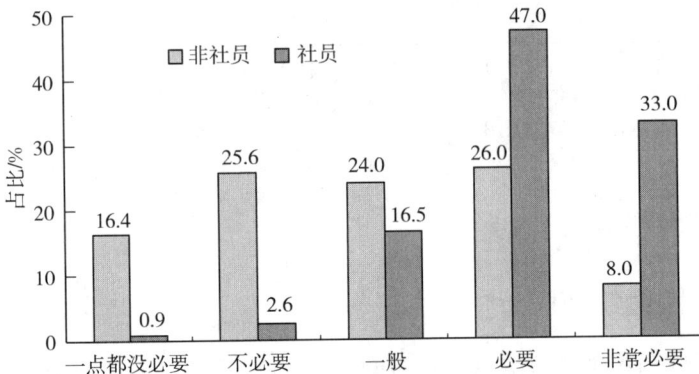

图 4-4   社员和非社员对加入合作社必要性的态度

4.4.3   销售过程中障碍因素分析

运用李克特量表评估农户在苹果种植和销售过程中遇到的困难（表 4-11）。数据显示，23.5％的社员认为最主要的困难是缺少资金，影响进一步扩大生产；其次是自然灾害和缺少市场信息，15.7％的社员认为如冰雹、干旱等自然灾害对苹果产量和质量有很大影响，14.8％的非社员也认为自然灾害是其遇到的主要困难，因为农户无力抵抗这种自然灾害，且调研地区的农户均没有购买农业保险；仅有 4.3％的社员认为产品销售很困难，6.8％的非社员认为产品销售很困难，由此反映出苹果种植户加入合作社可以实现产品的稳定销售。

表 4-11　社员与非社员在苹果产销过程中遇到的困难

困难类型	社员		非社员	
	人数	占比/％	人数	占比/％
缺少资金	27	23.5	41	16.4
缺少技术	15	13.0	26	10.4
缺少市场信息	18	15.7	38	15.2
产品销售困难	5	4.3	17	6.8
产品经济收益低	16	13.9	48	19.2
较难买到货真价实的农资	6	5.2	29	11.6
自然灾害	18	15.7	37	14.8
道路条件差	10	8.7	14	5.6

对非社员而言，苹果产销过程中面临的最大困难是产品经济效益低（19.2％），即苹果种植的投入较大，产出较少，且由于高价值农产品具有价格随市场波动的特性，苹果销售价格在调研年份较低。农户认为苹果生产经济效益太低的原因可归结为非社员不能使用合作社注册的苹果品牌，未能实现苹果的商品化，在苹果质量相同的条件下，非社员的苹果售价相对于社员来说较低。非社员面临的第二大困难是缺少资金（16.4％），与社员相比，非社员扩大苹果种植规模的意愿相对较弱。

数据显示，11.6％的非社员认为其较难买到货真价实的农资，主要包括农药和化肥。统计结果突出了社员的优势，即一方面，合作社为社员提供农资统购的服务；另一方面，合作社在保证农资质量的前提下，由于是统一购买，可以从农资供应商处获取一定的折扣，实现降低社员生产成本的目的。

4.4.4　合作社各项服务功能分析

由于成立农民合作社的目的之一是为社员提供各种不同服务，故详细列出13 项合作社为其社员提供的服务。

表 4-12 和表 4-13 分别为非社员和社员对农民合作社提供的不同服务的重要程度评估结果统计。非社员认为合作社提供的所有服务中，最重要的是技术培训，92.8％的非社员认为该项服务重要；其次为提供较低价格的农资和较高的苹果收购价格；86.8％的非社员认为提供病虫害防治帮助也很重要。对非

社员而言，最不重要的服务项目是苹果包装和苹果加工，因为这两项服务对他们来说基本无用，一是苹果种植户在出售苹果时不需要负责包装，二是调研地区苹果种植户的苹果种植规模相对较小，无法形成规模包装和加工业务。

表 4 - 12　非社员对合作社服务项目的重要程度评估

服务项目	重要程度[a]/%		
	重要	一般	不重要
技术培训	92.8	6.4	0.8
较低价格农资供应[b]	84.8	13.2	2.0
较高苹果收购价格	89.2	9.6	1.2
稳定的苹果收购	41.2	39.2	19.6
苹果储藏	15.2	37.2	47.6
资金支持	41.2	37.2	21.6
市场信息	80.0	16.8	3.2
病虫害防治帮助	86.8	10.0	3.2
苹果包装	6.8	26.8	66.4
苹果加工	3.2	23.6	73.2
标准化果园管理	47.2	35.2	17.6
公积金分配	10.8	36.0	53.2
农业贷款支持	15.6	37.6	46.8

　　a. 为简化表格，将调查问卷中的"非常重要"和"重要"的统计数据合并为"重要"；将调查问卷中的"非常不重要"和"不重要"的统计数据合并为"不重要"。

　　b. 农资包括化肥、农药、除草剂、果袋等。

表 4 - 13　社员对合作社服务项目的重要程度评估

服务项目	重要程度[a]/%		
	重要	一般	不重要
技术培训	80.0	14.8	5.2
较低价格农资供应[b]	85.2	13.0	1.8
较高苹果收购价格	80.3	11.8	7.9
稳定的苹果收购	50.4	35.7	13.9
苹果储藏	15.2	37.2	47.6
资金支持	12.2	46.1	41.7
市场信息	85.2	12.2	2.6

（续）

服务项目	重要程度[a]/%		
	重要	一般	不重要
病虫害防治帮助	81.7	11.3	7.0
苹果包装	2.6	13.9	83.5
苹果加工	30.4	37.4	32.2
标准化果园管理	7.0	31.3	61.7
公积金分配	65.2	23.5	11.3
农业贷款支持	58.3	26.1	15.6

　　a. 为简化表格，将调查问卷中的"非常重要"和"重要"的统计数据合并为"重要"；将调查问卷中的"非常不重要"和"不重要"的统计数据合并为"不重要"。

　　b. 农资包括化肥、农药、除草剂、果袋等。

　　表 4-13 是社员对合作社提供的各项服务的重要程度评估结果。结果显示，社员认为合作社提供的所有服务中，最重要的是提供较低价格的农资和市场信息，有 85.2% 的社员认为这两项服务很重要；有 80.0% 左右的社员认为合作社提供的技术培训、较高苹果收购价格和病虫害防治帮助很重要；与非社员评估结果有显著差异的服务项目主要是合作社公积金分配和农业贷款支持。分别有 65.2% 和 58.3% 的社员认为合作社公积金分配和农业贷款支持很重要，仅有 10.8% 和 15.6% 的非社员认为其很重要。产生差异的主要原因在于，对社员来说，公积金分配和农业贷款支持直接影响其进一步投资所在合作社的意愿。合作社建有完善、合理的公积金分配制度，使社员从中获取利润；社员获取农业贷款支持，扩大生产规模，有助于其更好地从合作社获取收益。

　　社员对合作社提供的各项服务的满意度评估统计结果如表 4-14 所示。87.8% 的社员对技术培训服务项目满意。在提供较低价格的农资和较高的苹果收购价格方面，仅有 40.2% 和 30.4% 的社员满意。最具争议的项目是稳定的苹果收购，有 39.1% 社员对该项服务满意，有 33.1% 的社员对该项服务不满意。社员对合作社提供的如资金支持、苹果储藏、苹果加工等服务不满意。值得注意的是，在调查的社员中，没有一个人对合作社提供的公积金分配服务满意。此外，超过一半的社员对合作社提供的市场信息、病虫害防治帮助、标准化果园管理服务满意。整体上，不到 2/3（60.0%）的社员对合作社提供的各项服务满意。

表 4-14　社员对合作社服务项目的满意度评估

服务项目	满意程度[a]/%		
	满意	一般	不满意
技术培训	87.8	8.7	3.5
较低价格农资供应[b]	40.2	35.0	24.8
较高苹果收购价格	30.4	34.8	34.8
稳定的苹果收购	39.1	27.8	33.1
苹果储藏	5.2	13.9	80.9
资金支持	17.4	18.3	64.3
市场信息	57.4	21.7	20.9
病虫害防治帮助	67.0	13.9	19.1
苹果包装	16.5	13.9	69.6
苹果加工	8.7	11.3	80.0
标准化果园管理	55.6	15.7	28.7
公积金分配	0.0	9.6	90.4
农业贷款支持	6.1	11.3	82.6
整体满意度	60.0	31.3	8.7

　　a. 为简化表格，将调查问卷中的"非常满意"和"满意"的统计数据合并为"满意"；将调查问卷中的"非常不满意"和"不满意"的统计数据合并为"不满意"。

　　b. 农资包括化肥、农药、除草剂、果袋等。

4.4.5　合作社参与态度分析

　　表 4-15 中的数据表明，自《合作社法》（2007 年）实施以来，尽管中国以各种方式鼓励和支持农村地区农民合作社的建设和发展，仍有 62.4% 的非社员不了解合作社的作用和成立目的；有 16.8% 的非社员对合作社一点儿都不了解。由此反映出，国家和当地政府在努力推动农民合作社发展的同时，忽略了合作社发展的重要主体——农户。因为无论农民合作社如何发展，如果农户对其不了解或不认可，最终仍不能实现合作社成立的目的。

表 4-15　非社员对合作社的了解程度

变量测度	人数	占比/%
非常了解	3	1.2
了解	47	18.8
一般	44	17.6

（续）

变量测度	人数	占比/%
不了解	114	45.6
一点儿都不了解	42	16.8

数据显示，仅有36.8%的苹果种植户有加入合作社的打算。表4-16为非社员不加入合作社的原因的情况统计，结果表明，50.8%的农户表示不了解合作社是其不加入合作社的主要原因；31.6%的农户认为加入合作社对其苹果生产无帮助或帮助不大；16.8%的农户认为加入合作社后经济收益不明显。

表4-16　非社员认为没必要加入合作社的原因

原因	人数	占比/%
认为对生产无帮助或帮助不大	79	31.6
认为加入后经济收益不明显	42	16.8
不了解合作社	127	50.8
认为合作社收费不合理	2	0.8

问卷设计中，农户选择加入农民合作社的主要原因包括增加苹果收入、降低农资购买成本、获得农业贷款帮助、获取技术培训和市场信息，以及其他（由农户自己提出）。统计结果表明，46.0%的农户认为增加苹果收入是其加入农民合作社的最主要原因；约有1/5的农户认为能以较低的价格买到农资是其加入农民合作社的重要原因；分别有15.6%和13.2%的农户认为农民合作社提供的农业贷款支持、技术培训，是其加入合作社的主要原因。另外，有6.0%的农户指出亲戚和朋友介绍、合作社有政府支持等是其加入合作社的主要原因。

通过让非社员选择他们认为合作社应该提供的最重要服务，可知最吸引非社员加入合作社的服务内容（表4-17）。合作社能够以高于其他收购商的价格收购或者出售农户的农产品，可以为社员提供苹果种植技术指导服务，这两项服务是非社员最重视和最能被吸引加入合作社的项目。31.6%的非社员认为合作社可以实现化肥和农药的统一购买，并由此获取市场折扣，进而降低社员的生产成本。25.6%的非社员认为及时、有效的市场信息是其加入合作社的原因。对于合作社可以为社员提供农产品加工、包装、储藏等服务项目，非社员并不在意，大部分非社员觉得没有必要提供这些服务，因为产品包装是由果商自己完成的；鉴于冷库储藏需支付一定费用，农户一般选择全部出售当年产出的苹果。

表 4-17　非社员最希望合作社提供的服务项目

服务项目	人数	占比/%
技术指导和培训	126	50.4
优惠的农资供应价格	79	31.6
较高的农产品收购价格	128	51.2
稳定的产品收购	15	6.0
农产品储藏	3	1.2
资金通融	14	5.6
提供市场信息	64	25.6
病虫害防治帮助	34	13.6
农产品包装	0	0
农产品加工	0	0
标准化生产与质量管理	7	2.8
合作社年底分红	1	0.4
有助于申请农业贷款	0	0
水利灌溉	29	11.6

注：要求苹果种植户选择 2 个选项。

4.5　回归结果分析

应用 Probit 模型测度影响农户合作经营环境中合作交易模式选择意愿的因素，估值结果如表 4-18 所示。在 Probit 模型中，一个解释变量的系数的正号或负号，表示该变量的数值越高，农户加入农民合作社的可能性越大或越小。

表 4-18　回归结果

变量	相关系数	标准差	Z 值
农户基本特征变量			
年龄（AGE）	−0.001 5	0.009 9	−0.154 5
受教育水平（EDU）	0.039 6	0.034 8	1.140 4
是否有非农工作经验（OFE）	0.015 8	0.016 7	0.946 1
劳动力（HLA）	−0.006 5	0.016 6	−0.395 3
苹果种植面积（APS）	0.204 1	0.054 7	3.729 4***
苹果收入（AIC）	0.000 0	0.005 0	−0.000 2

（续）

变量	相关系数	标准差	Z 值
对合作社的信任程度（CIC）	−0.100 2	0.097 7	−1.025 8
困难程度评估变量			
运输（TRA）	−0.183 3	0.088 6	−2.068 0**
销售过程（SPR）	0.004 1	0.085 8	0.048 1
获取市场信息（OMI）	−0.024 7	0.077 3	−0.319 3
获取农业贷款（OAL）	−0.235 2	0.077 9	−3.020 0***
合作社服务功能评估变量			
信息与技术服务功能（IAT）	0.182 5	0.141 3	1.290 8
资金服务功能（CAP）	0.038 9	0.116 9	0.332 8
加工服务能力（PCE）	−0.831 6	0.162 4	−5.120 0***
交易成本变量			
获取市场信息所需时间（IC）	−0.037 2	0.036 3	−1.026 8
苹果分级所用时间（GRD）	0.021 6	0.035 7	0.605 8
苹果从采摘到交易完成期间的损失率（ROL）	4.383 5	1.935 3	2.265 1**
收到全部货款的等待时间（SOP）	0.010 7	0.009 3	1.153 0
接待交易对象的费用（RAB）	0.001 3	0.000 9	1.474 2
交易对象违约造成的损失（ROB）	0.000 3	0.000 1	2.617 4**
将苹果运输到交易地点的费用（HTS）	0.000 4	0.000 3	1.432 3
常数项（C）	1.574 1	1.042 0	1.510 8

注：*** 表示在 1% 的水平上显著，** 表示在 5% 的水平上显著。

农户的苹果种植面积达到极显著的正值（在 $P=0.01$ 水平上显著）。具体来看，该结果表明，在其他条件不变的情况下，随着农户苹果种植面积的增加，获取农业贷款困难程度的提高，苹果种植户表现出的加入合作社的可能性更高。该估值结果与预期一致，即农户的苹果种植面积与其合作社参与意愿呈正相关。表 4-7 中的统计数据也可解释该趋势，社员的户均苹果种植面积为 3.9 亩，非社员的户均种植面积仅为 3.0 亩。种植规模较大的农户加入合作社后获取的收益比小规模农户大，尤其是合作社根据与社员间的果品交易量（交易额），在年底进行余额分配，种植规模较大的农户与合作社的交易量相对较高，在年底获得的收益也较高，因此加入合作社的意愿也较强烈。

在苹果种植、销售过程中遇到各种困难的评估变量中，运输条件与获取农业贷款对苹果种植户的合作社参与意愿有显著的影响作用。问卷中的困难程度评估量表以 1～5 依次表示"非常困难""困难""一般""容易""非常容易"，因此，Probit 估值结果中变量系数的影响方向与表 4-1 中的预期相一致，即运输条件与获取农业贷款的困难程度越高,苹果种植户越愿意加入合作社。运输条件越差,苹果种植户越有可能加入合作社,因为合作社能为其成员提供农产品运输服务;合作社可以为其社员提供资金支持或担保,以帮助社员获取小额农业贷款,因此苹果种植户加入合作社后更易获取农业贷款。表4-13的统计数据也证明该结论,即超过一半的社员(58.3%)认为合作社提供的农业贷款支持服务很重要或重要。

对合作社提供各项服务的评估的回归结果表明,苹果种植户对其所在合作社提供加工服务能力的程度系数达到极显著的负值。即合作社提供的稳定的苹果收购、苹果加工、苹果储藏及苹果包装等加工服务项目与苹果种植户的合作社参与意愿显著相关。问卷中,由于苹果种植户对合作社提供各项服务的重要性评价指标的评分,以"1=非常重要"到"5=非常不重要"的降序方式排序,因此负相关关系表示苹果种植户认为该服务项目的重要程度越高,加入合作社的可能性就越高。反映出农户已经开始从重视合作社提供的信息与技术指导服务,逐步转向关注合作社的加工服务能力。即合作社管理者在运营过程中,在吸引农户加入合作社方面,应当更加重视为社员提供产品包装、加工及储藏等的便利。

在表示交易成本的变量中,谈判成本中的苹果从采摘到交易完成期间的损失率变量,和执行成本中的交易对象违约造成的损失变量,与苹果种植户的合作社参与意愿显著正相关。即苹果从采摘到交易完成期间的损失率越高,交易对象违约给苹果种植户造成的损失越大,苹果种植户加入合作社的意愿就越强烈。主要原因在于,一方面,合作社收购成员的果品后,果品的储藏与运输均由合作社负责,苹果种植户加入合作社后,可将该部分损失转嫁给合作社;另一方面,合作社与社员是利益共同体,二者进行农业生产活动的目标一致,即实现农户收入最大化、合作社收益最大化,因此,合作社与成员之间的交易不存在违约情况,苹果种植户加入合作社后可以极大地减少该部分成本。

值得注意的是,本书预期农户对合作社的信任程度对其合作社参与意愿有显著正向作用。但Probit回归结果表明,农户对合作社的信任程度对其合作社参与意愿的影响在统计学上不显著(在调查问卷中,农户对合作社的信任程度评估以1~5表示信任程度从"非常信任"到"非常不信任",因此该变量系数的负值表示正向关系)。该结果可由表4-15和表4-16中的数据解释,即有62.4%的非社员表示不了解或一点儿都不了解合作社,且有超过一半(50.8%)的非社员认为没有必要加入合作社的主要原因是不了解合作社。由此看出,对于还未加入合作社的农户来说,他们对合作社的主要业务、服务功能及运营目的等都不了解,对合作社信任程度的评估过为主观。结合面对面访谈内容可知,大部分非社员在回答"对合作社信任程度"的问题时,首先会询问合作社运营的主要目的，调研人员回答"是为农户提供各种服务并实现农户收入最大化而建立的"。由此，非社员会选择对合作社"比较信任"或"非常信任"。

4.6 本章小结

本章应用 Probit 模型，着重分析影响农户合作交易模式选择意愿的因素。结果表明，农户苹果种植面积越大，道路运输条件越差，获取农业贷款的困难程度越高，农户加入合作社的可能性越高；农户认为合作社提供的服务，主要包括稳定的苹果收购、苹果加工、苹果储藏及苹果包装等加工服务项目的重要程度越高，其加入合作社的可能性越高；在交易成本方面，谈判成本和执行成本越高，农户的合作社参与意愿越强烈。

基于上述结论，为鼓励农户选择以农民合作社为经营主体的合作交易制度，应分别从农户、农民合作社与地方政府 3 个方面入手。第一，基于农户角度，对合作社认识不足是阻碍农户加入合作社的主要原因，因此农户应主动了解合作社的功能，增强合作意识。第二，基于合作社角度，合作社存在组织内部管理不规范、加工服务能力较弱、公积金分配制度不合理等问题，因此规范合作社内部管理制度、强化合作社加工服务能力是吸引农户加入合作社的重点所在。同时，从合作社与其成员关系角度来看，建立公平的合作社内部交易机制，最大程度地降低社员的谈判成本与执行成本，也是吸引苹果种植户加入合作社的重点。第三，基于地方政府角度，地方政府在合作社成立初期，应根据农民合作社的规模、社员出资总额等情况予以适当的财政补贴，尤其是农业生产基础设施建设方面的补贴，如灌溉设施和冷库设备等。

第 5 章

合作交易模式选择行为分析

　　农户在销售果品时，有多种销售渠道（即多个交易对象）可以选择，主要包括果业合作社、苹果经纪人、苹果代办点、苹果批发商、苹果零售商、苹果加工商或出口商，以及苹果消费者等。农户可以选择将所有或者部分果品通过上述任何一种或多种渠道销售。因此，在诸多销售渠道中，选择一种或多种对农户最有利（收益最大或成本最小）的交易渠道非常重要。

　　本章以交易成本理论为基础，设计并建立交易成本定量研究模型，初步探索形成基于以农民合作社为经营主体的合作经济制度视角的农户交易成本测定有效途径和方法，完成交易成本（主要包括信息成本、谈判成本、执行成本，以及运输成本）对农户农产品销售行为的影响测定。

5.1　文献综述与评价

　　中国农户小规模生产和分散性经营的特征，导致其农业生产经营过程存在明显的弱点，即受生产技术、地理环境、人口等因素的影响，农业生产环节难以实现规模经济，且与上游、下游交易主体（生产资料销售者和农产品购买者）相比，居于中间环节的小规模农户在市场谈判中处于劣势地位。

　　近几十年，随着农户平均种植面积增加，理论界开始关注以家庭为单位的农业生产个体在市场中的地位，试图制定相应的政策以减少甚至消除不利于提高小农户市场竞争力的因素。随着小规模农户与上下游交易对象谈判地位差距扩大，急需一种将生产资料销售者、农户、农产品购买者连接起来的位于农业生产部门内部的组织形式，以实现均衡三者在农产品市场环境中的地位、增加农户收入等目的，即成立农民合作社。正如 Milgrom 和 John（1990）指出的，加入农民合作社对小规模农户来说，是形成规模并在在市场链中获取有利谈判地位的较好选择。

　　农民合作社作为一种特殊的经济组织形式，既代表农户利益，也反映农户的利益需求。合作社在为成员提供农产品交易所需要的服务的同时，也对提高农户组织化程度、增强合作社成员抵御风险和参与国内外市场竞争的能力等方面有积极推动作用。合作社通过将农产品生产者、经营者组织起来，形成具有一定规模的专业生产、经营群落或生产群体；为社员提供标准化生产和管理帮助，使社员经营品种、产品规格等标准一致，实现农产品的规模营销，进而带来更多的市场商机，提高社员农产品的市场竞争力。

近 30 年，越来越多的学者开始关注与合作社有关的问题。Cornforth（2015）提出了一个新的理论框架来解释合作社与互助社的治理。Luo 和 Hu（2015）在合作社技术创新特点的基础上建立了合作社的风险范式，并提出了一种结合粗糙集和信息熵的模糊综合评价方法，以评估合作社的风险。Hakelius 和 Hansson（2016）收集了 1993—2013 年的数据；通过开发基于心理学和心理测量学理论的行为框架，衡量了农民对合作社的态度变化情况，结果表明，农民对合作治理体系的总体态度可分为承诺和信任两部分。Zhong 等（2018）以中国的奶牛合作社为例，通过研究发现合作社与上下游供应链的纵向协调会给合作社成员带来好处。尤其是合作社可以将社员的产品集合起来，形成规模销售，以此提高社员在市场中的讨价还价的能力。

近年来，基于交易成本视角，研究影响生产者行为决策的因素受到重视（Ouma et al.，2010）。Hobbs（1997）将交易成本具体分为信息成本、谈判成本和监督成本，并形成交易成本对肉牛养殖者销售决策行为影响的估计方法。Ortmann 和 King（2007）研究表明，小规模农户受教育水平较低、交通设施不完善、缺乏及时的市场信息以及距离市场较远等的影响，在市场环境中面临较高的交易成本。其研究也表明，成立合作社有助于降低小规模农户的交易成本。Makhura 等（2001）从交易成本角度入手，分析影响南非小规模玉米种植户的市场参与行为的因素，指出农户的受教育水平、市场接近程度和运输条件等对农户进入市场产生正向影响，户主的年龄以及非农收入则产生不显著的负向影响。Shiimi 等（2010）应用截断模型，分析影响纳米比亚中北部地区牛养殖户通过正式市场销售奶牛的决策行为的因素，结果表明，运输条件和获取市场信息的难易度对农户行为有显著影响。Wen 等（2006）运用同样的方法，以中国的奶牛养殖户为例，研究表明谈判成本和监督成本，以及户主年龄、受教育水平对决策有显著影响。侯建昀和霍学喜（2013）以苹果种植户为例，指出交易成本对农户农产品销售渠道选择有显著影响。其研究表明，信息成本和谈判成本与农户销售渠道选择呈负相关；执行成本主要包括结算方式和违约情况，是影响农户销售渠道选择的重要因素。Wang 和 Huo（2014a）以不同规模的苹果种植户为例，从交易成本视角测定不同规模的苹果种植户的交易成本，结果表明中等规模的种植户是农民合作社成员中的最大受益者。Tita 等（2011）以非木材林产品为例，通过研究发现加入群体的农民可以减少一些交易成本，而且集体活动的干预可能会提高农民的整体谈判能力。

诸多学者应用交易成本理论探讨生产者的交易偏好及分配效率（Escobal et al.，2011；Verbeke et al.，2013）。Hobbs（1997）以养殖牛的农户为例，研究表明养殖户在出售牛的过程中，通过拍卖形式交易的牛的占比，与监督成本中分级的不确定性呈正相关，与谈判成本中的拍卖不成功导致交易失败的风险，及拍卖过程所有的时间呈负相关。Matungul 等（2001）的研究也表明，通过降低交易成本，包括道路建设、建立有效的法律系统、为农户提供市场信息服务等，可以提高农户收入。

在上述文献综述基础上，本章以陕西 6 个苹果重点生产县的 365 户苹果种植户的实地调研数据为依据，以交易成本理论为基础，应用 Tobit 模型，在统计分析农户基本特征、农业生产特征、苹果种植户在苹果种植和销售过程中遇到的困难，以及苹果种植户对农民合作社服务项目的评估结果的基础上，分析影响苹果种植户合作交易模式选择行为的因素。

5.2 变量设置与模型设计

5.2.1 变量设置

农民合作社成员和非农民合作社成员在农业生产和农产品销售过程中产生的交易成本数据，来自 2011 年 4—8 月对陕西 6 个苹果重点生产县的苹果种植户展开的问卷调查与面对面访谈所得，其中，社员样本数为 115 户，非社员样本数为 250 户。

影响农户交易渠道选择性差异的因素分为客观因素和主观因素。其中，客观因素包括不同交易渠道的交易成本差异、当地农产品销售市场成熟度差异以及交通便利性和农业生产基础设施建设情况（冷库、灌溉设施等）差异。主观因素涉及农户对各种交易渠道便利性评估的差异，以及对这些渠道的认知水平和熟悉程度的差异。由于外部市场环境短期内很难改变，也很难将农户对市场渠道的主观评估量化，所以本章将建立交易成本测度模型，尝试对农户在公开市场交易环境（合作社以外的交易渠道）和非公开市场交易环境（以合作社为交易渠道）的交易成本差异进行比较研究，即将交易成本分为信息成本（IC）、谈判成本（NC）、执行成本（EC）、运输成本（TRC）。其中，设置不同变量对每个成本的子集大小进行测度（表 5-1）。

表 5-1　变量分类与描述

变量类型	变量名称	变量设计	预期影响[a]
农户基本 特征变量	年龄（AGE）	年	+/-
	受教育水平（EDU）	年	+/-
	是否有非农工作经验（OFE）	1=有，0=没有	+/-
	苹果种植经验（EXP）	年	+/-
	对合作社的信任程度（CIC）	5=非常信任，4=信任，3=一般， 2=不信任，1=非常不信任	+
苹果种植 特征变量	苹果种植面积（APS）	亩	+/-
	劳动力使用情况（LAB）	工/年[b]	+/-
	苹果收入（AIC）	元/年	+/-
交易成本 变量	信息成本（IC）		
	获取生产资料价格所用时间 　（IPI）	小时	+/-
	获取苹果市场价格所用时间（API）	小时	+/-
	参加农产品展销会的费用 　（PAR）	元	+/-
	谈判成本（NC）		
	苹果分级所用时间（GRD）	小时	+
	交易前与交易对象联系所用时间 　（COM）	分钟	+/-
	苹果从采摘到交易完成期间的损 　失率（ROL）	%	+
	执行成本（EC）		
	收到全部货款的等待时间（SOP）	天	-
	接待交易对象的费用（RAB）	元	+
	交易对象违约造成的损失 　（ROB）	元	+
	运输成本（TRC）		
	从果园运输到农户家所用时间 　（OTH）	分钟	+/-
	将苹果运输到交易地点的费用 　（HTS）	元	+

a. 预期影响栏中的空格表示 Probit 回归分析中不包括该变量。

b. 劳动力使用工数＝家庭内全职劳动力工作天数×家庭内全职劳动力人数＋家庭内兼职劳动力工作天数×家庭内兼职劳动力人数＋家庭外雇用劳动力工作天数×家庭外雇用劳动力人数。

在苹果种植户选择交易对象方面，结合调研数据（表5-2）可知，88.8%的非社员希望与苹果批发商直接交易，仅有8.8%的非社员愿意与苹果经纪人交易。尽管有44.3%的社员的首选交易对象是合作社，但仍有46.1%的社员将苹果批发商作为理想交易对象。

表5-2　社员与非社员希望进行的交易对象比较

交易对象	非社员		社员	
	人数	占比/%	人数	占比/%
苹果批发商	222	88.8	53	46.1
苹果经纪人	22	8.8	11	9.6
合作社	6	2.4	51	44.3

5.2.2　变量统计分析

5.2.2.1　农户苹果种植特征统计描述

对不同规模的社员和非成员的苹果年均产量及年均苹果收入的统计比较见表5-3。有超过一半的农户的苹果年均产量低于5吨，约有1/3农户的苹果年均产量在5.1～10.0吨。社员和非社员在苹果年均产量上差异不明显，但在年均苹果收入方面明显不同。有接近80%的社员家庭年均苹果收入超过1万元，其中有19.1%的社员年均苹果收入超过3.0万元；仅有9.6%的非社员的年均苹果收入高于3.0万元。该统计数据反映出，在苹果年均产量相当的情况下，社员的年均苹果收入明显高于非社员的年均苹果收入。

与非合作交易模式下的苹果种植户相比，选择合作交易模式的苹果种植户具有受教育水平较高、苹果种植面积较大、雇用劳动力较多、年均苹果收入高等特征。即合作社成员的苹果产量、苹果收入、家庭收入等均较高。

表5-3　社员与非社员的苹果产量和苹果收入比较

类型	苹果年均产量		年均苹果收入	
	吨数	占比/%	万元	占比/%
社员	0～5.0	50.4	0～1.00	20.9
非社员		57.2		36.8
社员	5.1～10.0	33.9	1.01～2.00	35.7
非社员		34.8		37.2
社员	10.1～30.0	14.8	2.01～3.00	24.3
非社员		7.2		16.4
社员	>30.0	0.9	>3.00	19.1
非社员		0.8		9.6

5.2.2.2　苹果种植户交易成本统计描述

对影响农户通过合作社销售苹果比重的因素的统计描述分析见表5－4。主要包括农户基本特征变量、苹果种植特征变量、信息成本、谈判成本、执行成本和运输成本6部分。总体来看，社员和非社员在年龄、受教育水平、苹果种植面积等方面的差异不大。其中，社员和非社员平均年龄54岁；平均受教育水平为初中毕业；户均苹果种植面积为3.0～3.9亩。统计数据表明，农户年龄越小，受教育水平越高，苹果种植面积越大，其选择合作经营交易制度（即加入合作社）的可能性越大。

表5－4　变量统计描述

变量	单位	均值（标准差）		P 值
		社员	非社员	
农户基本特征变量				
年龄	年	53.5 (8.9)	54.2 (8.4)	0.461 7
受教育水平	年	9.1* (3.2)	8.3* (2.7)	0.018 0
是否有非农工作经验		0.2 (0.5)	0.2 (0.8)	0.926 6
苹果种植经验	年	18.7 (13.6)	18.2 (7.2)	0.664 1
对合作社的信任程度		4.0* (0.76)	3.4* (0.80)	0
苹果种植特征变量				
苹果种植面积	亩	3.9* (2.2)	3.0* (1.6)	0.000 1
苹果收入	万元	2.4* (2.1)	1.7* (1.6)	0.000 3
劳动力使用	工	454.4 (183.6)	477.0 (176.0)	0.261 1
信息成本	小时	0.76 (3.3)	0.77 (1.6)	0.963 7
谈判成本				
交易前与交易对象联系所用时间	小时	0.05 (0.4)	0.17 (1.9)	0.409 2
苹果分级所用时间	小时	3.2* (3.4)	11.3* (18.5)	0
苹果从采摘到交易完成期间的损失率	％	0.04 (0.5)	0.17 (1.9)	0.493 8
执行成本				
收到全部货款的等待时间	天	14.9* (9.4)	4.1* (6.8)	0
接待交易对象的费用	元	6.7* (30.9)	187.3* (162.5)	0
交易对象违约造成的损失	元	44.3* (301.8)	521.6* (783.1)	0
运输成本				
将苹果运输到交易地点的费用	元	108.5 (306.5)	152.0 (281.5)	0.592 1

注：* 表示社员与非社员的差异在5％的水平上显著。

均值统计结果表明，社员和非社员在受教育水平、苹果种植面积、苹果收入、对合作社的信任程度、苹果分级所用时间（谈判成本）、收到全部货款的等待时间

（执行成本）、接待交易对象的费用（执行成本）及交易对象违约造成的损失（执行成本）方面在统计学上有显著差异。即社员的受教育水平、苹果种植面积、苹果收入、对合作社的信任程度均高于非社员。均值结果表明，非社员的苹果分级所用时间、接待交易对象的费用和交易对象违约造成的损失均显著高于社员；而社员收到全部货款的等待时间显著高于非社员（分别为14.9天和4.1天）。

5.2.3 Tobit 模型及其原理

Tobit 模型是 Tobin（1958）提出的一种线性概率模型，主要用于研究在一些选择行为之下，连续变量如何变化的问题（周华林等，2012）。与一般的连续选择模型和离散选择模型不同，Tobit 模型的因变量是受限变量，采用极大似然法（Maximum Likelihood Estimation，MLE）估计。MLE 的特点是估计过程比较复杂，计算烦琐，且需要选择一个合理的初始值。但是 MLE 估计出的结果具有较好的有效性。Tobin 认为受限因变量主要包括受限因变量和其他变量之间的关系，以及该种关系的假设、检验两方面的问题。

伍德里奇（2003）指出，Tobit 模型依赖于背后潜变量模型中的正态性和同方差性，即标准 Tobit 模型假定：潜变量 y^* 满足经典线性模型的假定——服从具有线性条件均值的正态同方差分布。具体来说，对正值，给定 x 下 y 的密度与给定 x 下 y^* 的密度一样，而且 $\frac{\mu}{\sigma}$ 服从标准正态分布且独立于 x。具体模型如下：

$$y_i = \begin{cases} y_i^*, & y_i^* > 0 \\ 0, & y_i^* \leqslant 0 \end{cases} \tag{5-1}$$

$$y_i^* = \boldsymbol{\alpha} x_i + \mu_i, \ \mu_i \sim N(0, \ \sigma^2) \tag{5-2}$$

模型系数的解释为：

$$\partial E(y \mid y>0, \ x) \ \partial x_i = \boldsymbol{\alpha}_i \left\{ 1 - \lambda\left(x \frac{\boldsymbol{\alpha}}{\sigma}\right) \left[x \frac{\boldsymbol{\alpha}}{\sigma} + \lambda\left(\frac{x\boldsymbol{\alpha}}{\sigma}\right) \right] \right\} \tag{5-3}$$

$$\frac{\partial E(y \mid x)}{\partial x_i} = \boldsymbol{\alpha}_i \Phi\left(\frac{x\boldsymbol{\alpha}}{\sigma}\right) \tag{5-4}$$

式中，y_i 表示潜变量（即苹果种植户通过合作社销售的苹果占其年苹果产量的比重）；x_i 表示自变量矩阵（包括农户基本特征变量、苹果种植特征变量及交易成本变量）；参数矩阵 $\boldsymbol{\alpha}$ 表示自变量 x_i 与因变量 y_i 之间的关系；$\boldsymbol{\alpha}_i$ 表示总体的一次随机抽取下自变量 x_i 与因变量 y_i 之间的关系；μ_i 表示具有正态分布特征的误差项；i 表示样本数，$i=1, 2, \cdots, n$。

式（5-3）和式（5-4）表明，x_i 对 y_i 的影响的符号，取决于 $\boldsymbol{\alpha}_i$ 的符号，

但是其大小同时取决于 α_i 和 $x\alpha$。因此本部分计算边际效应，即 $\dfrac{\partial Ey}{\partial x_i}$，以解释包括农户基本特征变量和交易成本变量在内的自变量的变化，对通过合作社销售的苹果量占苹果总产量比重的影响作用。

5.3　交易成本变量描述分析

5.3.1　信息成本

农户进行农业生产经营的过程中，文化水平相对较低、农村通信基础设施建设落后、农村社会服务体系不完善等导致农户与其他市场交易主体间存在信息不对称问题。因此，获取及时、更新的市场信息，对农户农产品经营具有重要作用。具体来看，农户在购买农业生产资料之前，会对比不同农资销售店中不同品牌和功效的化肥与农药的质量和价格；在出售苹果前，也会通过不同渠道了解省内外农产品市场价格信息。鉴于获取市场信息的渠道较多（如合作社，农技站，亲戚、朋友，电视以及互联网等），且受农户主观评估的影响，农户自己也很难判断不同信息渠道的优劣。所以，目前学术界还没有明确的测度农户获取市场信息的方法。因此，本书尝试用农户通过不同渠道获取市场信息所花费的时间（IPI 和 API）来测度农户获取市场信息的成本，完成社员和非社员的信息成本投入的差异对比。

社员和非社员获取市场信息的不同渠道所占比重见表 5-5。59.1% 的社员通过合作社获取市场信息；20.0% 的社员通过亲戚或朋友了解市场信息；12.2% 的社员通过农业频道获取相关信息。非社员主要通过亲戚或朋友获取市场信息（41.2%）；其次是根据上一年的市场价格，结合当年的苹果产量和质量预测（27.6%）；通过合作社和农技站获取市场信息的非社员均占 9.2%。互联网属于新型的获取信息方式，而且利用网络搜索信息不仅要求农户具备一定的知识水平，还受农户居住地区的网络设施建设情况影响。利用互联网获取信息的社员和非社员占总数的比重均较低，分别为 6.1% 和 8.8%。

表 5-5　社员和非社员获取市场信息不同渠道比较

信息渠道	社员		非社员	
	人数	占比/%	人数	占比/%
上一年的价格	3	2.6	69	27.6
农技站	0	0	23	9.2
合作社	68	59.1	23	9.2
亲戚、朋友	23	20.0	103	41.2

(续)

信息渠道	社员		非社员	
	人数	占比/%	人数	占比/%
电视（农业频道）	14	12.2	10	4.0
互联网	7	6.1	22	8.8

鉴于农户参与农产品展销会有利于其了解新型农业生产资料和农产品的相关市场信息，研究中将其作为农户获取市场信息的另一种方式，用变量"参加农产品展销会的费用（PAR）"来衡量。调查显示：仅有 27.8% 的社员和17.2% 的非社员在调查年份参加过农产品展销会，农户的参会费用占苹果种植总成本的比重均小于 0.5%。由此判断，该变量对社员和非社员交易成本的影响并不大，在影响因素分析中可以忽略这一变量。

5.3.2 谈判成本

苹果种植户的小规模性和产品的同质性同时决定了其与交易商讨价还价时处于劣势。原因是，在相同地区，不同苹果种植户的同种类苹果质量差异并不大。只要价格和质量合适，果商可以选择与当地任何一家农户进行苹果交易。

本章将苹果分级所用时间归入谈判成本。此外，受运输条件（包括运输工具和路况）以及苹果储藏条件（冷库）的限制，苹果在采摘到交易完成期间必定有部分损失。将这部分损失也归于谈判成本。鉴于合作社为社员提供苹果储藏服务，预期非社员的苹果损失率高于社员。

5.3.3 执行成本

本章将农户从与交易对象商议定价到收到全部货款所需的时间看作是执行成本的重要组成部分。预测非社员收到全部货款的等待时间比社员短。主要原因在于非社员直接与交易商交易，要求交易商在收到苹果的同时支付货款；社员则要等到合作社将所有社员的苹果完全出售后，统一支付货款，因此在支付时间上存在滞后性[①]。

另一个执行成本是农户在苹果分级和销售的过程中，接待交易对象的费用（RAB）。理论上，苹果销售所用时间越长，果商拖延支付货款时间越长，该项成本就越高。鉴于合作社为社员提供分级和销售服务，预期社员的执行成本低于非社员。

---

① 与本章的预期一致，后文的统计数据显示，非社员通常在 4 天左右可以完全收到货款，而社员的等待时间长达 15 天，具体数据见表 6-4。

交易对象延迟支付货款及苹果市场价格的变动导致交易对象违约，给农户造成的损失（ROB），也是一项重要的执行成本。在调研地区，果商一般在苹果采摘前 1～2 月与农户口头协商（即不完全合约或关系性合约①），确定苹果交易价格，调研数据显示，69.2％的非社员未签订正式买卖合同。尽管部分果商会象征性地支付一定定金（200～300 元），但定金对其行为的束缚力很小。因此，对农户而言，这种交易方式存在较大的果商违约风险。从表 5 - 6 中可以看出，93.0％的社员在苹果交易之前，没有与交易对象签订正式合约；30.8％的非社员在苹果交易之前，签订了正式的书面合约。非社员签订正式合约的人数明显高于社员的人数，原因在于，社员的交易对象一般为合作社或者合作社介绍的果商，社员对其信任程度较高。而对于非社员来说，有些交易对象是第一次合作，也没有担保人，所有风险都要自己承担，因此签订正式合同的比例高于社员的签订比例。

表 5 - 6　社员与非社员合约签订情况

项目		是否签订正式合约		是否愿意签订正式合约	
		社员	非社员	社员	非社员
是	人数	8	77	43	170
	占比/％	7.0	30.8	37.4	68.0
否	人数	107	173	72	80
	占比/％	93.0	69.2	62.6	32.0

问及农户"是否愿意与交易对象签订正式合约"时，分别有 62.6％的社员和 32.0％的非社员不愿意签订正式合约。该项目的统计结果与预期的有些不同。本书预期大部分农户（包括社员和非社员）乐于签订正式合约，以保障其交易活动。结合访谈可知，有些较大规模的农户在交易之前不愿意签订正式合约。交易发生时的市场价格高于交易之前所定的交易价格时，这些农户有可能主动违约，要么提高交易价格，要么与出价更高的果商交易。小规模农户由于受到苹果交易数量和苹果质量的限制，在与果商讨价还价时处于劣势地位，即使交易发生时的苹果市场价格高于交易之前的定价，也不敢主动违约。因此，该部分农户更倾向于签订正式的合约以保障其利益。

---

① 不完全合约常深深地嵌入一个连续的关系中，交易各方不是陌生人，他们大多数的互动或交易活动发生在"合约之外"。即不需要法院根据看得见的条款来执行，而是代之以合作与威胁、交流与策略这样一种特殊的平衡机制（Hadfield，1990）。关系性合约（relational contracts）指虽然没有考虑所有的未来偶然性，但却是一种长期性的、复杂的合约安排。在这种合约安排中，交易主体不仅要承担交易专用性投资，还会面临事后的机会主义行为。即过去、现在和预期未来的交易主体之间的关系在合约各方之间非常重要（Macneil，1974）。

5.3.4 运输成本

运输成本被看作传统生产成本中的一部分，但在特定市场渠道中，运输成本也可被看作交易成本的一部分（Hobbs，1997）。由于本章着重研究农户在非合作交易环境和合作交易环境下的交易成本的差异，所以将运输成本看作交易成本的一部分，并用农户每次将苹果从果园运输到家所需的时间和农户将苹果运输到交易地点的费用（用运输总次数与每次运输费用之积表示）这两个变量来衡量。鉴于在交易中合作社负责苹果的运输，或合作社建议果商与社员直接在果园交易以降低运输成本，预期社员的运输成本将低于非社员。从调查数据来看，社员和非社员的果园与其住所之间的平均距离分别为0.6千米和0.4千米，无明显差异，所以预期该变量对农户的合作社参与意愿影响不显著。

苹果交易地点决定了农户运输成本的大小。社员和非社员进行苹果交易的地点统计见表5-7。可看出，对社员和非社员来说，果园和苹果代办点是最主要的交易地点。具体来看，分别有50.4%和70.8%的社员和非社员将所有或者部分苹果在果园与果商直接交易；每个社员都有部分苹果在苹果代办点交易，30.4%的非社员的苹果交易地点是代办点；此外，28.7%的社员选择合作社作为交易地点。

表5-7　社员与非社员苹果交易场所

交易地点	社员		非社员	
	人数	占比/%	人数	占比/%
果园	58	50.4	177	70.8
苹果代办点	115	100.0	76	30.4
批发市场	3	2.6	1	0.4
沿街销售	18	15.7	4	1.6
合作社	33	28.7	0	0

注：问卷中，苹果交易地点可多选，但不能超过3个选项。

5.4　Tobit 回归结果分析

应用 Tobit 模型，分析影响苹果种植户选择通过合作社销售苹果比重的农户基本特征变量和交易成本变量。结果表明，苹果种植户对合作社的信任程度（CIC）、苹果种植面积（APS）、苹果分级所用时间（GRD）、收到全部货款的等待时间（SOP）及接待交易对象的费用（RAB），对农户选择通过合作社销售苹果的比重有显著的影响作用。

　　具体来看，与研究预期一致，苹果种植户对合作社的信任程度越高，苹果种植面积越大，其通过合作社销售苹果的数量越多。边际效应分析结果表明，苹果种植户对合作社的信任程度每提高 1 个单位，其选择通过合作社销售的苹果的比重增加 6.82%；苹果种植面积每增加 1 个单位，其选择通过合作社销售的苹果的比重提高 0.82%（表 5 - 8）。苹果分级所用的时间越长，苹果种植户通过合作社销售苹果的数量越多。

表 5 - 8　参数估计结果

变量	估计系数	标准差	t 值	边际效应
农户基本特征变量				
年龄（AGE）	0.000 2	0.020 42	−0.06	0.000 1
受教育水平（EDU）	−0.004 1	0.011 0	−0.37	−0.001 0
是否有非农工作经验（OFE）	0.071 3	0.046 1	1.55	0.017 3
苹果种植经验（EXP）	0.002 5	0.002 9	0.89	0.000 6
对合作社的信任程度（CIC）	0.280 1***	0.044 3	6.32	0.068 2
苹果种植特征变量				
苹果种植面积（APS）	0.033 8*	0.018 9	1.79	0.008 2
苹果收入（AIC）	−0.000 000 46	0.000 001 8	−0.26	−0.000 000 112
劳动力使用（LAB）	0.000 1	0.000 2	0.56	−0.000 256
交易成本变量				
信息成本（IC)a	0.010 7	0.011 2	0.96	0.002 6
苹果分级所用时间（GRD）	0.024 8**	0.012 4	2.00	0.006 0
苹果从采摘到交易期间的损失率（ROL）	−0.042 7	0.096 1	−0.44	−0.010 4
收到全部货款的等待时间（SOP）	0.010 6***	0.003 6	2.91	0.002 6
接待交易对象的费用（RAB）	−0.001 0***	0.000 3	−3.04	−0.000 2
交易对象违约造成的损失（ROB）	0.000 1	0.000 1	−1.12	−0.000 162
将苹果运输到交易地点的费用（HTS）	0.000 1	0.000 1	1.23	0.000 308
常数项（C）	−1.534 3	0.350 0	−4.38	

注：*** 表示在 1% 的水平上显著，** 表示在 5% 的水平上显著，* 表示在 10% 的水平上显著。
a. 信息成本（IC）＝获取生产资料价格所用时间（IPI）＋获取苹果市场价格所用时间（API）。

　　苹果种植户接待交易对象的费用越高，其通过合作社销售苹果的比重越小。结合访谈可知，原因在于接待交易对象的成本越高，苹果种植户更愿意一次性将所有苹果与该交易对象交易，以避免产生其他费用。

　　变量"交易对象违约造成的损失"对苹果种植户选择通过合作社销售苹果的比重在统计学上不显著。结合访谈内容可知，原因在于虽然交易对象违约给苹果种植户带来部分损失，但苹果种植户损失的是实际交易价格与口头协议价格之间的差价部分，因此损失相对较低。且大部分苹果种植户倾向于选择与之前已经进行过农产品交易的对象交易，彼此有一定了解，所以违约率相对较低。由此可见，该部分交易成本对苹果种植户的合作交易模式选择行为的影响并不显著。

5.5　本章小结

本章以交易成本理论为基础，结合陕西省苹果种植户的生产销售特征，建立交易成本测定框架；以苹果种植户（包括社员和非社员）为例，建立测定交易成本的变量分析框架，并应用 Tobit 模型，分析影响苹果种植户选择通过合作社销售苹果比重的农户基本特征变量和交易成本变量。结果表明，交易成本对苹果种植户选择通过合作社销售的苹果数量占其苹果总产量的比重有显著影响作用。在反映谈判成本的变量中，苹果分级时间对苹果种植户选择通过合作社销售的苹果数量有显著积极影响作用；在反映执行成本的变量中，收到全部货款的等待时间对苹果种植户选择通过合作社销售的苹果数量有显著积极影响作用；接待交易对象产生的费用对苹果种植户选择通过合作社销售的苹果数量有明显抑制作用。虽然在反映不同交易成本的变量设置上存在差异，但本章的研究结果与相关学者的研究结论基本一致，如宋金田和祁春节（2011）指出，谈判成本和执行成本对农户选择农产品销售方式有显著作用；Matungul 等（2001）认为运输成本对小规模农户的市场参与意愿有显著影响。

第 6 章

合作交易模式交易成本测定

根据《合作社法》(2007)，合作社的主旨是将农业生产活动中不同主体间的交易内部化，包括农业生产资料供给者和农户、农户和农产品经纪人、农户和农产品消费者间的交易等，以达到降低农户交易成本的目的。因此，本章从交易成本角度测定合作交易模式下的农户交易成本大小，并与非合作交易模式下的农户交易成本对比，为农户面对多种农产品市场交易渠道时提供实证依据，作出有利于减少农户交易成本的市场交易模式选择。

6.1 问题提出

合作社有利于将分散的小规模农户组织起来，实现生产销售的规模化，并提高农户在市场谈判中的地位；实现社员利润最大化，即外部交易成本越大，合作社将交易成本内部化的作用就越明显 (Feinerman et al., 1991; Barton, 2000)。

在成本——收益分析中，有学者假设，随着时间推移，交易成本为零。该假设与 Williamson (1973) 提出的交易成本理论不一致。Williamson 认为交易是有成本的，交易成本包括获取信息、谈判以及执行合同所需要的全部资源 (Williamson, 1985; Royer, 2011; Yaqub, 2011)。过去 30 多年，大部分学者应用交易成本理论研究不同经济主体间的关系，包括组织结构横向和纵向一体化研究 (Anderson, 1985; Macdonald, 1985; Teece, 2010)、市场中不同交易渠道选择研究 (Walker et al., 1984; Mudambi et al., 2010)、契约安排研究 (Jaskow, 1991; Runsten, 1996; Schipmann et al., 2011) 等。自 Williamson 开始，诸多学者对交易成本进行定义和分析，但大部分文献注重理论研究，缺乏较为系统的实证研究 (David et al., 2004)。

在不完全市场竞争环境中，通常假设交易双方在谈判过程中地位均等。但事实上，交易双方由于社会地位不同而在交易过程中受到限制，由此产生交易费用（Ring et al.，1992）。尤其是小规模生产者会面临在物品或服务交易执行过程中隐藏的成本，使其进入市场较为困难（Staal et al.，1997）。

国外已有诸多学者以发展中国家为例，研究影响生产者的合作社参与行为决策的因素。这些基于农户层面的实证研究结果证明了合作社是降低小规模生产者交易成本的适宜方式，并揭示了较高的交易成本是阻碍农户农产品有效进入市场的瓶颈。具体来看，较低的受教育水平、缺乏有效市场信息、距离市场较远等是导致小规模农户交易成本过高的主要因素（Matungul et al.，2001；Ortmann et al.，2007）。其他研究也表明，农户加入合作社有助于克服信息、服务以及市场方面存在的困难（Jaffee，1994）。

国内学者对影响农户合作社参与行为的研究也较多，但大部分学者将影响因素集中在农户基本特征、农产品生产销售特征等方面（郭红东等，2004；屈小博等，2007；卢向虎等，2008）。一些学者指出交易的不确定性对农户参与合作社的意愿也有显著影响（葛廷进等，2021）。在对合作社发展过程中存在的问题的研究中，苑丰等（2005）、杜贤文等（2006）从外部发展环境、内在发展机制以及发展成本入手，分析合作社发展过程中存在的问题，指出我国农民专业合作组织在发展过程中存在总体实力弱、人力资源缺乏、管理机制滞后、利益结构松散、政策引导不足等问题。还有较多学者从农村发展环境、人才、信息化程度、市场竞争程度及政府层面进行综合探讨（周海文等，2020；胡斯木·马湖，2021；章杨等，2021）。

新制度经济学理论认为，制度创新的动因是人们追求的一种潜在的利润，即外部利润，主要包括由规模经济带来的收益、客服对风险的厌恶、外部经济内部化的收益以及由交易费用降低带来的收益。其中，由交易成本降低带来的收益，即交易成本作为影响市场价格的重要因素，经常被农户忽略。与传统的生产成本不同，交易成本较难量化（Klein et al.，1990）。尽管测定交易成本具有一定难度，本章仍尝试建立交易成本测定框架，同时比较合作交易制度与非合作交易制度下农户交易成本的大小，进一步验证合作交易模式有利于降低交易成本这一假设。

6.2　变量设置

交易过程是一个非常复杂的过程，不可能瞬间完成，所以交易活动中产生的费用是不可忽视的。自1973年Williamson提出交易成本理论以来，由于交易成本与传统的生产成本不同，而且存在不同决策导致不同交易成本的问题，测算交易成本显得比较困难（Klein et al.，1990）。本章通过建立交易成本测度模型，尝试对合作交易模式下和非合作交易模式下农户交易成本的差异进行比较研究，即将交易成本分为信息成本（IC）、谈判成本（NC）、执行成本（EC）、运输成本（TRC）。其中，设置不同变量测度每个成本子集的大小（变量设置详见表 5 - 1）。

6.3　农户投入产出比较分析

6.3.1　家庭收入比较分析

2008—2010 年陕西省样本地区社员和非社员的家庭收入结构比较见表 6 - 1。数据表明，社员的年均苹果收入和苹果外其他收入的增长速度均快于非社员。尤其是 2010 年，社员的年均苹果收入达到 23 519.7 元，比同期非社员的年均苹果收入高 9 674.5 元。从苹果收入占家庭总收入的比重来看，社员和非社员的这一比重均超过 80.0%，且在 2008—2010 年，该比重变化不大。该统计数据表明，苹果种植收入是调研地区农户家庭收入的主要来源。

表 6 - 1　2008—2010 年陕西社员与非社员家庭收入结构比较

单位：元

收入		2008 年		2009 年		2010 年	
		社员	非社员	社员	非社员	社员	非社员
苹果收入（AI）	最小值	800.0	100.0	1 000.0	300.0	1 600.0	400.0
	平均值	13 673.5	10 785.2	17 559.1	11 488.8	23 519.7	16 545.2
	最大值	80 000.0	80 000.0	80 000.0	55 000.0	120 000.0	200 000.0
其他收入（OFI）	最小值	0.0	50.0	65.0	50.0	64.0	50.0
	平均值	2 746.6	1 866.5	3 359.4	2 062	4 487.3	2 491.2
	最大值	25 000.0	48 171.0	28 230.0	48 100.0	31 150.0	60 100.0
总收入（TI）	最小值	1 100.0	332.0	1 300.0	727.0	1 900.0	727.0
	平均值	16 420.1	12 651.7	20 918.5	13 550.9	28 007	19 036.5
	最大值	80 000.0	80 300.0	80 140.0	64 100.0	120 420.0	200 440.0
AI/TI	最小值	22.6	3.1	26.9	18.1	21.7	9.0
	平均值	83.8	84.3	82.8	84.8	83.5	86.8
	最大值	100.0	99.9	99.9	99.8	99.9	99.9
OFI/TI	最小值	0.0	0.3	0.1	0.2	0.1	0.1
	平均值	16.2	15.7	17.2	15.2	16.5	14.2
	最大值	77.4	96.9	73.1	81.9	78.3	91.0

注：OFI＝TI－AI。

6.3.2 生产成本比较分析

传统的生产成本包括土地、劳动力和资本。用每年每亩地的地租来测算土地的投入成本，用雇用劳动力的日工资表示劳动力的投入成本。资本投入包括化肥、农药、果袋、灌溉、机械设备的投入以及从事苹果种植活动所需要的其他投入。2008—2010年，不同样本地区的社员和非社员在从事农业生产活动的过程中，不同类别的生产成本大小见表6-2。

表6-2　2008—2010年不同地区社员与非社员的生产成本比较

生产成本	地区[a]	2008年		2009年		2010年	
		社员	非社员	社员	非社员	社员	非社员
土地/ (元/亩) 地租	WN	100.0	61.9	100.0	61.9	100.0	61.9
	BJ	98.3	89.8	98.3	89.8	98.28	89.8
	XY	100.8	105.0	100.8	105.0	100.8	105.0
	SX	99.1	92.8	99.1	92.8	99.1	92.8
劳动力/ (元/天) 雇用 劳动力	WN	200.5	122.5	240.4	106.8	317.4	189.2
	BJ	201.1	115.3	207.0	132.5	300.7	202.2
	XY	42.9	117.0	191.5	163.3	642.4	281.2
	SX	184.4	116.7	216.7	141.9	342.0	232.3
资本/ (元/亩) 化肥	WN	1 130.8	608.6	1 076.8	648.5	1 226.0	661.2
	BJ	818.7	787.9	851.9	806.2	1 054.3	1 017.9
	XY	343.7	597.2	397.2	602.5	543.1	747.6
	SX	875.0	693.0	880.7	708.5	1 059.2	872.3
农药	WN	276.9	225.8	296.6	227.7	309.3	229.4
	BJ	326.4	374.3	336.9	380.2	429.2	396.2
	XY	244.7	313.0	257.8	325.6	287.7	327.1
	SX	301.1	334.0	315.0	342.1	373.8	350.8
果袋	WN	179.8	209.4	217.1	232.7	243.0	307.7
	BJ	277.8	330.0	273.1	324.8	503.5	425.6
	XY	445.7	144.1	483.1	207.8	494.2	367.5
	SX	262.1	243.3	276.1	268.5	414.2	389.8
灌溉[b]	WN	146.4	184.9	179.7	187.6	179.7	189.4
	BJ	36.9	42.9	60.5	45.7	60.5	47.1
	XY	67.7	8.4	120.8	8.4	120.8	8.4
	SX	77.2	44.6	107.2	46.3	107.2	47.2

（续）

生产成本	地区	2008 年		2009 年		2010 年	
		社员	非社员	社员	非社员	社员	非社员
资本/ （元/亩）	机械费用c						
	WN	78.8	91.1	97.7	100.0	113.9	117.1
	BJ	175.3	84.3	174.8	87.1	180.4	97.3
	XY	19.9	107.2	26.2	114.5	80.8	123.8
	SX	126.3	94.1	133.1	99.3	147.5	109.9
	其他费用d						
	WN	19.3	15.4	20.3	18.0	22.3	16.8
	BJ	14.8	1.8	35.9	1.9	46.1	9.5
	XY	0.0	1.1	5.0	1.1	5.0	1.9
	SX	14.8	3.0	27.4	3.3	33.7	7.3
总成本/ （元/亩）	WN	2 132.3	1 519.5	2 228.5	1 583.3	2 511.5	1 772.6
	BJ	1 949.3	1 826.2	2 038.4	1 868.1	2 673.0	2 285.7
	XY	1 265.4	1 392.9	1 582.4	1 528.4	2 274.8	1 962.8
	SX	1 940.0	1 621.5	2 055.3	1 702.7	2 576.7	2 102.4
苹果收入 （元/亩）	WN	3 999.2	5 441.3	5 249.3	4 413.7	6 143.5	5 525.5
	BJ	4 689.7	4 277.1	5 973.0	4 666.9	9 657.0	6 944.5
	XY	2 204.7	2 193.1	3 125.1	2 788.8	4 557.8	4 318.9
	SX	4 196.2	3 577.6	5 430.4	3 895.8	7 933.4	5 751.5

a. WN=渭南市，BJ=宝鸡市，XY=咸阳市，SX=陕西省。

b. 在宝鸡市调研的 9 个村中，都有用于农业灌溉的公用抽水泵；渭南市仅 1 个村有公用抽水泵；咸阳市样本村中都没有公用抽水泵。统计结果显示，各地区灌溉用水的收费方式没有统一标准。渭南市以每亩用水价格衡量，平均为 50.0 元/亩；宝鸡市以每小时用水价格衡量，且每个县收费标准不一样，具体来看，凤翔县灌溉价格为 6～12 元/小时，千阳县相对较便宜，为 4.5 元/小时。结合调研数据可知，渭南市农户灌溉投入成本比其他两个地区农户高，2010 年，社员和非社员的灌溉投入分别为179.7 元和 189.4 元。

c. 机械费用包括运输工具维修费用、油费。

d. 其他费用包括农业保险、苹果包装、除草剂。

样本地区社员和非社员各项生产成本的比较见图 6 - 1（具体数据见表 6 - 2）。2008—2010 年，社员和非社员的生产要素投入均不断增加，前者增加的幅度高于后者。由于同一地区在土壤条件、农业政策等方面具有一致性，社员与非社员的土地投入差异不明显。就不同地区生产要素投入的分配特征而言，2010 年，渭南市社员和非社员的化肥投入分别为 1 226.0 元/亩和 661.2 元/亩，分别占其生产总成本的 48.8%和 37.3%；咸阳市社员和非社员的化肥投入相对较低，分别为 543.1 元/亩和 747.6 元/亩，分别占其生产总成本的 23.9%和 38.1%。同期，社员和非社员的农药、果袋以及其他方面投入占总生产要素投入的比重保持稳定。2010 年，咸阳市社员的果袋投入约为 494.2 元/亩，是样本地区中果袋投入较高的地区。其主要原因是，咸阳市的合作社没有为社员提供果袋补贴，但社员自身对套袋效果（如提高果品质量、降低苹果腐烂率等）的认知度较高，因此，该地区社员的果袋投入比其他地区高。

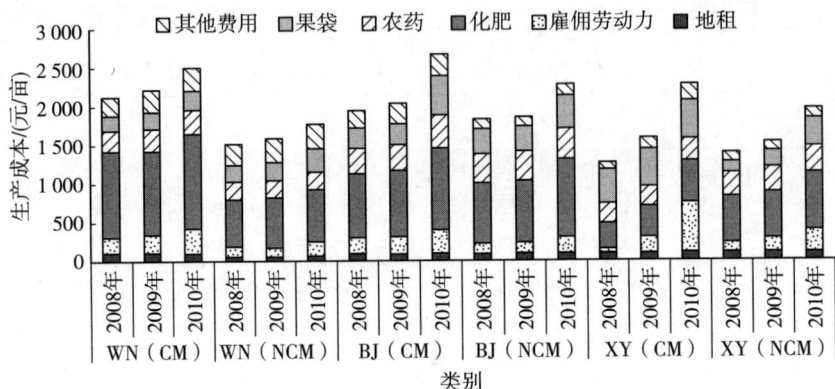

图 6-1　2008—2010 年样本地区社员和非社员的生产成本比较

注：WN 表示渭南，BJ 表示宝鸡，XY 表示咸阳；CM 表示社员；NCM 表示非社员；其他费用包括机械费用（运输工具维修费用、油费）、农业保险、苹果包装、除草剂等。

样本地区社员和非社员的苹果种植利润比较结果见图 6-2。2008—2010 年，调查市样本农户种植的苹果亩均利润呈递增趋势，社员种植利润的增长速度高于非社员。2010 年，社员种植苹果的亩均利润为 5 356.7 元，比同期非社员种植苹果的亩均利润高 1 606.6 元。就不同地区种植苹果的亩均利润而言，渭南市社员和非社员种植苹果的亩均利润变化较大。2008 年，渭南市非社员种植苹果的亩均利润为 3 921.8 元，是同期社员种植苹果的亩均利润（1 866.9 元）的两倍多；2009 年，非社员种植苹果的亩均利润骤降为 2 830.4 元，社员种植苹果的亩均利润则增加到 3 020.77 元。出现波动的原因是，2009 年，当地政府加大了对农民合作社的补贴力度，增加了化肥、果袋、防虫灯等实物补贴，由此减少了社员的部分投入。2010 年，渭南市社员和非社员种植苹果的亩均利润均显著提高，分别增加至 3 632.0 元和 3 752.9 元。2010 年，宝鸡市社员种植苹果的亩均利润达到 6 984.0 元，是陕西省社员种植苹果亩均利润的 1.3 倍；非社员种植苹果的亩均利润约为 4 658.8 元，是调查市非社员中的最高水平。同期，咸阳市社员和非社员种植苹果的亩均利润均较低，2010 年分别为 2 283.0 元和 2 356.1 元。

社员、非社员与不同购买对象交易时，不同等级苹果的价格见表 6-3。

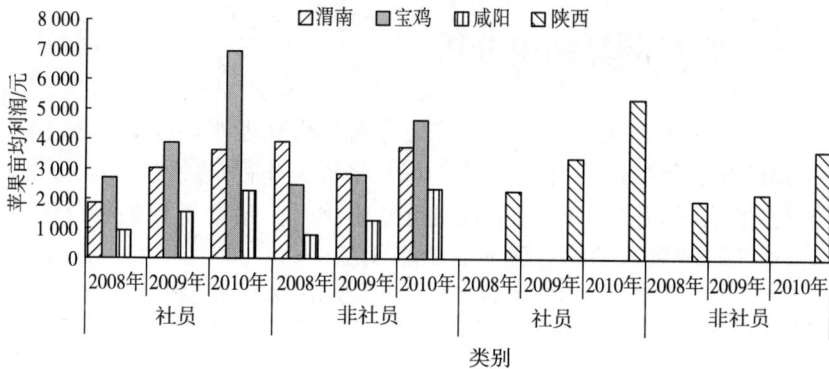

图 6-2　2008—2010 年样本地区社员和非社员的苹果种植亩均利润比较

数据结果表明，苹果销售价格与苹果大小、等级密切相关。即苹果质量越好、直径越大，销售价格越高。对社员来说，一级果的主要销售对象为合作社，收购价格平均为 4.5 元/千克；二级果的主要销售对象为苹果经纪人和本省或外省的苹果批发商，收购均价为 2.7 元/千克。与社员相比，非社员不同等级苹果的交易价格均低于社员。具体来看，非社员一级果的主要交易对象为省内外的苹果批发商和当地苹果经纪人，交易均价为 3.5 元/千克，比同级别社员苹果的销售价格每千克低 1.0 元左右；非社员二级果的主要交易对象为当地苹果经纪人，交易均价为 2.0 元/千克，比同级别社员苹果的销售价格每千克低 0.7 元；非社员残次果的销售价格为 0.9 元/千克，比同级别社员苹果的销售价格每千克低 0.6 元左右。

表 6-3　2010 年不同交易对象下不同等级苹果销售价格比较

等级	社员		非社员		价格差/ (元/千克)
	价格/ (元/千克)	主要交易 对象	价格/ (元/千克)	主要交易对象	
一级果（直径＞75 毫米）	4.5	合作社	3.5	苹果批发商、苹果经纪人	1.0
二级果（直径 65～75 毫米）	2.7	苹果经纪人、苹果批发商	2.0	苹果经纪人	0.7
三级果/残次果[a]（直径＜65 毫米）	1.5	苹果加工商	0.9	苹果加工商	0.6
不分等级[b]	2.5	苹果经纪人、苹果批发商	1.7	苹果经纪人、苹果批发商	0.8

a. 三级果/残次果一般被当地苹果加工企业，即苹果汁加工厂收购。

b. 不分等级指农户将所有的苹果不分大小、形状等（不包括残次果），按照统一价格，一次性完成交易。

6.4　交易成本测算结果分析

对 2010 年陕西省社员和非社员的交易成本测算表明，社员获取生产资料（主要是化肥和农药）价格所用时间（IPI）平均比非社员高 0.4 小时；获取苹果市场价格所用时间（API）比非社员低 0.4 小时。该结果反映出合作社欠缺为社员提供生产资料价格信息服务的功能（表 6-4）。

表 6-4　2010 年陕西社员与非社员交易成本比较

交易成本	变量类型	单位	社员	非社员	差异[a]
信息成本（IC）	获取生产资料价格所用时间（IPI）	小时	0.8	0.4	0.4
	获取苹果市场价格所用时间（API）	小时	0	0.4	−0.4
谈判成本（NC）	苹果分级所用时间（GRD）	小时	3.2	11.3	−8.1
	交易前与交易对象联系所用时间（COM）	分钟	0	0.2	−0.2
	苹果从采摘到交易完成期间的损失率（ROL）	％	1.6	2.1	−0.5
执行成本（EC）	收到全部货款的等待时间（SOP）	天	14.9	4.1	10.8
	接待交易对象的费用（RAB）	元	0	187.3	−187.3
	交易对象违约造成的损失（ROB）	元	44.4	793.6	−749.2
运输成本（TRC）	将苹果运输到交易地点的费用（HTS）	元	108.5	152.0	−43.5

a. 差异表示社员和非社员之间不同交易成本之差。

社员与非社员的执行成本存在显著差异。接待交易对象的费用（RAB）方面，非社员年均投入 187.3 元；社员是合作社的受益者，他们与合作社交易不需要支付该项费用。

在交易对象违约造成的损失（ROB）方面，社员的交易对象违约造成的损失平均为 44.4 元；非社员的交易对象违约造成的损失平均为 793.6 元。究其原因，一方面，合作社代表社员的利益，为交易提供了保障；另一方面，非社员交易对象的不确定性和交易过程的被动性，导致果商违约概率较高，非社员损失较大。

就运输成本而言，社员与非社员的差异并不显著，前者比后者大约低 43.5 元。出现这一结果，可能是由于同一地区路况条件相同，且样本农户的运输工具有相似性。

在收到全部货款的等待时间（SOP）方面，社员收到全部货款所需时间比非社员平均多 10.8 天，与前文预期相符。虽然社员等待货款的时间相对较长，但调查数据显示，73.9％的社员对合作社持"信任"或者"非常信任"的态度，即社员对合作社延迟交付货款的行为没有表示不满。非社员收到货款所需时间虽然相对较短，但他们承担的果商违约风险高于社员。

考虑到不同地区、不同规模农户在交易成本的 4 个方面（信息成本、谈判成本、执行成本和运输成本）可能有所差异，对不同苹果种植规模的社员和非社员占样本总数的比重进行统计分析。整体来看，与非社员相比，社员中的中等规模和较大规模苹果种植户所占比重较大，尤其是较大规模苹果种植户。数据显示，13.9%的社员的苹果种植规模较大，仅有 3.2%的非社员苹果种植面积超过6.0 亩。调研地区中，64.0%的非社员苹果种植面积在 0.1～3.0 亩（图 6-3）。

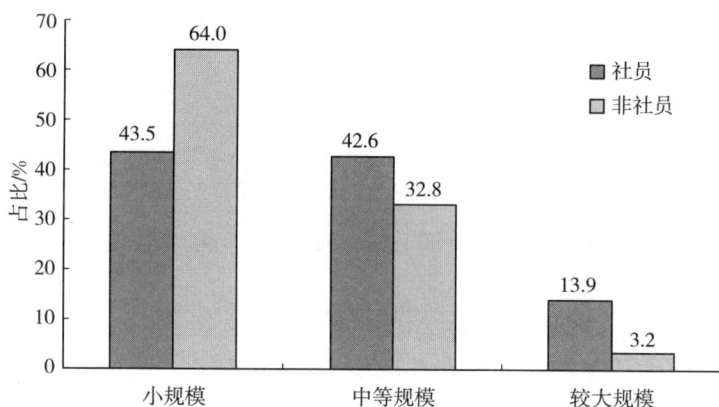

图 6-3 不同规模苹果种植户占比

鉴于不同地区在农业补贴、自然环境、基础设施建设（包括通信设施、灌溉设备、路况条件）等方面存在差异，本书分别测算了不同地区以及不同种植规模农户的信息成本、谈判成本、执行成本和运输成本（表 6-5）。考虑到农户获取生产资料价格所用时间和获取苹果市场价格所用时间差异较小，本章将获取生产资料价格所用时间（IPI）和获取苹果市场价格所用时间（API）合并为信息成本（IC）进行测算。

表 6-5 2010 年不同地区、不同规模社员与非社员的交易成本比较

地区	项目	规模	社员	非社员	差异	项目	规模	社员	非社员	差异
渭南	IC/小时	S	2.5	1.4	1.1	TRC/元	S	205.7	777.7	−572
		M	6.9	1.4	5.5		M	216.7	626	−409.3
		L	10.2	0.3	9.9		L	315.4	500	−184.6
	GRD/小时	S	1.6	5.2	−3.6	SOP/天	S	14.7	3.8	10.9
		M	2.4	5.1	−2.7		M	11.8	2.7	9.1
		L	3.2	5	−1.8		L	18.4	0	18.4
	COM/分钟	S	0	0	0	RAB/元	S	0	196.7	−196.7
		M	0	0.03	−0.03		M	0	156.5	−156.5
		L	0	0	0		L	0	100	−100

（续）

地区	项目	规模	社员	非社员	差异	项目	规模	社员	非社员	差异
渭南	ROL/%	S	4.6	1	3.6	ROB/元	S	0	730	−730
		M	2	3	−1		M	0	820	−820
		L	1.2	2	−0.8		L	0	1 000	−1 000
宝鸡	IC/小时	S	2.2	1	1.2	TRC/元	S	9.4	17.8	−8.4
		M	0.3	1	−0.7		M	26.7	30.3	−3.6
		L	6.4	0.4	6		L	0	0	0
	GRD/小时	S	4.4	7.9	−3.5	SOP/天	S	17.2	2.2	15
		M	2.3	4.3	−2		M	11.4	0.9	10.5
		L	3.9	20	−16.1		L	3	0	3
	COM/分钟	S	0	0.1	−0.1	RAB/元	S	0	159.6	−159.6
		M	0	0.1	−0.1		M	0	192.2	−192.2
		L	0	7.9	−7.9		L	0	550	−550
	ROL/%	S	1.4	2.2	−0.8	ROB/元	S	128.1	798.1	−670
		M	0.8	1	−0.2		M	33.3	1 134.1	−1 100.8
		L	1.5	1.3	0.2		L	0	1 777.5	−1 777.5
咸阳	IC/小时	S	3.8	0.3	3.5	TRC/元	S	0	153.4	−153.4
		M	3.9	0.7	3.2		M	114.3	216	−101.7
		L	0	0.6	−0.6		L	0	476.7	−476.7
	GRD/小时	S	3	17.5	−14.5	SOP/天	S	22.8	8.9	13.9
		M	5.1	14.5	−9.4		M	16.9	3.1	13.8
		L	5	60	−55		L	20	10	10
	COM/分钟	S	0	0	0	RAB/元	S	0	182.8	−182.8
		M	0	0	0		M	0	258.8	−258.8
		L	0	0	0		L	0	133.3	−133.3
	ROL/%	S	1	2	−1	ROB/元	S	0	464.7	−464.7
		M	0.9	2.9	−2		M	0	849.2	−849.2
		L	0	1.3	−1.3		L	0	2 361.7	−2 361.7

　　注：S表示较小规模苹果种植户，M表示中等规模苹果种植户，L表示较大规模苹果种植户；IC表示信息成本，GRD表示苹果分级所用时间，COM表示交易前与交易对象联系所用时间，ROL表示苹果从采摘到交易完成期间的损失率，TRC表示运输成本，SOP表示收到全部货款的等待时间，RAB表示接待交易对象的费用，ROB表示交易对象违约造成的损失；IC＝获取生产资料价格所用时间（IPI）＋获取苹果市场价格所用时间（API）。

　　社员获取信息的成本高于非社员。就地区而言，渭南市较大规模社员获取市场信息所用时间比同等规模非社员多 9.9 小时；宝鸡市较大规模社员获取市场信息所用时间比同等规模非社员多 6.0 小时；咸阳市中等、较小规模社员获取市场信息所用时间比同等规模非社员分别多 3.2 小时和 3.5 小时。即在获取市场信息方面，样本地区社员拥有的优势并不突出，合作社的信息服务功能较弱，这与前文的分析结果相符。

社员的苹果分级所用时间小于非社员。苹果分级是苹果种植户交易成本的重要组成部分。苹果分级耗费时间，且分级工作一般由农户或农户雇用劳动力完成，由此产生的雇工费用、果商食宿费用等均由农户承担。咸阳市较大规模非社员苹果分级所用时间最多，平均为 60 小时，相同地区的同等规模社员苹果分级所用时间为 5 小时，表明该地区合作社较好地发挥了苹果分级服务功能。在宝鸡市和渭南市，较小规模社员的苹果分级所用时间比同等规模非社员分别少 3.5 小时和 3.6 小时；中等规模社员比同等规模非社员分别少 2.0 小时和 2.7 小时。宝鸡市较大规模社员苹果分级所用时间比同等规模非社员少 16.1 小时，表明该地区合作社也较好发挥了苹果分级服务功能。整体来看，农户的苹果种植规模越大，加入合作社后，合作社苹果分级服务功能的积极作用越突出。

在谈判成本方面，社员和非社员在交易前与交易对象联系所用时间差异不大。社员所用时间均为 0，非社员所用时间基本上低于 2 分钟（宝鸡市较大规模农户除外）。由此，预期农户交易前与交易对象联系所用时间对其参与合作社的意愿影响不大。

社员的苹果损失率低于非社员。渭南、宝鸡、咸阳的社员和非社员平均苹果损失率的差异分别为 0.6%、−0.3%、−1.4%。渭南市较小和中等规模社员以及中等和较大规模非社员的苹果从采摘到交易完成期间的苹果损失率，均高于宝鸡市和咸阳市同等规模的社员和非社员。原因是，渭南市调研地区路况条件相对较差，导致苹果在运输过程中损坏较多。且该地区果商取货时间相对较晚，导致部分苹果的商品价值下降。可见，同一地区不同规模社员和非社员的苹果损失率差异不明显，主要原因是同一地区有相同的路况条件和相似的苹果交易方式。

社员执行成本中的违约损失低于非社员。交易对象违约造成的损失（ROB）是执行成本的重要组成部分。咸阳市和渭南市的社员表示，在调查年份没有遇到合作社或果商违约的情况；咸阳市较大规模的非社员因果商违约造成的损失为 2 361.7 元，相当于其当年苹果收入的 55.1%。可见，非社员苹果种植规模越大，果商违约造成的损失可能越高。

社员运输成本低于非社员。渭南市小规模非社员的年均运输成本为 777.7 元，同等规模社员的年均运输成本仅为 205.7 元。宝鸡市较大规模社员和非社员的运输成本均为0。原因是宝鸡市较大规模农户在与果商或苹果经纪人交易时拥有主动权。交易数量较多时，他们可要求果商直接在果园交易，甚至要求交易对象负责运输，由此节省了运输成本。咸阳市较大规模和较小规模社员的运输成本均为0，原因是该地区合作社作为中介机构为社员介绍果商，并建议果商直接在果园交易，降低了社员的运输成本。

从图6-4可看出，不同规模非社员交易成本占生产总成本的比重均高于社员。且呈现苹果种植规模越小，苹果种植户交易成本占生产总成本比重越大的趋势。表明农户应当扩大苹果种植规模，实现规模效益，以此达到降低交易成本的目的。

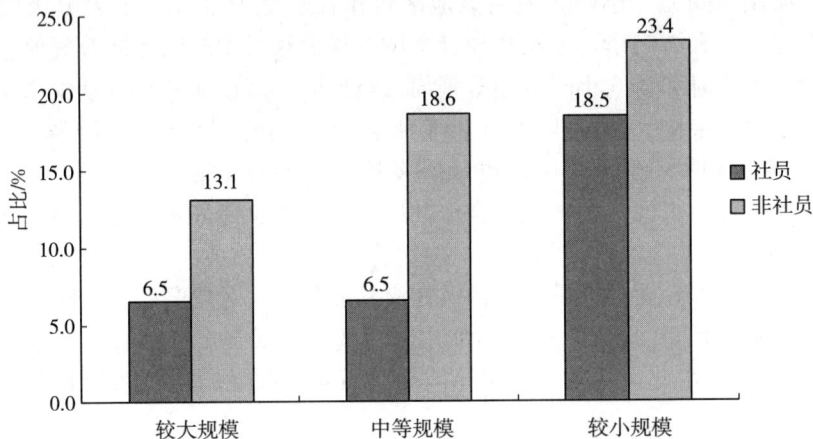

图6-4　不同规模社员与非社员交易成本占总成本比重

6.5　本章小结

本章利用2008—2010年陕西省6个苹果重点生产县365户苹果种植样本农户的调查数据，比较了社员和非社员在苹果生产、销售过程中的交易成本，提出农户加入合作社有助于降低其交易成本。

事实上，较高的交易成本，包括获取市场信息、寻找苹果购买者、将苹果运输到交易地点以及交易对象违约等环节产生的成本，均对小规模苹果种植户的家庭收入产生不良影响。本章对交易成本的测算结果表明，农户从与果商直接交易的公开市场交易方式转为通过合作社销售的非公开市场交易方式，可降低谈判成本，减少由果商违约造成的损失并节省运输成本。

具体来看，农户选择合作交易模式每年平均可省运输成本800元左右、降低购买者违约行为给农户造成的损失约190元、节省苹果分级时间8.1小时（相当于1个工作日）。苹果收入分析表明，社员与非社员之间存在较大差异，

2008—2010 年，调研地区社员的苹果收入增长速度比非社员的苹果收入增长速度快平均 28.4%。对不同规模农户交易成本大小的计算结果表明，苹果种植规模越大的农户，选择合作交易模式（即加入农民合作社并与合作社进行农产品交易）后节省的交易费用越多，尤其是渭南市苹果种植规模小于等于 6.0 亩的农户，加入合作社后可以节省 9.0% 左右的运输成本，主要原因在于该地区的苹果交易过程中，由农户负责将苹果运输到交易地点；与规模较大农户相比，小规模农户（即 3 亩及以下）更应选择合作交易模式，以提高与苹果购买商交易时讨价还价的能力，同时也可以减少甚至消除接待果商的费用。此外，苹果种植规模越小，苹果种植户交易成本占生产总成本的比重越高。因此，农户应当扩大苹果种植规模，实现规模效益，以达到降低交易成本的目的。

　　根据本章的研究结论，政府在制定相关政策时，应该注意以下几个方面：第一，鼓励合作社建立、健全信息采集和披露系统，并运用现代科学技术手段（互联网）及时更新市场信息，降低农户的信息成本；第二，提高农户对合作社功能的认知程度，鼓励农户加入合作社，以提升谈判地位，降低谈判成本；第三，为农户提供农机补贴，鼓励农户更新运输设备，以降低农产品运输过程中的损坏率，降低执行成本；第四，加快农村基础设施建设，包括道路、灌溉设施等，以降低合作社及农户的运输成本。

第 7 章

合作交易模式成本效率分析

成本效率是衡量农户在从事农产品生产活动过程中投入产出相对效率的重要指标。本章以苹果种植户层面的调研数据为基础，建立以投入为导向的成本最小化 DEA-Tobit 两阶段模型，基于交易成本视角，在测度陕西省苹果种植户的技术效率和成本效率的基础上，分析交易成本对农户生产效率影响的作用。

7.1 背景分析

陕西作为中国苹果主产区之一，占中国苹果产量的比重持续增加。2000—2011 年，陕西苹果产量除 2005 年有小幅下降外，呈稳步增长态势，且与全国苹果产量的变动趋势趋于一致，占全国苹果产量的 1/4 左右（图 7 - 1）。2011

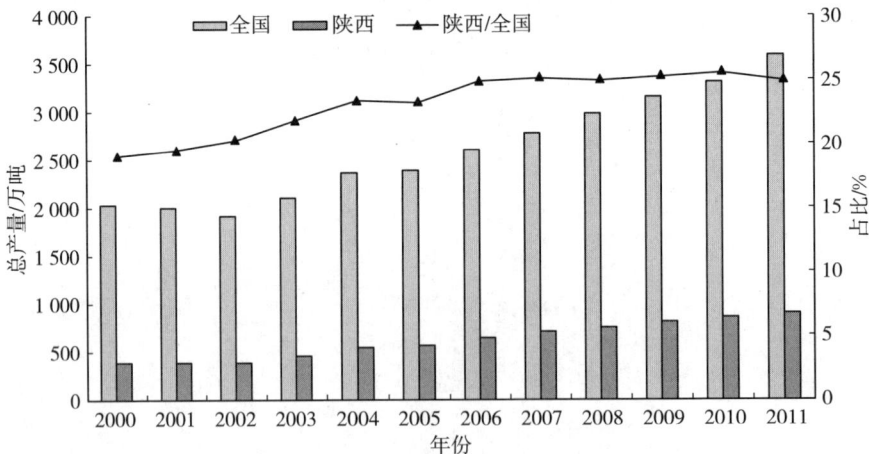

图 7 - 1 2000—2011 年全国和陕西苹果产量

资料来源：中华人民共和国国家统计局《中国统计年鉴》(2001—2012)。

年，陕西苹果产量为 902.9 万吨，占全国苹果总产量的 25.1%（数据来源：中华人民共和国国家统计局《中国统计年鉴 2012》）。测算陕西苹果生产技术效率和成本效率，分析影响该地区苹果生产技术效率的因素，对陕西的苹果生产具有重要意义。

在优良品种推广、栽植模式与技术创新、果园管理水平提高、果园挂果面积比重增加等因素的作用下，中国苹果单产水平逐年增加，这也是促进总产量持续增长的主要原因之一。2000 年以后，中国苹果单位面积产量基本平缓，每年以 6%～7% 的速度稳步增长。1991 年，陕西苹果单位面积产量为 2.73 吨/公顷，2009 年提高到 15.5 吨/公顷（Wang et al.，2013a）。目前，苹果生产先进国家的单位面积产量可达 19.5～30 吨/公顷（王丽佳等，2015）。因此，中国的苹果单产仍有进一步提高的空间。对陕西苹果生产成本效率的研究，有助于为提高苹果产量或降低苹果生产成本提出相关建议。

7.2　国内外生产效率研究动态评价

数据包络分析（DEA）是常用的生产效率测量方法，它是一种不考虑传统的假设检验，测度具有同质性的部门或单位效率的非参数估计方法（Cooper et al.，2006）。同时，DEA 也是一种以数据为导向的评价不同实体或单位（决策单元，DMUs）相对有效性的方法，其评价的依据是决策单元的"输入"数据和"输出"数据。此外，DEA 还可以被看作是根据一组关于输入与输出的观测值，来估计其有效生产前沿面的一种新的统计分析方法（Cooper et al.，2011）。Antreas 和 Stephen（1996）提出，DEA 可以被看作是分析全要素生产力的一般化方法。他们将效率定义为多项产出的加权平均值，与多项投入的加权平均值的比率。该模型可用于测度一段时间之后不同单元的技术进步。当然，DEA 也存在不足之处，如将数据应用到模型选择中比较困难（Parkin et al.，1997），对有效决策单元给出的信息较少（袁群，2009）。

国外学者对数据包络分析方法的应用较早，且大部分集中于对生态和环境效率的测度。Renzetti 和 Dupont（2009）将环境因素考虑在内，评估了加拿大安大略省的市区供水部门技术效率。Zha 和 Zhou（2009）以数据包络分析框架为基础，应用有方向性的距离函数，分析了中国产业部门的环境效率。也有许多学者同时运用 DEA 和随机前沿分析法（Stochastic Frontier Approach，SFA），评估不同行业的生产效率。Nguyrn 和 Guang（2009）利用 DEA 模型和随机前沿生产函数（SFPF）测度越南农业生产效率，通过比较指出 SFPF 测度的农业技术效率明显低于 DEA 测度的技术效率。

DEA 和 SFA 除应用于农业和环境研究外，相关研究人员还将其用于农产品生产效率的研究。Ajetomobi（2009）以棉花为例，将棉花产量作为产出项，棉花种植面积、劳动力、种子及单位面积棉花收获时所用的拖拉机数量作为投入项，应用 SFA 分析棉花生产者的技术效率，指出棉花生产力的增长是通过技术进步实现的，而不是通过增加投入量实现的。Gul（2005）应用 DEA，基于规模效率不变的假设条件，测度出土耳其安塔利亚省的苹果种植技术效率为 0.92，并指出环境因素对苹果生产效率也有影响，但在文章中并未作深入研究。Tao（2019）采用 DEA 分析了休闲农业的发展效率。Zewdie 等（2021）采用 SFA，以埃塞俄比亚为例，通过分析发现该区域农业生产技术效率非常低，仅为 44.3%。

近年来，DEA 和 SFA 被国内学者广泛应用到农业生产领域及非生产领域中对技术进步与效率改善方面的研究。诸多学者应用这两种方法对不同地区农业生产的技术效率、规模效率等综合发展能力及经济运行情况进行实证分析，并对其变动趋势作出评价。如胡剑波等（2021）基于 2002—2017 年中国投入产出表，用三阶段 DEA 模型与非竞争型 I—O 模型测算我国各产业部门的隐含碳排放效率。张凯等（2021）运用 2003—2017 年中国 31 个省份的面板数据，构建 SFA 效率测算模型，分析水资源使用效率的动态演进特征，发现中国水资源利用效率的动态演进存在多极化和趋同化现象。刘洪云等（2021）采用 SFA 分析我国中规模奶牛养殖的成本效率和影响成本效率的因素，发现从业人员的受教育水平、医疗防疫费用、固定资产折旧、料奶比及管理费对我国中规模奶牛成本效率有不同程度的显著影响。郜亮亮等（2015）也用同样的方法研究了中国奶牛不同养殖模式的效率，指出中小规模养殖模式的技术效率明显高于散养模式的技术效率。

关于苹果生产效率的研究较多。Wang 和 Huo（2013a）以陕西省苹果种植户为例，测度其技术效率和成本效率，结果表明，陕西省苹果种植户的苹果种植成本效率和规模效率都很低，并将苹果种植户生产效率较低的原因解释为果园经营效率低下与自然环境条件不利。胡炜童和霍学喜（2016）采用三阶段 DEA 模型分析我国苹果生产的技术效率，指出我国苹果种植的规模报酬状态不理想。张复宏等（2017）采用包含非期望产出的 SBM 超效率模型和 Malmquist-Luenberger 生产率指数，分别测度了中国苹果 7 个主产省份 2000—2014 年的经济效率和全要素生产率水平，指出近年中国苹果主产区苹果环境全要素生产率的发展呈现空间负相关性。聂赟彬和闫小欢（2018）运用 DEA-Malmquist 方法评价了陕西省苹果生产效率的空间分布和时序变动趋势特征，发现技术进步的差距是导致各县全要素生产率出现差异的主要原因，参加技术培训对提高生产效率有推动作用。于林霞等（2018）运用规模报酬可变的无导向 Super-SBM 模型研究苹果生产的技术效率，发现户主的务农年限和文化程度对苹果生产技术效率有显著负向影响。而徐苗苗等（2021）基于陕西省调研数据，发现苹果种植户的受教育水平对苹果生产效率有正向影响。从上述文献综述可以看出，虽然研究对象均为苹果种植户，但研究方法、研究区域不同，研究结果也存在明显的差异。

通过对已有文献的综述，目前国内学者对苹果生产效率的研究存在以下不足。第一，没有考虑环境因素的影响作用；第二，在对农户生产效率的评估中，只估测了苹果生产的技术效率，未测度苹果生产的成本效率（需要考虑价格信息）。对农户而言，他们更注重提高苹果种植的成本效率。如 Coelli 等（2005）指出，在缺乏价格数据的条件下，效率和生产率的测度必然会受技术效率、规模效率以及技术变迁的限制。因此，本章的研究中，重点考虑价格信息对农户生产成本效率的影响作用，同时还考虑农户作为劳动力所产生的机会成本对苹果种植生产效率的影响。

无论是基于统计年鉴的面板数据，还是基于实地调研数据，国内外学者通过运用 DEA 或 SFA 分析，均指出技术进步是决定生产力增长的重要因素。具体到农业生产效率的研究中，出于数据的可获得性，对不同农作物或农产品的投入产出变量的设置大多以土地、劳动力、物质费用（包括农药和化肥）以及机械总动力等的数量值来确定，由此建立以产出为导向的生产函数，并进行 DEA 测度。本章的研究认为，农业生产活动与其他生产活动最大的不同，在于它受外部自然环境，如干旱和洪涝灾害、温度和降水量等的制约，这些因素对农作物产量会产生不同程度的影响作用。因此，以产出为导向的生产函数不适用于农业生产效率研究。

基于文献综述，结合现有研究存在的缺陷，本章的研究以 2008—2010 年陕西 6 个苹果重点生产县的 365 家农户的实地调研数据为依据，建立以投入为导向的成本最小化 DEA-Tobit 两阶段模型，测定苹果生产的技术效率和成本效率。此外，为了消除第一阶段变量与第二阶段变量可能产生相关性，导致最终测度结果不是无偏估计量的弊端，在第一阶段的生产效率分析中，仅考虑传统的苹果生产投入—产出要素，即土地、劳动力、农药化肥和果袋的投入；在第二阶段的成本效率影响因素分析中，考虑了农户基本特征信息、温度和降水量环境因素以及交易成本因素，对影响苹果生产成本效率的因素进行深入分析。

7.3　DEA-Tobit 两阶段模型设计

7.3.1　DEA 模型及其原理

DEA 是由 Charnes 等（1978）提出的，该方法可将多项投入和多项产出转化为效率比率的分子和分母，而不需要将其转换成相同的货币单位。即DEA 是一种不考虑传统的假设检验，测度具有同质性的部门或单位效率的非参数估计方法。其实质是形成生产函数的生产前沿（Parkin et al.，1997）。Färe 等（1985）提出两种生产前沿：规模收益不变（constant returns to scale，CRS）和规模收益可变（variable return to scale，VRS）。这两种生产前沿中，CRS 更接近实际观测值，VRS 则经常高于 CRS 或与 CRS 效率相一致。即 CRS 集中于对规模和技术两方面效率的测度，而 VRS 则集中于对技术效率的测度。Coelli 在 1996 年指出，CRS 假设尤其适用于对决策单元拥有最优规模的研究。事实上，由于受不完全竞争、政府管制以及金融限制等因素的制约，所有决策单元都不可能实现最优规模。因此，相比 CRS 假设，VRS 假设更适合测度技术效率（Banker et al.，1984）。此外，在 CRS 假设下，导向的选择对其效率分析并无影响，而在 VRS 假设下，选择以投入或产出为导向会影响其测度结果（Coelli et al.，1998）。

综上所述，在运用成本函数估算时，考虑到苹果市场的竞争结构、产品的同质性以及市场参与者数量等因素，研究设定农户在苹果生产过程中实现各种生产要素投入成本最小化这一行为假设是合理的。同时，确认 CRS 假设不适用于苹果生产活动。因此，在不能完全控制产量的条件下，农户希望其投入的要素成本最小，由此建立以投入为导向的 VRS 的 DEA 模型更适用于本书研究。其模型可以表示为（Coelli et al.，2005）：

$$
\begin{aligned}
&\min_{\lambda}, X_i^* \ \boldsymbol{W}_i{}' X_i^* \\
&\text{s. t} - q_i + \boldsymbol{Q}\lambda \geqslant 0 \\
&\qquad X_i^* - \boldsymbol{X}\lambda \geqslant 0 \\
&\qquad I_1{}'\lambda = 1 \\
&\qquad \lambda \geqslant 0
\end{aligned}
\qquad (7-1)
$$

式中，每个 I 苹果种植户有 N 个投入，$\boldsymbol{W}_i$ 是 $N \times 1$ 阶生产要素投入价格矩阵；X_i^* 是通过线性回归得出的成本最小化向量；$\boldsymbol{X}$ 表示所有苹果种植户的生产要素投入量矩阵；$\boldsymbol{Q}$ 表示所有苹果种植户的产出水平矩阵；q_i 表示第 i 个苹果种植户的产出水平；λ 是常数项的 $I \times 1$ 阶向量；I_1 是 1 的 $I \times 1$ 阶向量。

从 DEA 理论角度来看，成本效率指产出一定的农业生产单位以最小成本生产的效率。本章中的农业生产单位即为苹果种植户。其中，第 i 家农户的成本效率（CE）是最小成本与观测成本之比，根据对各个农户观察的数据判断农户的苹果种植是否为 DEA 有效，从本质上判断苹果种植户是否位于可能集的生产前沿面上。计算公式为：

$$
CE_i = \frac{\boldsymbol{W}_i{}' X_i^*}{\boldsymbol{W}_i{}' X_i}
\qquad (7-2)
$$

基于 DEA 模型，以投入为导向决策单元的技术效率（TE）和成本效率如图 7 - 2 所示。

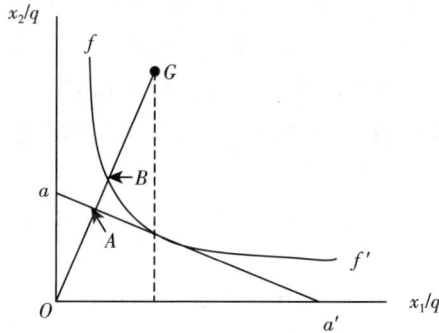

图 7 - 2　技术效率与成本效率

在图 7 - 2 中，假设只有 1 个产出 q，两个投入 x_1 和 x_2，直线 a - a' 表示等成本线，f - f' 表示全效率农户的单位等量曲线。

$$AE_i = \frac{OA}{OB} \qquad (7 - 3)$$

$$TE_i = \frac{OB}{OG} \qquad (7 - 4)$$

式中，AE 表示分配效率。基于对技术效率的测度，成本效率测度公式可写为：

$$CE_i = TE_i \times AE_i \qquad (7 - 5)$$

AE、TE 和 CE 的值介于 [0，1]，其值为 1 时，表示该农户已经达到全效率水平。效率越大，表示农户能够用相对较少的投入取得的产出越高。

基于 CRS 假设，技术效率值可以通过规模效率和纯技术效率两部分获取。规模效率指决策单元能够实现最优规模的潜在生产力。其计算公式可写为（Mousavi-Avval et al.，2011）：

$$SE_i = \frac{TE_i}{PTE_i} \qquad (7 - 6)$$

式中，PTE 表示纯技术效率（Banker et al.，1984）。

7.3.2　Tobit 模型及其原理

DEA-Tobit 两阶段分析法指应用 DEA 分析测算效率，应用 Tobit 回归以确定效率的影响因素。在第二阶段的分析中，Simar 和 Wilson（2007）认为截尾回归法能提供相一致的估值结果。尽管 Banker 和 Natarajan（2008）认为普通最小二乘法（OLS）也可以提供一致性估计，但是由 James Tobin 于 1958 年提出的统计模型能够更好地描述非负因变量 y_i 和自变量 x_i 之间的关系，因此本章选用 Tobit 模型进行第二阶段的影响因素分析。该模型假设存在一个潜变量 y_i^* 通过参数矩阵 $\boldsymbol{\alpha}$ 与自变量 x_i 线性相关。

$$y_i = \begin{cases} y_i^*, & y_i^* > 0 \\ 0, & y_i^* \leqslant 0 \end{cases} \qquad (7-7)$$

$$y_i^* = \boldsymbol{\alpha} x_i + \mu_i, \quad \mu_i \sim N(0, \sigma^2) \qquad (7-8)$$

式中，y_i^* 是潜变量；$\boldsymbol{\alpha}$ 表示决定 x_i 和 y_i^* 关系的系数；μ_i 是具有正态分布特征的随机误差项。

综上所述，建立 semi-log 模型，分析外部环境因素对苹果种植户的技术和成本效率影响。

$$CE_i = \boldsymbol{\alpha}_0 + \boldsymbol{\alpha}_1 \ln(TEMP_i) + \boldsymbol{\alpha}_2 \ln(PREC_i) + \boldsymbol{\alpha}_3 \ln(AGE_i) + \boldsymbol{\alpha}_4 \ln(EDU_i) +$$
$$\boldsymbol{\alpha}_5 \ln(EXP_i) + \boldsymbol{\alpha}_6 \ln(APS_i) + \boldsymbol{\alpha}_7(AIC_i) + \boldsymbol{\alpha}_8(IC_i) +$$
$$\boldsymbol{\alpha}_9(NC_i) + \boldsymbol{\alpha}_{10}(EC_i) + \boldsymbol{\alpha}_{11}(TRC_i) + \varepsilon_i \qquad (7-9)$$

式中，$\boldsymbol{\alpha}_i$（$i = 0, 1, \cdots, 11$）是参数估计的相关系数，ε_i 是随机误差项。具体自变量的设计和描述见表 7-1。

表 7-1　变量描述

变量类型	单位	预期影响
温度（TEMP）	℃	+/-
降水量（PREC）	毫米	+/-
年龄（AGE）	年	+/-
受教育水平（EDU）	年	+
苹果种植经验（EXP）	年	+
苹果种植面积（APS）	亩	+/-
苹果收入（AIC）	元/年	+
信息成本（IC）	小时	+/-
谈判成本（NC）	元	+/-
执行成本（EC）	元	+/-
运输成本（TRC）	元	+/-

7.4　DEA 模型中投入产出项设置及分析

7.4.1　农户基本特征描述分析

2010 年陕西不同地区苹果种植户的基本特征及苹果种植情况见表 7-2。可以看出，不同样本地区户主平均年龄在 52~57 岁，属中年人群（世界卫生组织根据现代人的生理结构变化制定年龄划分标准）。调查农户中，年龄最大的为 80 岁；年龄最小的为 26 岁，苹果种植者呈现年龄跨度较大，以中老年人为主的特征。从户主受教育水平来看，富平县苹果种植户受教育水平最高，平均初中毕业，其他地区苹果种植户受教育水平介于小学毕业和初中未毕业之间。苹果种植经验是根据农户从事苹果种植活动的年份确定（直接从问卷中获得）的，为 16～21 年，其中，千阳县农户从事苹果种植活动的时间相对最长，平均为 21.3 年，长武县农户的苹果种植经验相对较短，为 16.1 年。从苹果种植面积来看，富平县最高，户均苹果种植面积为 4.5 亩，扶风县的户均种植面积仅为 2.8 亩。从苹果亩均收入来看，凤翔县非常高，平均亩产值过万元（10 187.9 元），亩产值最低的是乾县，仅为 3 724.4 元，只有凤翔县亩产值的 1/3。其他几个地区的苹果亩产值在 6 000.0 元左右。考虑到环境因素，尤其是温度和降水量对苹果种植有较大影响，因此，在表中将各地区的温度和降水量列出，在第二阶段的影响因素分析中，温度和降水量将作为自变量引入 Tobit 模型。同时也可以看出，各县的温度和降水量还是有一定差异的。

表 7 - 2　2010 年陕西苹果种植基本情况

地区	样本数/户		年龄/年	受教育水平/年	苹果种植经验/年	苹果种植面积/亩	苹果收入/（元/亩）	温度/℃	降水量/毫米
富平	71	最大值	70.0	12.0	31.0	10.0	16 000.0		
		平均值	52.0	9.0	17.9	4.5	5 820.1	14.4	626.0
		最小值	32.0	6.0	5.0	1.0	1 333.3		
千阳	61	最大值	80.0	15.0	21.0	6.3	66 666.7		
		平均值	54.6	8.3	21.3	3.1	5 785.5	10.9	653.0
		最小值	28.0	0.0	4.0	0.5	1.2		
凤翔	80	最大值	77.0	12.0	26.0	9.0	97 083.3		
		平均值	53.9	8.2	18.3	3.0	10 187.9	11.5	610.0
		最小值	33.0	0.0	8.0	0.7	333.3		
扶风	42	最大值	68.0	9.0	21.0	6.0	12 000.0		
		平均值	54.6	7.6	17.6	2.8	6 338.0	12.4	592.0
		最小值	38.0	0.0	8.0	1.0	666.7		
乾县	52	最大值	72.0	12.0	29.0	11.0	16 750.0		
		平均值	56.7	6.8	18.6	2.9	3 724.4	13.1	582.0
		最小值	34.0	0.0	5.0	1.5	266.7		
长武	59	最大值	72.0	9.0	27.0	10.0	16 000.0		
		平均值	53.2	7.2	16.1	3.2	5 176.0	9.1	584.0
		最小值	26.0	0.0	6.0	0.5	275.0		

注：陕西不同地区温度和降水量数据由当地县政府提供。

7.4.2 农户投入产出数量分析

产出项为苹果年产量。苹果销售价格是不同等级苹果价格的加权平均值①。

投入项由5方面组成：土地、劳动力（细分为农户家庭内部劳动力和家庭外雇用劳动力）、化肥、农药和果袋。土地投入的数量以苹果种植面积测度；土地投入的价格由地租决定。雇用劳动力的数量由劳动力的年工作天数（包括剪枝、施肥、套袋、摘袋等），即雇用劳动力的数量与劳动力的工作天数之积决定；雇用劳动力的价格由雇主每天为其支付的工资决定（直接从问卷中获得）。农户家庭内全职劳动力的数量值以其年务农天数表示；价格由机会成本表示②。化肥投入的数量③以年施肥次数表示；其价格由每次施肥的花费决定。农药投入的数量以年喷洒农药的次数表示；其价格由每次喷洒农药的费用决定④。果袋的投入数量和价格直接从问卷中获得。

2008—2010年各地区农户苹果生产投入和产出数量数据统计见表7-3。从苹果亩均产量来看，2008—2010年，各地区产量呈明显的递增趋势。具体来看，渭南市农户的苹果亩均产量最高，比陕西农户的平均水平高出约2 000.0千克/亩。结合访谈内容可知，导致亩产量差异较大的部分原因，在于农户在苹果种植活动中的勤劳程度和农户的苹果生产要素投入量。此外，在调查年份中，各地区苹果种植面积不变。其中，渭南市户均苹果种植面积最高，为4.5亩，高于陕西平均种植水平（3.3亩）；其次为咸阳市（3.1亩）；而宝鸡市户均苹果种植面积为3.0亩。该数据表明，苹果种植面积越大，产量越高。从农户家庭内全职劳动力的工作时间来看，宝鸡市和咸阳市的农户每年约

---

① 考虑到不同等级苹果在产量与售价方面的区别，问卷设计的苹果产量原始数据中包括不同级别苹果产量及其对应价格的信息。问卷设计中将苹果分为一级果、二级果、三级果和残次果，并涉及不同级别苹果的衡量标准、销售量和销售价格信息。鉴于不同地区的苹果等级区分标准不同，以及一年中不同时期苹果的售价存在差异，为了实现统计要求，本书对不同等级苹果的产量和售价进行统计处理，即不考虑苹果等级差异及不同时期的售价差异，用一年中苹果的总产量表示产出项，用不同级别苹果价格的加权平均值表示产出项的价格。

② 家庭内成员机会成本的计算公式为 $\pi = TR - TC$，$OPPOC = \pi/WORKD$。式中，π 表示利润；TR 表示总收入；TC 表示总成本；$OPPOC$ 表示苹果种植户中家庭内务农人员的机会成本；$WORKD$ 表示家庭内人员从事苹果种植活动的天数，以家庭成员从事农业生产活动的总天数与其投入在苹果种植活动中的百分比（从问卷中获得）之积表示。

③ 由于一年中化肥施用分散在不同时间段，且需要在苹果生长的不同阶段施入不同种类的化肥，包括氮肥、钾肥、复合肥及农家肥等，为了统计便利性，用一年中化肥施用次数之和表示化肥施用量，用一年中化肥施用投入总额与化肥施用次数之比表示化肥投入单价（单位：元/次）。

④ 农药喷洒工作与化肥一样，也是分散在不同时期进行，且有不同种类的农药，包括杀虫剂、杀菌剂、除螨剂等。因此其计算方式与化肥投入项目的计算方式一致。

有 7～8 个月从事苹果种植活动，渭南市苹果种植户约有 6～7 个月从事苹果种植活动，平均比其他两地少 1 个月。从农户家庭外雇用劳动力方面来看，渭南市农户家庭外雇用劳动力数量最多，平均为 32.6 个工作日，比陕西平均雇工数量高出约 10.0 个工作日；其他两地农户家庭外雇用劳动力的工作日在 14～25 日。年均农药喷洒次数最多的地区是宝鸡市，为 9.4 次；其次为咸阳，7.8 次；渭南市农户的农药喷洒次数相对较低，为 7.4 次。果袋的使用量与苹果产量成正比，因此，渭南农户的果袋使用量相比其他两个地区为最高。整体来看，3 个地区苹果种植户对果袋的使用量，在 2008—2010 年不断增加，且增加幅度较大。该结果反映出，农户已经意识到果袋有利于防止病虫害、改善果实的外观品质、提高果品的档次。

表 7 - 3　2008—2010 年陕西各地区苹果生产投入产出数量统计

样本地区	样本数/户	年份	产量/(千克/亩)	种植面积/亩	农户工作日/个	雇工数/(人/日)	化肥/次	农药/次	果袋/个
渭南	71	2008	7 231.5	4.5	194.6	30.8	8.7	7.4	29 915.7
		2009	7 409.4	4.5	194.0	33.3	8.9	7.4	38 619.7
		2010	7 788.4	4.5	193.9	33.7	8.8	7.4	46 281.7
		均值	7 476.4	4.5	194.2	32.6	8.8	7.4	38 272.4
宝鸡	183	2008	4 877.1	3.0	231.8	24.2	7.6	9.5	23 911.0
		2009	5 075.7	3.0	228.9	19.2	7.5	9.2	22 335.5
		2010	5 675.9	3.0	230.1	22.5	7.4	9.4	37 190.2
		均值	5 209.6	3.0	230.3	22.0	7.5	9.4	27 812.2
咸阳	111	2008	4 127.3	3.1	228.4	14.2	7.4	8.0	18 892.0
		2009	4 196.3	3.1	244.5	18.4	7.1	7.7	24 581.1
		2010	5 095.9	3.1	247.3	25.0	7.1	7.7	32 637.8
		均值	4 473.2	3.1	240.1	19.2	7.2	7.8	25 370.3
陕西	365	2008	5 107.1	3.3	223.5	22.4	7.7	8.7	23 552.7
		2009	5 262.2	3.3	226.9	21.7	7.6	8.4	26 186.0
		2010	5 910.4	3.3	228.3	25.4	7.6	8.5	37 574.3
		均值	5 426.6	3.3	226.2	23.2	7.6	8.5	29 104.3

7.4.3　农户投入产出价格分析

2008—2010 年各地区农户苹果生产投入和产出价格数据统计见表 7 - 4。整体来看，在调查年份，各地区苹果售价均有不同程度的提高，尤其是渭南市。2008 年，渭南市农户苹果售价平均为 2.9 元/千克，2010 年达 5.9 元/千

克,是 2008 年售价的 2 倍。2008—2010 年,宝鸡市苹果售价的增长率为
52%,到 2010 年,平均售价为 3.8 元/千克。咸阳市苹果售价相对最低,在
2009 年有小幅下降,仅为 2.0 元/千克,2010 年提高至 2.6 元/千克,但仍比
陕西平均水平每千克低 1.3 元。所调研地区的平均地租价格在 85~100 元/亩,
其中,咸阳市地租最高,为 100.5 元/亩,比陕西平均地租价高 10.0 元左右,
其次为渭南市,最后是宝鸡市。

表 7 - 4　2008—2010 年陕西各地区苹果生产投入产出价格统计

样本地区	样本数/户	年份	售价/(元/千克)	土地/(元/亩)	机会成本/(元/日)	雇工费用/(元/日)	化肥/(元/次)	农药/(元/次)	果袋/(元/个)
渭南	71	2008	2.9	97.2	98.7	30.4	425.6	137.0	0.032
		2009	3.2	97.2	98.7	30.5	420.5	144.8	0.031
		2010	5.9	84.1	98.7	37.9	560.0	151.1	0.030
		均值	4.0	92.8	98.7	32.9	468.7	144.3	0.031
宝鸡	183	2008	2.5	81.4	83.8	25.5	282.3	94.0	0.038
		2009	2.7	81.4	83.8	29.7	309.6	95.8	0.038
		2010	3.8	93.1	83.8	34.5	379.3	108.2	0.030
		均值	3.0	85.3	83.8	29.9	323.7	99.3	0.035
咸阳	111	2008	2.1	98.5	77.2	24.2	269.0	102.8	0.024
		2009	2.0	98.5	79.2	29.9	356.1	109.7	0.028
		2010	2.6	104.5	79.9	34.7	427.8	111.9	0.031
		均值	2.2	100.5	78.8	29.6	351.0	108.1	0.028
陕西	365	2008	2.5	89.7	84.7	26.1	306.1	105.0	0.033
		2009	2.6	89.7	85.3	29.9	345.3	109.6	0.033
		2010	3.9	94.8	85.5	35.2	429.2	117.7	0.030
		均值	3.0	91.4	85.2	30.4	360.2	110.8	0.032

　　本章着重测算农户家庭内全职劳动力进行苹果种植活动的机会成本。对此
处"机会成本"的定义为:农户家庭内全职劳动力如果不进行苹果种植活动,
选择外出打工或从事苹果种植活动以外的工作所获得的收入。计算结果表明,
家庭内全职劳动力机会成本最高的是渭南市的农户,平均为 98.7 元/日;家庭
内全职劳动力机会成本最低的是咸阳市的农户,为 78.8 元/日。渭南市农户从
苹果种植活动中获取的利润等于或者超过其从事苹果种植活动以外工作所获得
的收入。

　　表 7 - 4 表明,不同地区农户家庭外雇用劳动力的价格的差异也比较明显。
整体上,2008—2010 年,雇用劳动力的工资呈明显上升趋势。2008 年,渭南

市苹果种植户支付给雇工的工资为 30.4 元/日，2010 年提高到 37.9 元/日；2010 年，宝鸡市雇工的工资为 34.5 元/日，咸阳市为 34.7 元/日，略低于陕西平均水平（35.2 元/日）。数据表明，宝鸡市和咸阳市的劳动力价格低于渭南市劳动力价格。

7.5　模型估计结果分析

7.5.1　DEA 测度结果分析

本章主要应用成本最小化模型，通过对 6 个生产资料投入量和 1 个产出量进行 DEA 测度，估计陕西苹果种植的技术、成本和规模效率。结合表 7-5 可以看出，基于 VRS 假设下的 DEA 模型测度结果，表明陕西苹果种植户的生产效率有较大的提升空间。

表 7-5　陕西苹果生产效率测度结果

分组	类别	样本数/户	成本效率	技术效率	规模效率
组 1	渭南	71	0.595	0.880	0.643
	宝鸡	183	0.632	0.838	0.321
	咸阳	111	0.515	0.929	0.305
组 2	社员	115	0.520	0.884	0.538
	非社员	250	0.491	0.730	0.302
陕西		365	0.480	0.743	0.304

陕西苹果种植户的苹果种植成本效率、技术效率、规模效率分别为 0.480、0.743、0.304。较低的成本效率表明，在生产资料投入量和产出条件不变的条件下，陕西苹果种植户可以将苹果种植成本降低 52.0%。此外，陕西苹果种植的平均技术效率仅为 0.743，表明在不减少产出量的情况下，陕西苹果种植户可以将其生产要素投入量降低 25.7%；社员和非社员的苹果生产规模效率可分别提升 46.2% 和 69.8%；能够实现全规模效率的苹果种植面积为 5.5 亩左右。

为了更详细地分析农户的苹果生产效率，将样本分成两组进行 DEA 效率测度。组 1 以行政区划为标准，分为渭南市、宝鸡市和咸阳市；组 2 以交易模式选择为标准，即选择合作交易模式（加入合作社）和非合作交易模式（不加入合作社），分为农民合作社成员（简称为"社员"）和非农民合作社成员（简称为"非社员")。从组 1 中可以看出，咸阳样本农户的苹果种植技术效率最高，为 0.929；其次为渭南样本农户，为 0.880。从苹果生产成本效率来看，宝鸡样本农户相对最高，为 0.632，咸阳最低，为 0.515。从苹果生产规模效率来看，渭南农户的苹果种植规模效率最高，为 0.643，是陕西农户苹果种植规模效率的 2 倍。由此可以看出，3 个地区在苹果生产效率方面各有优劣。咸阳农户的苹果种植技术效率较高，但其成本效率和规模效率均有待提高。从组 2 的测度结果可以看出，社员的苹果生产成本效率、技术效率和规模效率均比非社员高。

调研数据也可验证上述结果。从举办技术培训活动的次数来看，宝鸡市年均举办 2 次，渭南市为 6～7 次，咸阳市平均为 12 次。咸阳市合作社数量过少，提供技术培训的任务由当地果业局、果技站完成，果业局平均每月安排培训 1 次，因此咸阳市样本地区年举办技术培训次数可达 12 次；宝鸡市样本地区提供技术培训的组织主要包括合作社、园艺站、相关协会组织（三秦果业网）等，这些组织安排技术培训的规模和时间具有随意性，因而培训次数相对较少。

上文已经讨论了农户进行苹果种植活动的技术效率和成本效率。但如 Coelli 等（2005）指出的，很可能存在决策单元在分配效率和技术效率方面都有效，规模效率却未达到最优的情况。基于 VRS 假设条件所调查的农户的苹果种植规模较小，这最终可能导致 DEA 测度结果呈现出规模收益递增（IRS）的生产函数部分。同理，较大规模农户的 DEA 测度结果则可能呈现出规模收益递减（DRS）趋势。在这两种情况下，苹果种植户的生产效率可以通过改变种植规模来提高，即在保持生产资料投入不变的情况下，扩大种植规模。根据 DEA 测度结果可知，在所调研的 365 个农户中，仅有 8 户苹果种植户实现全规模效率，即其 DEA 测度结果中的规模效率为 1。剩余的 97.8% 农户处于苹果种植规模效率递增状态，没有农户的苹果种植规模效率处于递减状态。因此，陕西农户的苹果种植规模可扩升空间达 66.9%。该结论与王静等（2010）的研究结果一致，他们认为扩大苹果种植规模有助于提高农户的苹果种植技术水平。

7.5.2　Tobit 回归结果分析

结合第一阶段 DEA 测度结果，应用 Eviews 3.1，进行第二阶段影响成本效率的因素，尤其是交易成本因素的 Tobit 分析。由于研究的重点是苹果种植户在不同交易模式选择下的交易成本比较，因此分别对影响社员和非社员苹果种植成本效率的因素进行回归分析，结果如表 7-6 所示。

表 7 - 6　影响因素参数估计

变量	相关系数	标准差	Z 值
温度（TEMP）	0.483 5	0.127 5	3.792 0***
	(0.163 6)	(0.048 1)	(3.400 5***)
降水量（PREC）	0.236 1	0.486 0	0.485 9
	(0.182 6)	(0.196 1)	(0.931 4)
年龄（AGE）	−0.062 6	0.078 6	−0.797 3
	(−0.043 2)	(0.042 9)	(−1.007 0)
受教育水平（EDU）	0.008 6	0.028 2	0.304 2
	(0.003 0)	(0.013 6)	(0.220 6)
苹果种植经验（EXP）	−0.008 1	0.026 2	−0.308 4
	(0.052 7)	(0.023 2)	(2.267 1**)
苹果种植面积（SIZE）	−0.053 4	0.024 7	−2.158 8**
	(−0.000 5)	(0.015 9)	(−0.032 9)
苹果收入（ICOM）	0.028 1	0.011 6	2.414 6**
	(−0.006 2)	(0.010 2)	(−0.614 0)
信息成本（IC）	0.010 3	0.010 6	0.972 2
	(0.015 2)	(0.005 4)	(2.788 2***)
谈判成本（NC）	−0.019 5	0.010 4	−1.877 2*
	(0.002 8)	(0.005 7)	(0.494 3)
执行成本（EC）	−0.004 4	0.018 7	−0.233 8
	(−0.003 3)	(0.003 6)	(−0.932 9)
运输成本（TRC）	−0.007 1	0.005 8	−1.218 1
	(−0.005 1)	(−0.002 5)	(−2.059 0**)
常数项（C）	−2.114 2	3.291 1	−0.642 4
	(−0.974 7)	(1.260 2)	(−0.773 5)

注：*** 表示在 1% 的水平上显著，** 表示在 5% 的水平上显著，* 表示在 10% 的水平上显著；括号内数字为非社员的参数估计值。

温度对社员和非社员的苹果种植成本效率在 1% 的显著水平上产生正向作用（3.792 0 和 3.400 5）。该结果表明，苹果种植成本效率对温度的变化有非常显著的敏感性。部分原因在于苹果是一种喜低温、干旱的植物。研究表明，年均温度在 7.5～14.0℃ 的地区尤其适于苹果生长。因此，适宜的温度有助于提高苹果种植成本效率。

对社员来说，苹果种植面积和苹果收入对苹果种植成本效率的影响均在

5%的水平上显著，分别产生负向作用和正向作用。即苹果种植面积越大，农户的投入成本越高，在产量不变的情况下，成本效率越低。结合 DEA 成本效率测度数据（表7-5）可知，样本地区社员苹果种植成本效率仅为 0.520，表明社员对生产要素投入成本的利用率还有待提高。与本书的预期方向一致，苹果收入与苹果种植户（社员）的成本效率呈非常显著的正向关系（2.414 6）。该结果表明，在生产要素投入不变的情况下，苹果收入越高，苹果种植成本效率越高。

表7-6数据表明，不同类型交易成本对社员和非社员的成本效率影响存在差异。对社员来说，影响其成本效率的主要是交易成本中的谈判成本（—1.877 2）。即社员在苹果销售过程中的谈判成本越高，苹果生产成本效率越低。结合前6章的研究结果可知，农户在苹果销售过程中的谈判成本主要是由苹果分级耗费时间产生的费用，因此，对社员来说，缩短苹果销售前的分级时间，有助于降低谈判成本，提高苹果生产成本效率。

对非社员来说，农户的苹果种植经验与其苹果生产成本效率呈比较显著的正相关性（2.267 1）。该结果与预期一致，即农户的苹果种植经验越丰富，其对苹果种植活动就越了解，尤其是对化肥、农药的投入时间，投入方式以及投入量都有较好的把握。同时，也可以结合苹果近些年的市场价格的变动情况，对苹果当年的市场价格作出预测。另外，农户从事苹果生产的时间越长，越可能拥有一定的苹果销售渠道或熟悉的苹果购买者，进而降低一定的交易成本。由此可知，丰富的苹果种植经验有助于提高农户的苹果生产成本效率。

影响非社员成本效率的交易成本主要包括信息成本和运输成本。其中，信息成本与非社员的苹果生产成本效率有比较显著的正相关系（2.788 2）。计量分析结果表明，非社员获取与苹果生产有关的市场信息的成本越高，其苹果生产的成本效率越高。可能的原因是，非社员在购买化肥、农药、除草剂等生产资料之前，花费时间了解其功效和市场价格，对比之后购买相对便宜且质量较好的生产资料，充分利用各项投入，有助于提高苹果种植的成本效率。同时，非社员在出售苹果之前，花费时间了解不同地区、不同时间的苹果市场价格，最终选择以最优的价格和最适当的时间销售苹果，在投入不变的情况下增加苹果收入，进而提高了苹果种植的成本效率。

运输成本也对非社员的苹果生产成本效率有比较显著的正向作用（—2.059 0）。非社员的苹果运输成本越高，其苹果生产的成本效率就越低。运输成本既可以被看作是生产成本，也可被看作是交易成本的一部分，在苹果产量不变的情况下，运输成本越高，投入成本就越高，成本效率越低。同时，结合前面章节的分析可知，陕西省非社员的平均运输成本为 152.0 元（表6-4）。但各地区非社员的年均运输成本存在很大差异，2010 年，渭南市和咸阳市非社员的年均苹果运输成本分别为 634.6 元和 282.0 元，而宝鸡市非社员的年均运输成本仅为 16.0 元（结合表 6-5 计算运输成本均值所得）。运输成本方面存在很大差异的主要原因在于，宝鸡市非社员一般在果园直接出售苹果，节省了很大部分将苹果从果园运输到交易地点的费用。

7.6　本章小结

本章应用 DEA-Tobit 两阶段分析法，以陕西 6 个苹果重点生产县 365 农户的调研数据为基础，测度了陕西不同地区苹果种植户的技术效率和成本效率，并从交易成本角度分析了影响农户苹果种植成本效率的因素。研究表明，第一，在苹果产量不变的条件下，陕西苹果种植户的技术效率、成本效率和规模效率均有较大提升空间，且合作交易模式下苹果种植户的生产效率高于非合作交易模式下苹果种植户的生产效率。第二，温度作为不可控的自然环境因素，对苹果种植的成本效率有很强的影响作用。该项研究结果与 Mousavi-Av-val 等（2011）的研究结果一致，他们也认为环境条件对农户的生产效率产生一定的影响作用。第三，交易成本对社员和合非社员的苹果生产成本效率有不同程度的影响作用。对社员来说，合作社应当为其提供苹果分级服务，以提高成本效率；对非社员来说，信息成本和运输成本是影响其成本效率的主要交易成本因素，选择合作交易模式有利于降低该部分费用。原因在于合作社有助于农户购买到便宜且功效好的化肥和农药等生产资料，帮助农户节省生产成本；合作社可将农户农产品集中起来，实现销售的规模效应，降低交易费用，帮助农户提高收入。第四，社员的技术效率、成本效率、规模效率均高于非社员。

第 8 章

合作交易模式持续发展分析

在合作交易模式下，合作社的正常运营与持续发展是合作社为其成员提供服务，实现盈余分配的基本保障。但已有学者指出，相比其他涉农企业，合作社的治理结构、运营方式具有特殊性，导致对合作社投资的风险更大，投资方式的可选择性更小。合作社通过商业贷款形式获取资金以维持其运营与进一步发展非常困难（Wilson et al.，1996）。因此，基于合作社成员为合作社的持续发展投资的意愿角度，分析合作社的运营与可持续发展，对合作社的持续发展与运营具有重要意义。

本章通过对合作交易模式下，农户对其所在合作社运营的参与情况、合作社运营绩效、合作社服务功能满意度评估等进行统计描述，分析影响社员投资意愿的因素，进而为合作交易模式，即合作社的持续发展提供对策建议。

8.1 问题提出

合作社是一种使用者拥有、使用者控制的组织形式，目的是将弱势群体组织起来，改善社员的生产经营环境，并根据社员的"使用"情况，提供包括农业生产资料的购买，农产品的销售、加工、运输、储藏以及与农业生产经营销售相关的技术、信息等服务，以提高社员收入。即合作社的功能之一是促进小规模农户的发展（Ortmann et al.，2007），将交易成本内部化，帮助农户实现增收，并改善其生活条件（Wang et al.，2014b）。根据所有权关系，可将合作社分为使用者所有、使用者控制和使用者收益 3 类（Dunn，1986）。

绩效问题是事关合作社发展的深层问题（徐旭初，2009）。近 20 年来，随着合作社在农村经济发展中的作用凸显，诸多学者开始专注于对合作社绩效、利益分配、合作社投资激励方面的研究（Chibanda et al.，2009；Lerman et al.，2010；Golovina et al.，2020；Ishak et al.，2020；Pokharel et al.，2020；屠文娟等，2019；肖静等，2021）。国外学者对合作社绩效的研究主要集中于分析影响合作社盈利能力、发展绩效的社会和经济因素，并指出合作社组织结构、政府支持力度、社员与经理的关系等对合作社的发展有显著影响（Soboh et al.，2009）。也有部分学者指出合作社发展过程中存在的一些问题，如缺乏资金支持、内部交易费用较高以及缺乏可持续发展能力等（Machethe，1990）。徐旭初和吴彬（2010）以浙江省农民合作社为例，分析治理机制对合作社绩效的影响作用，指出合作社股权结构、理事会结构和牵头人情况对合作社绩效有显著影响。刘滨等（2009）通过评估合作社绩效，发现合作社为社员和自身创造收益的能力不足，发展潜力不强。李道和与陈江华（2014）认为内部治理机制、合作社负责人的才能对合作社的绩效有积极影响。刘同山和孔祥智（2015）指出内部监督制衡直接影响合作社的绩效。还有部分学者通过研究发现产权安排对合作社的绩效有正向影响（吴萍等，2018；Alho，2019；李中斌等，2021）。韩旭东等（2020）通过研究发现二次返利对合作社的经营绩效有显著的正向影响。此外，合作社的资本获取能力也被看作是与"搭便车"相关的机会主义行为问题。尽管社员的投资对合作社的发展有重要作用，但社员的机会主义行为及其在合作社中地位差异的存在，降低了社员对合作社投资的意愿（Knoeber et al.，1983）。部分研究也指出，合作社盈余最终必须按照社员出资额或交易量等分配给社员，只有这样，合作社才能实现良好运营（Harris et al.，1996）。Wang 和 Huo（2013b）分析了影响社员投资意愿的因素，结果表明，社员自身在合作社的重要程度、对从事农业生产和销售活动过程中遇到的各种困难的主观评价、对其所在合作社的经济绩效和提供服务的能力，以及中央或地方政府对其所在合作社的支持力度等方面，对社员的投资意愿有显著影响作用。

　　相关领域学者对合作社投资意愿的研究，主要集中在社会和经济方面因素对社员投资行为的影响作用。现有的研究成果表明，生产者的农业收入是影响其对合作社的投资意愿的重要因素。即相对于对农业收入依赖程度较低的家庭来说，对农业收入依赖程度越高的生产者家庭，对合作社的投资意愿越强烈（Jensen et al.，2004）。社员的受教育水平及其对合作社事务的参与程度，对社员的投资意愿有显著的正向影响（Theodossiou，2014）。此外，生产者居住地与合作社之间的距离也是影响其为合作社投资的重要决定因素（Karbasi et al.，2012）。在社员规模方面，Hogeland（1998）认为生产规模较大的社员很有可能忽视较小规模社员的意见，并获取较小规模社员的利润，因此应当限制较大规模社员对合作社的投资活动。Ortmann 和 King（2007）则提出只有大规模农户才有能力为合作社投资。还有学者研究了非社员对合作社投资的作用，指出成员的投票权对其投资意愿有显著的影响作用（Alho，2017）。

合作社的快速发展，伴随合作社运营效率较低、与涉农企业相比合作社市场竞争力较弱（Machethe，1990）、缺乏专业化管理人员及可持续发展能力弱等诸多问题。此外，随着农业政策的变化，政府对合作社的资金支持受诸多条件制约，且获取过程复杂。结合实地调研访谈内容可知，陕西大部分于 2008 年登记注册的农民合作社运营 2~3 年便由于资金匮乏而关闭。农民合作社无法持续运营的主要原因包括较高的运营成本（合作社为成员提供的技术、信息、运输等服务均免费）和缺乏专业组织管理人员（目前合作社管理者是合作社社长，也是合作社成立时出资额最大的农户，没有专业管理知识背景）两个方面。此外，一部分合作社成立的目的是获取政府支持资金，避免相关税费等，由此出现合作社不能持续运营、合作社成立后为成员提供服务的能力不足等问题。上述问题最终导致"伪合作社（pseudo-cooperatives）"的出现，即农民合作社的最终受益者是合作社投资者，而不是合作社成员。而且"伪合作社"现象不止出现在中国，早在 20 世纪 80 年代，就有学者指出发展中国家的大部分合作社是"伪合作社"（Huizer，1985；Centner，1988）。

由于合作社是一种为成员服务，并以提高成员收入为目的的特殊组织，发达国家合作社的持续运营主要依靠社员注资（Gray et al.，2002）。因此，依赖于成员注资并实现可持续发展的农民合作社，为了提高成员对合作社的投资意愿，在逐步完善合作社各项服务的同时，也从成员分红、股利分配等方面着手，吸引社员投资。

基于上述分析，社员的投资支持意愿是合作社维持运营及实现可持续发展的重要支撑。本章首先建立社员投资意愿理论分析框架，在对社员基本特征、合作社运营绩效等变量进行统计分析的基础上，运用有序 Logit 模型，分析影响社员投资意愿的因素，以期为合作社的持续运营提出对策建议。

8.2 投资意愿分析原理与模型设计

8.2.1 分析原理

在对合作社绩效研究中，大部分学者将合作社盈利能力、资金流动性、资产有效性、制度与政府方面的因素，以及社员对合作社的一些态度性描述变量作为影响因素展开分析（Luzar et al.，1998；冯娟娟等，2017；周海文等，2020）。根据研究目的（即社员投资意愿）分析，建立分析框架（图 8 - 1）。

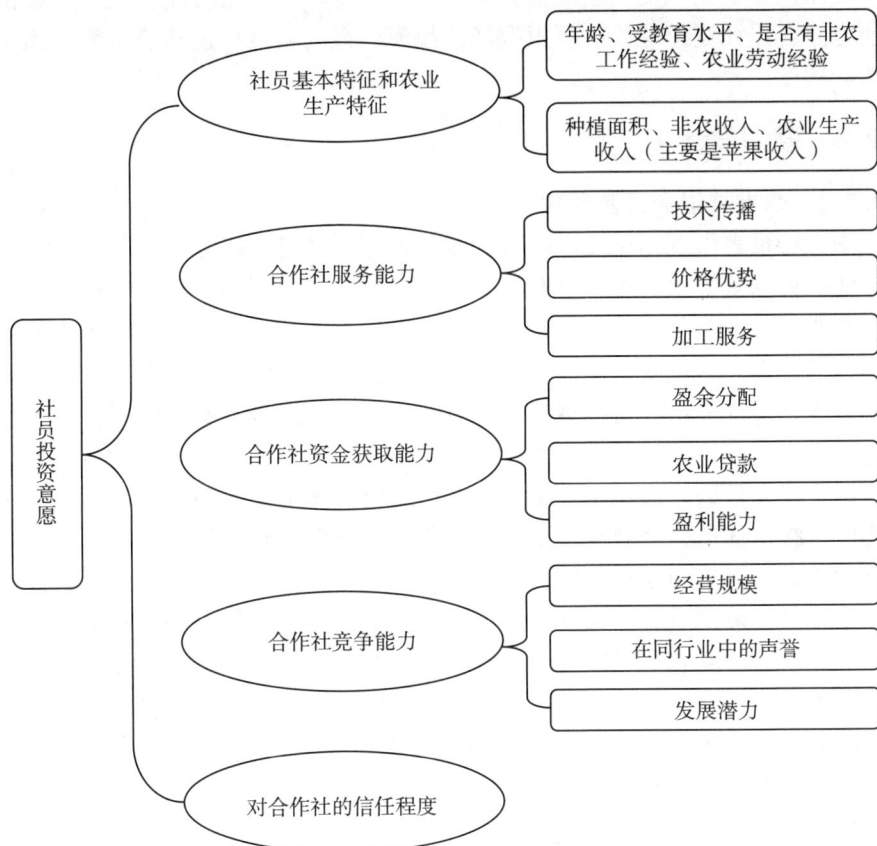

图 8-1 社员投资意愿分析框架

社员投资意愿分析主要包括 5 个部分：社员基本特征和农业生产特征；社员对合作社服务能力满意度的评估；社员对合作社资金获取能力的评估；社员对合作社竞争能力的评估；社员对合作社的信任程度。

合作社的服务功能是合作社作用的表现。具体来看，合作社服务能力由 3 个评价指标组成：第一，技术传播，该指标以技术服务和信息服务、病虫害防治服务和果园的标准化生产与管理 3 个子指标的算术平均值表示；第二，价格优势，该指标以提供农业生产资料购买折扣和以高于市场的价格购买社员农产品 2 个子指标的算术平均值表示；第三，加工服务，该指标以产品包装、产品分级和产品储藏 3 个子指标的算术平均值表示。苹果是高价值农产品，在销售之前根据种类、大小、形状等标准分级，可以有效提高销售价格和农户苹果收入。即果个较大且外观较好的苹果售价高于果个较小、形状较差的苹果。因此，苹果种植户对合作社的产品分级服务功能非常重视。

合作社资金获取能力主要根据 3 个指标测度，即盈余分配、农业贷款和盈利能力。合作社竞争能力主要根据经营规模、在同行业中的声誉及发展潜力 3 个指标测度。

8.2.2 模型设计

8.2.2.1 李克特量表及其原理

李克特量表由 Rensis Likert（1932）设计，是目前研究者常用于调查问卷设计的一种测量方法，被广泛应用于调查研究。受测者回答此类问卷的项目时，被要求对一组与测量主题有关的陈述语句发表自己的看法，以此反映其对该项目的态度。为反映社员对合作社各项服务能力、资金获取能力和竞争能力等的态度，实现分析社员投资意愿的目的，本书的调研问卷使用李克特量表获取上述信息。

结合研究目的，应用李克特量表，要求农户评价合作社提供不同服务的重要程度、合作社运营绩效相关指标等，评估在苹果种植与销售过程中遇到的各项困难程度、对不同交易渠道的信任程度等。李克特量表评估统计结果为计量分析结果提供数据支撑。具体方法为，用"1＝非常不满意""2＝不满意""3＝一般""4＝满意""5＝非常满意"测度对合作社各项服务的满意度；用"1＝非常不好""2＝不好""3＝一般""4＝好""5＝非常好"测度合作社资金获取能力和竞争能力；用"1＝非常不信任""2＝不信任""3＝一般""4＝信任""5＝非常信任"测度对合作社的信任程度。

8.2.2.2 有序 Logit 模型及其原理

Logit 模型是离散选择模型之一，Logit 回归分析是对因变量为定性变量的回归分析。有序 Logit 模型适用于因变量之间存在等级和程度差异的数据，即因变量的测量尺度可以改变，但相对等级和顺序不能改变。本章的研究目的是识别影响社员投资意愿的因素，所以因变量是社员为合作社的持续发展投资的意愿。自变量由 5 部分构成，分别为：社员基本特征变量和农业生产特征变量，包括年龄、受教育水平、农业劳动经验、非农工作经验、种植面积、农业生产收入（主要是苹果收入）及非农收入 7 个变量；社员对合作社的信任程度；合作社服务能力评估变量，包括技术传播、价格优势以及加工服务 3 个变量；合作社资金获取能力评估变量，包括盈余分配、农业贷款以及盈利能力 3 个变量；合作社竞争能力评估变量，包括经营规模、在同行业中的声誉以及发展潜力 3 个变量（表 8-1）。

表 8-1　变量设置

变量类型	变量设计	预期影响
社员基本特征变量和农业生产特征变量		
年龄（AGE）	年	+/-
受教育水平（EDU）	年	+/-
苹果种植经验（EXP）	年	+/-
是否有非农工作经验（OFE）	0=没有，1=有	+/-
种植面积（FSI）	亩	+/-
苹果收入（AIC）	万元/年	+/-
非农收入（OFI）	万元/年	+/-
对合作社的信任程度（CIC）	1=非常不信任，2=不信任，3=一般，4=信任，5=非常信任	+
合作社服务能力评估变量		
技术传播（TEC）	1=非常不满意，2=不满意，3=一般，4=满意，5=非常满意	+
价格优势（PRI）		+
加工服务（PRO）		+
合作社资金获取能力评估变量		
盈余分配（RIC）	1=非常不好，2=不好，3=一般，4=好，5=非常好	+
农业贷款（LOA）		+
盈利能力（PRF）		+
合作社竞争能力评估变量		
经营规模（SCA）	1=非常不好，2=不好，3=一般，4=好，5=非常好	+/-
在同行业中的声誉（REP）		+/-
发展潜力（DEP）		+

反映变量（即合作社成员为所在合作社的持续运营投资的意愿）为一个有序分类的变量，因此选择有序 Logit 模型分析比较适合。模型设计如下（Fok et al.，2002）：

$$z_{ij} = \begin{cases} 1, i \in j \\ 0, \text{其他} \end{cases} \qquad (8-1)$$

$$z_i^* = \beta' x_i + \omega_i$$

$$\mu_i \sim \text{Logistic}(\theta = 1) \qquad (8-2)$$

式中，$i = 1, 2, \cdots, n$；$j = 1, 2, \cdots, m$；z^* 表示潜变量；x 表示自变量；β 表示待估计的回归系数；ω 是随机误差项。则具有 0 均值的 Logistic 分布

的概率密度函数（Probability Density Function）可表示为：

$$f(x) = \frac{1}{\theta} \frac{\exp(\frac{x}{\theta})}{(1 + \exp(\frac{x}{\theta}))^2} \quad (8-3)$$

鉴于 z^* 是未被观测的变量，因此可以用可观测数值测度。即将观测样本分为 m 类，如式（8-4）所示：

$$\begin{cases} z_{i,1} = 1, \ z_i^* \leqslant \gamma_1 \\ z_{ij} = 1, \ \gamma_{j-1} < z_i^* \leqslant \gamma_j, \ j=2, \ 3, \ \cdots, \ m-1 \\ z_{i,m} = 1, \ \gamma_{m-1} < z_i^* \end{cases} \quad (8-4)$$

式中，阈值 γ_i 必须满足 $\gamma_1 < \gamma_2 < \gamma_3 < \cdots < \gamma_{m-1}$。当 $\gamma_0 = -\infty$，且 $\gamma_m = +\infty$，如果 $\gamma_{j-1} < z_i^* \leqslant \gamma_j$，$j=1, \ 2, \ \cdots, \ m$ 时，i 属于第 j 类。结合式（8-1）、式（8-2）和式（8-3），可得：

$$\begin{aligned} P \ (i \in j) &= P(z_{ij} = 1) \\ &= P(\gamma_{j-1} < z_i^* \leqslant \gamma_j) \\ &= P(\gamma_{j-1} < \beta'x_i + \omega_i \leqslant \gamma_j) \\ &= P(\gamma_{j-1} - \beta'x_i < \omega_i \leqslant \gamma_j - \beta'x_i) \\ &= F(\gamma_j - \beta'x_i) - F(\gamma_{j-1} - \beta'x_i) \quad (8-5) \end{aligned}$$

式中，F 表示 Logistic 分布的累积密度函数（Cumulative Density Function）。式（8-5）即为有序 Logit 模型。参数估计采用极大似然法。

研究中，潜变量 z^* 以"1=非常不愿意""2=不愿意""3=一般""4=愿意""5=非常愿意"表示。将李克特量表陈述中的 5 种回答合并为 3 项，即用"5=非常愿意"和"4=愿意"共同表示"投资意愿较高"；用"3=一般"表示"投资意愿一般"；用"2=不愿意"和"1=非常不愿意"共同表示"投资意愿较低"。由此，当 $M = 3$ 时，得式（8-6）：

$$\begin{cases} y_i = 1, \ z_i^* \leqslant 2 \\ z_i = 2, \ 2 < z_i^* \leqslant 3 \\ z_i = 3, \ 3 < z_i^* \end{cases} \quad (8-6)$$

式（8-6）表示：如果未能观测的潜变量 z^* 小于等于 2，对变量 z 的赋值为 1；如果未能观测的潜变量 z^* 大于 2，小于等于 3，对变量 z 的赋值为 2；如果未能观测的潜变量 z^* 大于 3，对变量 z 的赋值为 3。

现有的对社员投资意愿的研究表明，社员与社员之间，社员与合作社管理人员（即理事长）之间，社员对合作社的信任程度是测度社员愿意为合作社贡献程度的重要指标（Hogeland，1998）。盈利能力不足是制约我国合作社发展的重要因素（曾艳等，2021），提高盈利能力对合作社的持续发展具有积极作用。基于已有研究文献，研究预期社员对合作社的信任程度将对其投资意愿产生正向影响作用，即社员对合作社的信任程度越高，其对合作社的投资意愿越强烈。预期社员对合作社服务功能的满意度，合作社资金获取能力评估指标中的合作社盈余分配、农业贷款、盈利能力，以及合作社发展潜力指标将对社员投资意愿产生积极影响作用。关于社员基本特征和农业生产特征变量，以及合作社在同行业中的声誉变量中，已有的研究没有明确结果。因此，该部分变量的预期影响不确定。

本章所用数据来自 2011 年 4—8 月对陕西 6 个苹果重点生产县的果业合作社成员的调研数据。结合研究目的（即社员为所在合作社的持续发展投资的意愿），选用 130 份（有效样本为 115 份）果业合作社成员，即苹果种植户的调研数据进行分析。

8.3　统计描述分析

对影响社员投资行为的相关指标进行详细的统计描述分析，为后文的有序 Logit 回归分析提供数据支撑。

8.3.1　社员一般特征分析

社员基本特征的详细统计分析见表 8 - 2。样本地区社员的平均年龄约为 54 岁；平均受教育年限为 9.1 年，相当于初中毕业水平；从事农业生产活动的平均时长为 18.7 年。在家庭收入方面，样本地区社员的年均农业生产收入（主要是苹果种植收入）为 2.4 万元，年均非农收入（主要是外出打工收入）仅为 0.4 万元。

表 8 - 2　变量统计描述

变量类型	均值	标准差	P 值
社员基本特征变量和农业生产特征变量			
年龄（AGE）	53.5	8.9	0.927 9
受教育水平（EDU）	9.1	3.2	0.000 0
农业工作经验（OFE）	18.7	13.6	0.127 7
是否有非农工作经验（OFF）	0.2	0.5	0.000 0
种植面积（FSI）	6.8	3.5	0.000 0
苹果收入（ONI）	2.4	2.1	0.000 0
非农收入（OFI）	0.4	0.6	0.000 0

（续）

变量类型	均值	标准差	P 值
对合作社的信任程度（CIC）	4.0	0.8	0.015 4
合作社服务能力评估变量			
技术传播（TEC）	3.7	1.1	0.002 3
价格优势（PRI）	3.1	1.0	0.400 7
加工服务（PRO）	1.8	0.8	0.000 8
合作社资金获取能力评估变量			
盈余分配（RTC）	1.4	0.8	0.000 0
农业贷款（LOA）	1.5	0.9	0.000 0
盈利能力（PRF）	2.3	1.0	0.064 3
合作社竞争能力评估变量			
经营规模（SCA）	3.2	1.0	0.298 4
在同行业中的声誉（REP）	3.5	1.1	0.015 2
发展潜力（DEP）	3.3	1.0	0.050 9

其他态度性评估指标结果显示，社员对合作社的信任程度较高，对合作社的技术传播、价格服务功能较满意，认为合作社的竞争能力比较强。同时，社员对合作社的加工服务能力不满意，认为合作社资金获取能力较弱。

8.3.2　社员参与度分析

主要用 6 个指标反映社员对合作社运营的参与情况，这 6 个指标是：是否参加技术培训、是否参加社员大会、是否参加股东大会、是否缴纳会费、是否通过合作社销售苹果以及是否打算退出合作社（图 8-2）。92.2%的社员表示经常参加合作社定期举办的各类培训活动；39.1%的社员表示参加过社员大会；27.8%的社员表示缴纳会费；仅 20.0%的社员通过合作社销售苹果。被问及是否参加过合作社的股东大会时，90.4%的社员表示从未参加过股东大会；3.5%的社员表示目前有退出合作社的打算。被问及退社原因时，该部分社员表示所在合作社没有对其苹果种植和销售起到帮助作用，也没有给予他们期望的回报。

问卷中，社员不通过合作社销售苹果的主要原因包括合作社的收购价格低于其他地方、合作社对收购品质要求较高、运输到合作社比较困难、就近销售

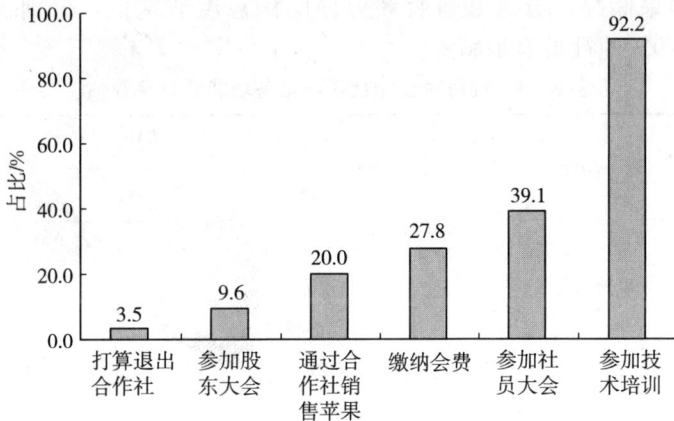

图 8-2 社员对合作社运营的参与情况

比较方便（附近有销售代办点）及其他因素（图 8-3）。超过一半的社员不通过合作社销售的主要原因是就近销售比较方便；约有 1/4 的社员认为合作社对收购的苹果品质要求过高；20.9% 的社员表示其他销售渠道，如外地果商、批发商及果品加工企业等的收购价格高于合作社的收购价格；4.3% 的社员表示有固定联系的客商，能够保证其苹果销售，因此没有选择通过合作社销售。

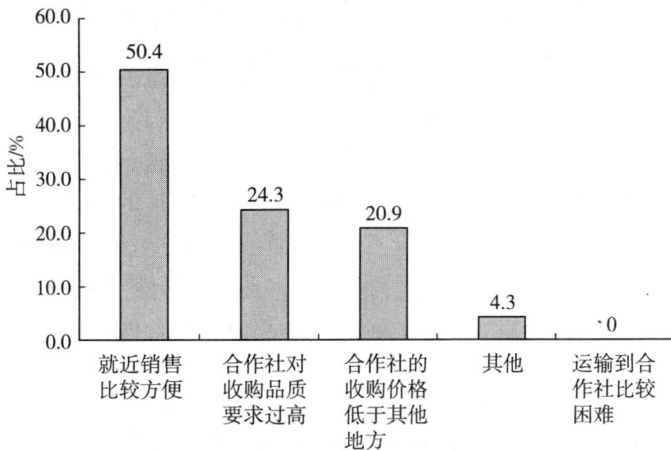

图 8-3 社员不通过合作社销售苹果的原因

8.3.3 合作社服务功能满意度分析

对合作社各项服务功能的满意度是影响社员投资意愿的重要因素。社员对合作社各项服务功能满意度的详细统计见表 8-3。可以看出，社员对合作社提供的 8 项服务功能的满意度有较大差异。具体来看，社员对合作社加工服务

功能中的苹果储存、分级和包装 3 方面的满意度非常低，分别仅有 5.7%、
8.2%和 18.0%的社员表示满意。

表 8-3　社员对合作社各项服务功能满意度评估

服务功能	占比/%		
	不满意	一般	满意
技术传播			
提供技术培训和市场信息	3.3	8.2	88.5
病虫害防治	18.9	13.1	68.0
果园标准化生产管理	27.9	14.8	57.3
价格优势			
以优惠价格购买农业生产资料	22.9	32.8	44.3
以高于市场价格收购社员苹果	37.7	29.5	32.8
加工服务			
苹果包装	68.9	13.1	18.0
苹果分级	79.5	12.3	8.2
苹果储存	79.5	14.8	5.7

　　注：为简化表格，将李克特量表陈述中的 5 种回答合并为 3 项，即将"5＝非常满意"和"4＝满意"合并为"满意"，将"2＝不满意"和"1＝非常不满意"合并为"不满意"。

　　大部分社员对合作社的技术传播服务功能表示满意。88.5%的社员对合作社提供技术培训和市场信息服务表示满意；分别有 57.3%和 68.0%的社员对合作社的果园标准化生产管理和病虫害防治服务表示满意。

　　合作社价格优势方面，仅有 1/3 的社员认为合作社的收购价格高于苹果经纪人和苹果批发商的收购价格，并对该项服务功能表示满意。不到一半（44.3%）的社员对合作社以优惠价格购买农业生产资料的服务表示满意。结合访谈内容可知，社员认为价格优势这一服务功能是合作社吸引其加入的最重要的原因。

　　整体上，社员对合作社各项服务功能的满意度反映出合作社的苹果加工服务能力较弱。加工服务能力在一定程度上可归因于合作社缺乏资金购买储藏设备（如冷库），以及农忙时节农村劳动力缺乏（被雇用从事苹果分级工作）。

8.3.4　合作社资金获取能力和竞争能力分析

　　在问卷中，要求社员评估反映合作社资金获取能力和竞争能力的 6 个指标（表 8-4）。综合来看，社员对合作社资金获取能力的评价很低，仅有 1.64%和 5.73%的社员认为所在合作社的盈余分配能力及获取农业贷款能力较好。

社员对合作社竞争能力相关指标的评估相对资金获取能力指标较高。超过一半的社员认为所在合作社在同行业中的声誉较好（56.56％），合作社发展潜力较大（50.82％）；38.53％的社员认为合作社规模较大，40.98％的社员觉得合作社的经营规模一般。

表 8-4　社员对合作社资金获取能力和竞争能力评估

能力	占比/％		
	不好	一般	好
资金获取能力			
盈余分配	88.52	9.84	1.64
农业贷款	82.79	11.48	5.73
盈利能力	54.92	30.33	14.75
竞争能力			
经营规模	20.49	40.98	38.53
在同行业中的声誉	17.21	26.23	56.56
发展潜力	23.77	25.41	50.82

注：为简化表格，将李克特量表陈述中的 5 种回答合并为 3 项，即将"5＝非常好"和"4＝好"合并为"好"；将"2＝不好"和"1＝非常不好"合并为"不好"。

8.3.5　社员投资意愿比较分析

国外合作社的本质是服务的使用者拥有、使用者控制的法人组织形式，即合作社为向其提供资金的成员提供优惠服务和收益分配。根据合作社结构与业务类型，大致可将合作社分为农业原料供给型合作社、农产品销售型合作社和农业服务型合作社。结合样本地区合作社建立与发展现实状况，发现以下特征：第一，合作社以服务为主。即合作社的主要功能是为社员提供技术指导与病虫害防治帮助、市场信息、实现果园标准化生产与管理等服务。第二，农户加入合作社具有盲从性。即部分农户加入合作社在很大程度上是受其已加入合作社的亲戚、朋友的影响；或因为合作社理事长及管理人员是其朋友，在工商部门登记注册时，为增加合作社成员数量、提高合作社总体经营面积而加入合作社；实际情况是农户对加入的合作社性质、提供服务、运营情况及其加入合作社后享有的权利等并不了解。第三，合作社内部成员分类较为明显。即问及社员在合作社的身份时，农户自动将其归为小农户、种植大户或理事长。根据社员在人口统计学、农业生产及职业经验3方面特征表现出的异质性，结合调研地区合作社的实际运营特征，基于社员在合作社的地位及其参与合作社运营与决策事务的情况，本章将合作社成员分为3类：第一类，普通社员，即一般农户。该类型社员对合作社的运营情况不十分关心，几乎没有机会参与合作社经营决策相关事务。问卷数据显示，该部分社员属于中、小规模苹果种植户（苹果种植面积在6.0亩及以下）；第二类，核心社员，包括具有一定规模的生产或销售大户、苹果种植示范户等。该类型社员对合作社的运营情况非常关心，并参与合作社经营决策相关事务。问卷数据显示，该部分社员属于较大规模苹果种植户；第三类，合作社管理人员（即理事长），即负责合作社相关管理业务的人员，也是合作社成员之一。由于对合作社理事长的要求主要取决于其组织管理能力，因此，该类社员的苹果种植规模不定。

70.43%的社员愿意对所在农民合作社的进一步发展投资。从社员类型来看，分别有80.00%和76.92%的合作社理事长和核心社员表示愿意为合作社的发展投资；30.93%的普通社员表示不愿意对合作社投资（表8-5）。出现投资意愿差异的部分原因在于理事长和核心社员是农民合作社公积金分配的最大受益者，合作社发展潜力越大，盈利能力越高，其最终获取的收益也就越多，他们对合作社发展的投资意愿较为强烈。中、小规模的苹果种植户作为合作社中的普通社员，对合作社运营和发展决策的影响力较低，公积金分配较少甚至没有，因而投资意愿较弱。

表8-5 不同类型社员的投资意愿比较

意愿	普通成员		核心成员		理事长		合计	
	人数	占比/%	人数	占比/%	人数	占比/%	人数	占比/%
愿意投资	67	69.07	10	76.92	4	80.00	81	70.43
不愿意投资	30	30.93	3	23.08	1	20.00	34	29.57

8.4 有序 Logit 回归结果分析

农民合作社成员对合作社进一步投资的意愿，对合作社的可持续发展有重要作用。本章应用有序 Logit 模型，分析影响社员投资意愿的因素，回归结果见表8-6。从调研数据来看，接近1/3的社员不愿意为所在合作社投资，主要原因是社员认为所在的合作社不能为他们带来更多的收益，有43.5%的社员认为他们所在的合作社的经营规模一般，仅有33.9%的社员认为其所在合作社经营规模"较好"或"非常好"。

表 8 - 6　回归结果

变量	相关系数	标准差	Z 值
社员基本特征变量和农业生产特征变量			
年龄（AGE）	0.004 1	0.027 0	0.151 9
受教育水平（EDU）	0.149 3	0.093 7	1.593 2
农业工作经验（OFE）	−0.082 6	0.058 6	−1.409 8
是否有非农工作经验（OFF）	0.564 8	0.614 4	0.919 2
种植面积（FSI）	−0.123 6	0.068 1	−1.814 6*
苹果收入（ONI）	−0.009 8	0.013 1	−0.748 2
非农收入（OFI）	−0.017 7	0.035 7	−0.495 6
对合作社的信任程度（CIC）	0.125 2	0.318 2	0.393 5
合作社服务能力评估变量			
技术传播（TEC）	−0.237 7	0.255 7	−0.929 5
价格优势（PRI）	0.493 0	0.274 7	1.794 7*
加工服务（PRO）	−0.153 7	0.319 5	−0.480 9
合作社资金获取能力评估变量			
盈余分配（RTC）	−0.212 0	0.359 2	−0.590 3
农业贷款（LOA）	0.249 9	0.264 8	0.943 7
盈利能力（PRF）	0.235 4	0.248 7	0.946 7
合作社竞争能力评估变量			
经营规模（SCA）	−0.496 0	0.261 0	−1.900 4*
在同行业中的声誉（REP）	−0.050 5	0.252 6	−0.199 8
发展潜力（DEP）	1.876 9	0.346 9	5.409 8***

注：*** 表示在 1% 的水平上显著，** 表示在 5% 的水平上显著，* 表示在 10% 的水平上显著。

　　整体来看，7 个表示社员基本特征及其农业生产特征的变量中，仅种植面积变量对社员的投资意愿有显著负向作用。9 个表示合作社服务功能、资金获取能力和竞争能力的变量中，变量"价格优势""经营规模"和"发展潜力"对社员的投资意愿有显著影响作用。具体来看，社员种植面积与社员投资意愿呈负相关，其相关系数为 −0.123 6（在 $P = 0.10$ 水平上显著）。该结果表明：社员种植面积增加会降低社员的投资意愿。原因在于随着社员种植规模的增加，苹果产量的提高，其在与交易对象谈判过程中的地位也逐步提升。即较大规模种植户在选择潜在交易对象，如合作社、苹果经纪人、苹果批发商、苹果零售商、苹果加工企业等时处于主动地位，他们可以选择收购价格较高的潜在交易对象进行苹果交易。因此，种植规模越大的社员，为合作社的持续发展投资的意愿越弱。

鉴于社员对合作社各项服务满意度评估以"1＝非常不满意""2＝不满意""3＝一般""4＝满意""5＝非常满意"测度，正的相关系数值表明随着社员对该服务变量评估分数的提高，社员对合作社的投资意愿越来越强烈。即对合作社服务功能越满意的社员，对合作社的投资意愿越高。该结果暗示合作社提高其价格服务水平，主要是为社员提供优惠的农业生产资料购买价格和以较高的价格收购社员苹果，进而可以提高社员对合作社的投资意愿。

回归结果表明，社员认为合作社发展潜力越大，其对合作社的投资意愿越强烈，相关系数值为 1.8769（在 $P＝0.01$ 水平上显著）。该结果指出，社员更愿意为他们认为具有较大发展潜力的合作社投资。值得注意的是，在实地访谈中，要求社员回答"您认为您所在合作社发展潜力如何（1～5）"时，反映"合作社发展潜力"的指标主要是合作社的谈判能力。因此，具有较好发展潜力的合作社，意味着其在市场交易中具有较高的谈判地位，由此可提高社员在市场中的谈判地位，社员更愿意为其持续发展投资（Ortmann et al.，2007）。

农民合作社的规模对社员的投资意愿产生负向作用，但影响作用不显著。该结果与 Lerman 和 Parliament（1991）的研究结果一致，他们认为与规模较大的合作社相比，规模较小的合作社具有较强的盈利能力和资金流动性。

8.5　本章小结

本章的研究目的是在建立合作社可持续发展分析理论框架基础上，运用计量分析方法，揭示影响社员投资意愿的因素。样本统计描述分析结果表明：合作社在提供苹果包装、苹果分级和苹果储存等服务能力方面明显较弱；合作社的盈利能力较差；合作社为社员提供盈余分配服务的能力较低；合作社资金获取能力较差。有序 Logit 回归结果表明：社员种植面积、合作社价格优势、合作社经营规模及合作社发展潜力对社员的投资意愿有显著的影响作用。需要指出的是，合作社的规模越大，并不意味着社员对合作社投资的意愿也越大。社员的投资意愿主要取决于合作社是否建立健全的管理体系、合理的分配机制及其是否与社员保持较好的沟通，能及时、有效地帮助社员解决农业生产问题。为鼓励社员进一步为合作社的发展投资，合作社在未来运营发展过程中，应将重点放在提高服务能力、保证服务质量、扩大服务范围、增强社员信任度等方面。

较弱的盈利能力是制约合作社发展的重要因素。融资能力与盈利能力是合作社实现持续发展的前提条件，盈余分配能力是反映合作社盈利情况和社员收益情况的重要指标，但调研显示普通社员和核心社员均认为盈余分配不重要。

该结果反映出目前我国农户加入合作社的目的不明确，对合作社功能不清楚，同时对合作社本质（即以社员和合作社利益最大化为目的的法人组织形式）情况不了解。超过 3/4 的社员认为合作社盈利能力较差或很差，对合作社盈利能力表示担忧。此结果侧面表明目前我国农民合作社成员对所在合作社的盈利情况与持续运营关心度较低，合作社自身也普遍存在盈利能力很弱的问题。

　　基于以上研究结论，提出如下建议：第一，合作社应当注重小规模农户的需求和意见，而不应仅注重大规模农户的需求和意见，建议合作社在保证服务质量的前提下扩大服务范围，实现"产前-产中-产后"纵向一体化经营模式，即将交易成本内部化；第二，合作社管理者应当强化合作社的价格服务功能，降低社员交易成本，提高合作社盈利能力；第三，吸引社员投资的重点在于提高合作社发展潜力，即提高合作社在交易过程中的谈判地位，而不应一味注重扩大合作社的规模；第四，政府应该以农民合作社为经营主体，高度重视依法规制合作经济制度体系，营造有利于以农民合作社为经营主体的合作经济制度成长的市场环境。

第 9 章

结论与启示

在中国政府推动农民合作经济发展，规范合作经济组织制度，以及提高基于农民合作社制度安排的农户交易效率的背景下，中国合作制度创新过程中出现合作社经营效率较低、农户合作意识淡薄、合作行为倾向不强、农户农产品入市交易成本过高等问题，显著影响农户对不同交易制度安排的选择及行为倾向。2007 年《中华人民共和国农民专业合作社法》实施以来，围绕我国农民合作社数量扩张过程中存在的主要问题，本书以"苹果种植户—果业合作社"交易制度及其关系为研究对象，在把握农民合作社产生和发展的制度背景和经济背景的基础上，根据规范分析基本原理（即超边际分析原理和交易成本比较分析原理），推理、形成基本假设（即合作交易制度下农户交易成本小于非合作交易制度下农户交易成本）。应用数理统计分析的相关原理及其模型方法（包括 Probit 模型、Tobit 模型、边际效应、DEA-Tobit 两阶段模型、有序 Logit 模型等），设计实证分析模型，按照"合作交易模式选择意愿→合作交易模式选择行为→合作交易模式交易成本测定→合作交易模式生产效率评估→合作交易模式持续发展分析"的研究思路，在对基本假设进行验证与修正的基础上，形成基于交易成本视角的农户合作交易制度分析体系，以及农户交易成本与农民合作社之间关系的实证分析原理及体系。

理论分析与实证检验研究结果表明，合作交易制度下农户的成本效率、技术效率和规模效率均高于非合作交易模式下的农户；合作交易制度有助于降低农户交易成本，尤其是执行成本和运输成本；合作交易制度有助于农户实现规模效益，提高农户谈判地位；合作交易制度安排下农户对合作社事务的参与程度和对运营绩效的评估，是合作社获取资金支持、持续发展的重要因素。本章对全书主要研究结论进行评述，在借鉴发达国家合作组织制度成功运营的经验基础上，结合中国农户家庭经营规模小、分散化、流动性较弱以及农民非职业化等特点，提出政策启示。

9.1　研究结论评述

9.1.1　合作交易模式选择意愿分析

农产品从生产到销售的各个环节中都存在各种形式的交易费用，合作社作为一种位于农业生产部门内部，将生产资料销售者、农户、和农产品购买者连接起来的组织形式，有助于均衡三者在农产品市场环境中的地位、提高农户收入、降低交易成本。我国合作社的主要成立目的是促进小农户实现商业化、加速农村经济增长、提高农业发展水平。农民合作社作为农户利益的代表者和农户需求的反映者，在为社员提供农产品交易所需服务的同时，也对提高农民组织化程度、增强农民合作社成员抵御风险和参与国内外市场竞争的能力等方面有积极推动作用。因此，选择以合作社为经营主体的合作交易制度对小规模农户来说，是形成规模，在市场链中获取有利谈判地位的较好选择。本书以陕西省苹果种植户为例，通过评估合作交易制度和非合作交易制度下农户对生产和销售过程中遇到的困难、合作社提供服务的重要性、不同地方性组织的作用等，分析影响农户合作交易模式选择意愿的因素。实证研究结果表明：农户苹果种植面积越大，道路运输条件越差，获取农业贷款的困难程度越高，农户越有可能加入合作社；农户认为合作社提供的服务（主要包括稳定的苹果收购、苹果加工、苹果储藏及苹果包装等加工服务项目）的重要程度越高，其加入合作社的可能性越高。在交易成本方面，谈判成本和执行成本越高，农户的合作社参与意愿越强烈。

基于实证研究结果，可以认为，应从 3 方面加强农户对合作交易模式的选择意愿：第一，基于农户角度，对合作社认识不足是阻碍农户加入合作社的主要原因，因此农户应主动了解合作社功能，增强合作意识。第二，基于合作社角度，存在组织内部管理不规范、加工服务能力较弱、公积金分配制度不合理等问题。因此，规范合作社内部管理制度，强化合作社加工服务能力是吸引农户加入合作社的重点所在。同时，从合作社与其成员关系的角度来看，建立公平的合作社内部交易机制，最大程度地降低社员的谈判成本与执行成本，也是吸引苹果种植户加入合作社的重要部分。第三，基于地方政府角度，地方政府在合作社成立初期，应根据合作社的规模、社员出资总额等情况予以适当的财政补贴，尤其是农业生产基础设施建设方面的补贴，如灌溉设施和冷库设备等。

9.1.2　合作交易模式选择行为分析

农户在销售农产品时，有多种交易渠道可选择。基于实地调研结果，结合访谈可知，本书研究对象（即苹果种植户）的主要果品交易对象为农民合作社、苹果经纪人和苹果代办点。农户可选择将所有苹果或者部分苹果通过上述任何一种或多种对象销售。其中，基于理论分析，农户与合作社交易的模式，即农户合作交易模式对降低交易成本有显著作用。实证分析结果表明：苹果种植户对合作社的信任程度、苹果种植面积、苹果分级所用时间、收到全部货款的等待时间以及接待交易对象的费用，对农户选择通过合作社进行苹果交易的比重有显著的影响作用。边际效应分析结果表明：苹果种植户对合作社的信任程度每提高 1 个单位，其选择通过合作社销售的苹果的比重增加 6.82%；苹果种植面积每增加 1 个单位，其选择通过合作社销售的苹果的比重提高 0.82%。苹果分级所用的时间越长，苹果种植户通过合作社销售苹果的数量越多。

9.1.3 合作交易模式交易成本测定

通过测定与比较合作交易制度与非合作交易模式下农户交易成本的大小，验证了本书的基本假设，即农户选择以合作社为经营主体的合作交易模式有助于降低交易成本。事实上，较高的交易成本，包括获取市场信息、寻找苹果购买者、将苹果运输到交易地点以及交易对象违约等环节产生的成本，均对小规模苹果种植户的家庭收入产生不良影响。本书对合作交易制度与非合作交易模式下交易成本大小的具体测算结果表明：社员获取信息的成本高于非社员；社员的苹果分级所用时间小于非社员；在谈判成本方面，社员和非社员在交易前与交易对象联系所用时间差异不大；社员的苹果损失率低于非社员；社员执行成本中的违约损失低于非社员；社员运输成本低于非社员。Probit 回归结果表明，交易成本是影响苹果种植户合作交易模式选择行为的重要因素。其中苹果分级所用时间和接待交易对象的费用对苹果种植户的合作社参与意愿有显著积极影响；收到全部货款的等待时间对苹果种植户的合作社参与意愿有明显抑制作用；运输成本对苹果种植户的合作社参与意愿有显著正向作用。总体上，农户从与苹果收购者直接交易的非合作交易方式转换为通过合作社销售的合作交易方式，可降低谈判成本，减小果商违约造成的损失，并节省运输成本。

9.1.4 合作交易模式农户成本效率分析

运用 DEA-Tobit 两阶段分析法，建立 semi-log 模型，结合调研数据，测度合作交易制度与非合作交易模式下苹果种植户的生产效率（包括成本效率、技术效率、规模效率），并详细分析影响苹果种植户成本效率的因素。同时比较分析了作为独立自主经营主体的苹果种植户，与作为合作社成员的苹果种植户的交易成本变化情况。实证分析结果表明，独立自主经营的苹果种植户与合作交易模式下的苹果种植户相比，前者的交易成本显著高于后者。Tobit 模型估计结果研究证明，苹果种植户借助合作社平台的合作交易制度安排，可有效降低交易成本。更重要的是，苹果种植户加入果业合作社（即转变为合作社成员）后，经营活动及市场行为受到果业合作社章程及其他自律规则的激励与约束，苹果种植户的合约及规则意识、合作及包容意识、质量及信用意识、程序及标准化意识趋于强化、苹果种植户市场选择的盲目性降低、苹果销售行为趋于有序，苹果交易效率提高、交易成本降低。

9.1.5 合作交易模式持续发展分析

农户合作交易制度选择理论分析与实证检验，证明了合作交易模式对降低苹果种植户交易成本有显著作用。因此在鼓励农户加入合作社的同时，应当重视合作社可持续发展问题。合作交易制度下，合作社的正常运营与持续发展是合作社为社员提供服务、实现盈余分配的基本保障。合作社成员对合作社的投资是合作社可持续发展的重要资金来源。通过评估社员对所在合作社事务的参与情况、合作社运营绩效、合作社提供服务满意度等，应用有序 Logit 回归模型，分析影响社员投资意愿的因素。研究结果表明：社员的种植面积、合作社价格服务功能、合作社运营规模及合作社发展潜力对社员的投资意愿有显著的影响作用。值得注意的是，合作社的规模越大，并不意味着社员对合作社投资意愿也越大。社员的投资意愿主要取决于合作社是否建有健全的管理体系、合理的分配机制，以及是否与社员保持较好的沟通，是否能及时、有效地帮助社员解决农业生产问题。

9.2 政策启示

1985 年，中共中央、国务院下发的《关于进一步活跃农村经济的十项政策》中指出，改革农产品统派购制度，取消农产品统购派购，实行合同定购和市场收购。自此，作为高价值农产品的苹果的流通市场彻底开放，并实现多渠道直线流通。我国拥有世界上最大的苹果优势产区，这些产区生态条件好、品种资源多、生产成本低。由此，2003 年，农业部公布了《苹果优势区域发展规划（2003—2007 年）》。《苹果优势区域发展规划（2003—2007 年）》实施的5 年中，中国鲜食苹果和苹果浓缩汁的国际市场地位得到进一步巩固，苹果产业链条进一步延伸。基于《苹果优势区域发展规划（2003—2007 年）》取得的成绩和存在的问题，2008 年，农业部发布《苹果优势区域布局规划（2008—2015 年）》。对苹果种植户的苹果交易成本与效率、苹果交易模式选择、苹果生产效率，尤其是农户合作交易行为的研究，证明了合作交易模式能够减少交易环节、提高交易效率、较低交易成本，是新阶段推进农业经营制度创新、建立现代农业产业组织体系的基础性制度模式。对农户合作交易模式下交易成本的分析以及对合作交易模式可持续发展的分析，可为政府建立以农民合作社为经营主体，高度重视依法规制合作经济制度体系，营造有利于合作经济制度成长的市场环境提供对策、建议。

9.2.1 引导农户树立合作意识

中国农户，尤其是高价值农产品种植户具有分散性和小规模性的种植特征，强化农户合作意识、实现规模生产与销售，是降低农户交易成本的重要途径。本书从加强农户对合作社认知度、提高对合作社信任度，建立合作意识、实现规模生产与销售两个方面提出政策建议。

9.2.1.1 重视提升农户对合作社的认知度和信任度

农户对参与农民合作社运营事务的积极性不足，缺乏合作意识和主动参与意识以及在合作社中的自主决策能力，不仅影响农民合作社优势的发挥及其推广与发展，也影响农户自身生产经营水平的提高和交易成本的降低。基于研究结论，可以从加强农户对合作社认知度的 3 个方面入手：一是发挥农户之间的口碑效应，即已经加入合作社的农户在农业收入提高、折扣购买农资、免费获取技术指导与信息服务等方面受益，可通过向没有加入合作社的朋友、亲戚、邻居等介绍合作社提供的服务等方式，提高农户对合作社的直观认知度。二是鼓励合作社实现标准化生产、销售，登记并注册农产品品牌，通过品牌效应提高认知度，以吸引农户加入。同时，合作社管理者应处理好合作社普通成员（主要指小规模成员）与核心成员（主要指大规模成员）、普通成员与合作社之间的关系，注重成员，尤其是小规模成员的意见，建立公平公正的分配机制。以此获得合作社成员的好评，进而通过口碑效应提高其认知度。三是建立以某种农产品为主，以农民合作社为依托的示范园或科技创新园等，大力推广以新型的种植技术和管理技术为基础的成功案例，切实让农户看到新种植技术、新果园管理方式带来的收益，以此提高农户对合作社的认知度。同时，政府应当致力于规范农民合作社制度，减少或防止"伪合作社"[①]的出现，让合作社成员看到合作社持续运营的希望，也能吸引其他农户加入合作社。

---

① 结合对陕西省苹果专业合作社实际调研与不同调研地区果业局相关人员的访谈可知，调研地区较大数量合作社按照 2007 年《中华人民共和国农民专业合作社法》相关章程，在当地工商行政管理部门进行登记注册之后，没有按照 2007 年《中华人民共和国农民专业合作社法》中相关章程的规定实行民主管理，也没有按照公积金提取进行盈余分配等，而是成为销售化肥、农药等的农资经营店，主要目的是为成员推销农资，以合作社的名义获取国家或地方政府补贴等。因此将该类农民专业合作社称为"伪合作社"。

9.2.1.2 重视培育农户的合作意识

在中国，农户的小规模性和分散性特征使其意愿和要求在农产品交易过程中经常被忽视，在市场谈判中处于劣势地位。农民合作社有利于集中农户，实现生产销售规模化；将农户与不同交易主体间的交易内部化，包括农业生产资料供给者和农户间的交易、农户和农产品经纪人间的交易、农户和农产品消费者间的交易等，最终实现降低农户交易成本的目的。根据对社员和非社员交易成本的比较分析结论，社员的年均苹果收入显著高于非社员，尤其从执行成本和运输成本看，社员比非社员平均每年节省980元。此外，与较大规模农户相比，小规模农户更应该加入合作社，以提高其与苹果购买商交易时讨价还价的能力，并减少甚至消除接待客商的费用。

9.2.2 规范合作组织制度

农民合作社作为一种特殊的经济组织形式，既代表农户利益，也反映农户的利益需求。农民合作社是连接小规模农户与政府的桥梁，一方面，政府通过合作社为农户提供统一的技术培训或财政补贴，在节省费用的同时，也提高了政府的政策运行效率，另一方面，农户也可以通过合作社向政府反映自己的需求，由此实现通过农民合作社建立连接政府与农户的高效的信息反馈机制。

9.2.2.1 保证服务质量，扩大服务范围

农民合作社的服务功能包括提高农户在农产品市场中的谈判地位，改善农用物资产品的市场结构，为农户提供优惠的价格和良好的服务，提供及时、有效的信息、提供技术与管理服务，为社员提供信用保障，为社员和农村社区提供其他服务等。本书以陕西苹果重点生产县的苹果种植户为例，样本种植户平均受教育水平较低。在农业生产技术不断更新、信息技术不断进步的环境下，较低的受教育水平不仅限制农户的市场信息获取渠道及对各种市场信息的分析处理能力，也制约了农户引进新品种、学习新种植技术的能力。调研地区农户受教育水平已定，但农民合作社可为农户提供其在生产、销售过程中需要的服务，尤其是地方农业技术部门定期举办的免费的农业生产技术培训，当地农民合作社举办的技术培训活动，由科研机构、高等院校和农业部门联合建立的农产品试验站为农户免费提供病虫害防治、新农业生产技术推广培训等，提高农户的农业生产技术技能。

以果业合作社为例，其提供的服务主要包括种植技术培训、病虫害防治、果园标准化生产和管理、优惠的农业生产资料集体性购买、稳定的农产品收购、果品包装、果品储藏、果品加工、市场信息服务、帮助社员获取农业贷款及公积金分配等。但从社员对各项服务的满意度评价来看，社员仅对合作社在

技术培训、病虫害防治、信息提供、果园标准化生产和管理方面提供的服务满意，对其他服务项目，尤其是帮助社员获取农业贷款、实现公积金分配方面非常不满意，有些苹果专业合作社甚至没有提供这些服务项目。因此，农民合作社应在保证服务质量的前提下，扩大服务范围。可以从4个方面入手：一是建立健全信息采集及披露系统。利用现代科学技术，通过互联网上的专业性网站交流信息，实现网上订购等，既提高了信息的利用率，也避免了由信息不对称导致的农产品销售风险，降低农户信息成本。借助信息获取优势，为农民合作社的经营方略提供决策依据，在降低经营风险的同时，通过获取与应用市场信息，从根本上提升农民合作社成员规避市场风险的能力。二是辅助农村金融机构开展农户小额信贷工作。农民合作社可以辅助农村正规的金融服务机构，尤其是农村信用社，开展农户小额信贷工作。农民合作社作为小规模农户的代表，可以为社员提供市场金融市场信息、信用的担保以及投融资的相关服务，有助于改进社员的信用状况，增强其投融资能力，保证农户获得农业贷款。三是实现"产前-产中-产后"交易内部化。将农业相关的生产者、农产品经营者组织起来，形成具有一定规模的专业生产、经营群落或生产群体，降低交易费用。四是加强与农民合作社主管部门的协调合作，大力推广农民合作社的运作模式、服务功能和管理知识，实现农民合作社的科学化、规范化、标准化发展。

9.2.2.2　规范管理制度，健全管理体系

结合对农民合作社绩效分析的结果，发现农民合作社普遍存在组织内部管理不规范、服务范围小且服务不到位、公积金分配制度不合理等问题。因此规范农民合作社内部管理制度、健全管理体系可以从3个方面入手：一是健全财务管理制度。农民合作社应当纠正混乱的财务管理现状，建立专门的财务管理制度，包括设置会计账簿、配备会计人员、定期监督和管理会计工作等。二是规范表决制度。按照《合作社法》（2007年）章程规定，农民合作社成员大会的选举和表决实行一人一票制度。出资额或与所在合作社的交易量、交易额比较大的社员，可以按照章程的规定，享有附加表决权。农民合作社应确保理事长或者一名理事会社员由惠顾社员选出，并保障惠顾社员享有较大的权利，最终目的是保证农民合作社的运行是为了惠及社员（农民社员），而不是为投资社员创造利润。三是制定适合农民合作社发展的盈余分配制度，并确保其落实情况。本质上，农民合作社的盈余不是利润，而是在为社员提供服务的过程中，向社员多收取的费用或少支付的款项，以保证合作社安全运行的部分。因此，农民合作社的盈余分配应当根据产生的来源分配，即将合作社经营过程中多收取的合作社成员的部分，按照收取比例（交易额）分摊给社员。

9.2.2.3　建立社员培训体系，引进专业人才

提供社员培训服务是农民合作社的基本功能之一。不应局限于技术培训活动，应建立多层次、多形式、专业化的农民培训体系。可以从 3 方面入手：一是积极展开成人教育和农业生产职业教育，建立"产—学—研"培训体系。农民合作社应与对应的教学、科研单位或本行业的专家学者建立直接联系，有助于建立一种需求型的农业技术生产推广体系；聘请高校教授或其他科研机构的农业专业技术人员，为社员介绍新农业政策，引进并尝试新的农业生产技术。二是应用新信息技术，吸引农户加入培训项目。充分利用各种传播渠道，包括报纸、杂志、广播、互联网等为农户开展培训活动；针对不同社员的需求设立多种培训专题，包括病虫害防治专题、新品种推广专题、新生产种植技术引进专题、市场价格信息专题等；免费为参加培训的农户提供相关科技资料。三是引进高科技技术和管理型人才。培养并引进具有服务意识、进取精神和合作协调意识，且掌握和熟悉农业合作经营管理的专业型人才，以推动农民合作社的发展。

9.2.2.4　提高盈利能力，强化市场竞争力

关于农民合作社成员为合作社的持续发展投资的意愿分析结果表明，社员对农民合作社盈利能力的评估，对社员的投资意愿有非常显著的正面促进效应，且大部分社员对所在农民合作社的盈利能力持不满意态度。因此，农民合作社应当以提高盈利能力为核心，树立长远发展目标。具体可从 5 个方面入手：一是将农产品作为商品经营，以发展农业商品生产为目标，改良或引进新品种，采用先进种植技术提高果品质量；二是积极开展农产品质量认证，申请专利或注册商标，加强农民合作社的市场营销能力，提高产品信誉度和知名度，强化与市场对接的能力；三是对农民合作社成员的果园实行标准化统一生产管理，提升生产和销售产品的产业化水平；四是结合专家指导，利用先进病虫害防治技术，生产无公害绿色产品，以提高农民合作社产品的市场竞争力；五是以市场为导向，积极组织社员生产"适销对路"的农产品，以解决农户组织难和农产品销售难的问题。

9.2.2.5　重视合作社成员意见，建立平等互利合作机制

《合作社法》（2007 年）明确规定了合作社成员享有的权利，但结合实际调研情况可知，合作社一般由村内种植大户、村主任出资建立，合作社经营业务由社长或理事长确定，小规模经营的合作社成员无实际发言权。研究数据显示，八成以上社员认为自己在合作社地位较低，对合作社实际运营情况不了解，对合作社未来发展方向无概念，表明社员对合作社是否能持续运营并不关心，进而导致合作社从社员角度融资以实现持续运营较为困难。因为合作社建立初始阶段的资金投入主要依靠政府补贴与扶持，而要实现合作社的持续运

营,合作社成员的投资是必不可少的。即成员通过获取股利或分红,将部分所得投入合作社来年的运营中,以实现资金流动。这也是欧美发达国家农业合作社不断发展,并实现持续经营与规模扩大的必要条件。

在提高合作社成员地位方面,合作社及其理事长应做到3个方面:一是合作社理事长应重视合作社成员提出的建议,鼓励社员为合作社的发展与运营建言献策。集合成员的集体智慧,形成对合作社的发展有益的意见,有助于实现合作社不断进步与持续发展。二是构建合作社成员互动、交流畅达的环境。在体现合作社成员主体地位、增强合作社凝聚力的同时,确保合作社的可持续发展。三是建立社员间平等的维权机制。对成员权益受到侵害的,在遵守法律程序的前提下积极帮助成员向有关部门反映;对成员利益受合作社其他成员侵害的,合作社应当按照社规给予交易保护,尤其是保护小规模成员的利益。总之,合作社应当在维护成员权益上尽力做些工作,切实化解合作社内部大规模种植户与小规模种植户之间的利益矛盾,以赢得全体成员的支持。

9.2.3 强化政府扶持功能

政府是合作社经营和财务支持的主要提供者。可从完善合作社补贴制度、放宽合作社贷款准入门槛、建立以合作社为中心的纵向一体化合作组织机制3个方面提出建议。

9.2.3.1 完善合作社补贴制度

为农户提供农用机械设备补贴,鼓励农户更新运输设备,是降低交易成本(主要为执行成本),即降低运输过程中农产品损失率的有效方式。地方政府应完善农民合作社补贴政策体系,以减少甚至杜绝该政策体系的负效应为目的,鼓励当地工商企业、涉农企业等发起并组建农民合作社。充分利用地方种植大户、种植示范户等,在对其进行合作社教育和培训的基础上,鼓励他们发起并组建农民合作社,即成立真正意义上农民自己的合作社。具体来看,地方政府应从4个方面入手:一是在农民合作社成立初期,应当根据申请登记注册合作社的规模、社员出资总额等情况予以适当的财政补贴。二是应结合地区经济发展水平和合作社提供服务范围,允许财政补贴标准存在适当差异。三是应当为农户及合作社提供通用的农产品质量标准体系和检测服务,以提高农产品质量,增强市场竞争力,增加农户家庭收入。如优先考虑农民合作社的农产品质量标准检测与认证、农业生产基础设施建设(如灌溉设施和冷库设备等)、农产品品牌申请注册等,并提供政策性扶持。四是对合作社因涉农业务产生的贷款实行财政贴息政策,以缓解合作社资金压力。

9.2.3.2 放宽合作社贷款准入门槛

鉴于农户种植的分散性和小规模性,以及农户自身受教育水平制约,在获取农业贷款方面存在诸多问题，包括缺乏必要的贷款抵押品或者担保物；对资金的需求额度相对较低，使其在商业市场上难以获得信用贷款融资支持；对金融机构缺乏足够认识和了解，导致较难选择适合的农业贷款项目。对陕西 6 个苹果重点生产县的苹果种植户（包括社员和非社员）在苹果种植和销售过程中遇到困难的调研结果显示，有 50.0%的社员和 65.6%的非社员明确表示"获取农业贷款"非常困难，贷款难已经成为制约农户扩大生产规模的主要原因。

基于研究结果，建议地方政府适当放宽合作社贷款准入门槛，尤其是农村小额信贷准入市场；设立单纯的信贷机构，激发地方政府金融支农活力；鼓励由政府出资成立的信用担保机构积极开发符合当地农村特点的担保业务，深入探索、拓展多种类的担保方式，从根本上解决农民小额贷款融资难的问题。

9.2.3.3 建立纵向一体化合作组织机制

2007 年，中共中央、国务院《关于积极发展现代农业扎实推进社会主义新农村建设的若干意见》指出，发展现代农业是社会主义新农村建设的首要任务，必须"用现代产业体系提升农业"。中共中央《关于推进农村改革发展若干重大问题的决定》全面部署关于积极发展现代农业、推进农业结构战略性调整的重大任务。

通过理论分析与实证检验，确认建立以合作社为经营主体的"产前-产中-产后"纵向一体化合作组织机制是实现现代农业产业体系的关键步骤。中国处于农业发展变革与创新阶段，要使农户，尤其是小规模的高价值农产品种植户的家庭经营方式及规模，适应现代农业发展与现代农产品市场激烈竞争的需要，就必须通过农民合作社的发展，建立集生产、服务与销售于一体的纵向一体化农民合作社，实现由小向大的经营模式转变，将分散的、小规模的个体经营农户与上下游企业的交易成本内部化，形成以农民合作社为中心的集约化、专业化、组织化的合作组织机制，引导农户选择合作交易模式以相对节省交易费用。

9.2.4 借鉴国外成功经验

9.2.4.1 减少市场交易环节

日本苹果生产流通以先进的果园栽培管理技术、规模化销售、先进的储藏加工设施、高水平果品开发技术为基础，以流通领域的商家和农业合作协会为核心，建立市场销售网络体系（马义海等，2008）。在日本，果农与农业合作协会的具体交易方式是，果农把果品交给农业合作协会，由农业合作协会销售果品，等农业合作协会销售大部分或所有果品后，再与果农结算，农业合作协会只需按比例收取一定手续费，由此形成果农负责苹果种植，农业合作协会负责果品销售的交易模式。此外，日本苹果种植区的每个农业合作协会均设有自动化生产线，果农将收获的鲜苹果直接送到农业合作协会的选果处理场所，再由农业合作协会完成苹果的商品化生产与销售（卢斐等，2011），在降低果农交易费用的同时，保证了果品质量的可追溯性。法国是欧盟主要的苹果生产国。目前法国有 13 000 多家农业合作社，其中大部分直接参与农产品流通和销售，集苹果收购、加工、销售于一体（大连市农业农村局，2021）。

发达国家产销一体化的农业合作协会或农业合作社在减少流通环节的同时，为果农的苹果销售提供保障。其产业化经营模式将果农与不同交易对象间的交易费用内部化，即所有交易费用均在果农与合作协会或合作社之间产生，而合作协会或合作社的功能之一是提高果农收益，由此极大地降低农户交易成本。

9.2.4.2 建立现代化市场交易体系

美国有近 300 家提供农业信息服务的商业性系统，政府定期发布农产品物流的权威信息，农户可通过各种农业网站、信息咨询公司等获取实用信息（崔雪冬，2012）。美国苹果业已经形成较为完善的服务体系，基本实现"产前-产中-产后"的全程多方位社会化服务。荷兰 82％的水果通过拍卖市场完成交易（刘英杰，2013）。具体流程为：农业合作组织将成员的果品集中起来，通过批发市场以公开拍卖和自由竞争的营销方式销售，减少流通环节、节省流通时间、降低交易成本，形成公平的市场竞争环境和合理的价格。因此，应用现代化信息通信方式，建立公平、自由竞争的营销方式，有利于农户节省交易成本，尤其是信息成本和谈判成本。

分散的小规模农户在苹果种植与销售过程中选择合作交易制度（即加入合作社并与合作社进行农产品交易），是节省生产成本、降低交易成本的根本所在；是实现农产品生产标准化和品牌化的重要方式；是保证农产品质量安全的关键所在；是实现以农民合作社为经营主体的"产前-产中-产后"纵向一体化经营的有效途径。引导农户树立合作意识、强化农民合作社成员对所在合作社的信任、提高合作社普通成员对合作社运营管理事务的参与度、规范农民合作社经营制度、重视合作社成员意见、建立平等互利合作机制、建立以合作社为中心的纵向一体化合作组织机制、完善政府扶持功能（包括政府财政和公共政策的引导与支持）等，是引导农户选择合作交易制度以降低交易成本，在合作交易制度下提高农户在竞争日益激烈的国内和国际市场环境中谈判地位的有效途径，也是实现规模效益的重要方式。

通过比较分析美国、欧盟、日本等世界主要发达国家和地区合作社或合作协会的运营功能及特点，在借鉴发达国家成功经验的基础上，结合中国农业体制改革趋势及合作组织制度发展状况与问题（即中国农户家庭经营小规模、分散化、流动性较弱及农民从事农产品生产非职业化等特点），提出引导农户树立合作意识以实现规模经济、规范合作组织制度以有效发挥合作社职能、强化政府扶持功能以实现合作制度持续发展、借鉴国外成功经验以实现现代农业产业组织创新，是深化合作交易制度改革、打破合作制度发展瓶颈的 4 个重要手段。

　　总之，本书的实证研究结果：第一，验证合作交易模式能够诱导、矫正农户的市场行为，特别有助于培养小规模、分散经营农户的合作及规则意识、创新及质量意识、信用及参与市场意识、管理及经营意识；第二，证明以农民合作社为经营主体的合作交易制度是能够连接农户与涉农企业的重要制度；第三，表明引导农民树立合作意识，完善以农民合作社为中心的纵向一体化合作交易制度，不仅涉及经济层面，还是包括政府行为、法律体制、科技创新和教育文化的全面制度改革。即在新阶段推进农业经营制度创新、建立现代农业产业组织体系的基础性制度模式，政府应该以农民合作社为经营主体，高度重视依法规制合作经济制度体系，稳步推进合作交易制度发展，充分发挥农民合作社的市场建设作用和连接农户与市场的桥梁作用。推进以农民合作社为经营主体的纵向一体化合作组织机制，以实现产业化、专业化、规模化和组织化发展，不仅是构建中国现代农业产业组织体系的重要步骤，是现阶段中国农民合作社高效化、持续化发展的需要，也是实现现代农业产业向多元化、规模化、组织化、服务化等多功能化方向发展的手段。

参考文献

奥尔森，1995. 集体行动的逻辑 [M]. 陈郁，译. 上海：三联书店上海分店.

蔡荣，祁春节，2007. 农业产业化组织形式变迁——基于交易费用与契约选择的分析 [J]. 经济问题探索 (3)：28-31.

常永平，2012. 陕西合作社跨省大联合 [EB/OL]. [2012-01-09]. http：//www. tywiki. com/index. php/%E9%99%95%E8%A5%BF%E5%90%88%E4%BD%9C%E7%A4%BE%E8%B7%A8%E7%9C%81%E5%A4%A7%E8%81%94%E5%90%88.

陈旋珊，冯鑫徐，徐中岳，2021. 合作社担保模式林权抵押贷款博弈分析——以"福林贷"为例 [J]. 林业经济问题 (6)：651-657.

陈燕，任晓冬，李晟之，2019. 新形势下社员对专业合作社参与程度、合作行为与意愿分析——基于贵州省五个合作社的案例分析 [J]. 农村经济 (1)：139-144.

崔太康，2011. 我国农产品物流发展现状分析及对策研究 [J]. 山东农业科学 (9)：117-119.

崔雪冬，2012. 完善农产品流通信息服务体系的对策探讨 [J]. 农业经济 (6)：117-119.

大连市农业农村局，2021. 带你领略走在世界前列的现代农业模式 [EB/OL]. [2021-08-18]. https：//baijiahao. baidu. com/s? id=1708376786279982470&wfr=spider&for=pc.

邓衡山，王文烂，2014. 合作社的本质规定与现实检视——中国到底有没有真正的农民合作社？[J]. 中国农村经济 (7)：30-37.

杜贤文，陈志清，李忠，2006. 发展农村专业合作经济组织存在的问题及对策 [J]. 农村经济 (6)：124-126.

冯道杰，罗月领，2006. 农村专业合作经济组织发展障碍研究 [J]. 重庆邮电大学学报（社会科学版）(3)：368-369.

冯娟娟，霍学喜，2017. 成员参与合作社治理行为及其影响因素——基于273个苹果种植户数据的实证分析 [J]. 农业技术经济 (2)：72-81.

凤凰网，2008. 50年前今天：全国人民公社化运动开始 [EB/OL]. [2008-08-29]. http：//news. ifeng. com/history/1/jishi/200808/0829_2663_754115. shtml.

高贵如，王慧军，2008. 农业家庭经营交易成本与交易受损根源分析 [J]. 农村经济 (10)：63-65.

高贵如，王健，2008. 农户家庭经营交易受损及合作需求分析——基于交易成本的视角 [J]. 乡镇经济 (7)：84-87，100.

郜亮亮，李栋，刘玉满，等，2015. 中国奶牛不同养殖模式效率的随机前沿分析——来自7省50县监测数据的证据 [J]. 中国农村观察 (3)：64-73.

葛廷进，朱海东，丁宇，2021. 交易不确定性对农户参与农民合作社意愿的影响——基于新疆生产建设兵团第五师E团制种玉米种植农户的调研 [J]. 江苏农业科学，49 (6)：

243-248.

耿现江，2003. 一场农业革命的开始——纪念潍坊市率先提出并组织实施农业产业化战略
    10周年 [J]. 中国农村经济 (12)：64-70.

郭红东，蒋文华，2004. 影响农户参与专业合作经济组织行为的因素分析——基于对浙江
    省农户的实证研究 [J]. 中国农村经济 (5)：10-13.

国鲁来，2001. 合作社制度及专业协会实践的制度经济学分析 [J]. 中国农村观察 (4)：
    36-48.

国务院办公厅，2014. 中国食物与营养发展纲要 （2014—2020 年）[R/OL]. （2014-01-
    28）[2014-02-10]. http：//www.gov.cn/zwgk/2014-02/10/content_2581766.htm.

韩旭东，李德阳，王若男，等，2020. 盈余分配制度对合作社经营绩效影响的实证分析：
    基于新制度经济学视角 [J]. 中国农村经济 (4)：56-77.

何安华，邵峰，孔祥智，2012. 资源禀赋差异与合作利益分配——辽宁省 HS 农民专业合
    作社案例分析 [J]. 江淮论坛 (1)：11-18.

侯建昀，霍学喜，2013. 交易成本与农户农产品销售渠道选择——来自 7 省 124 村苹果种
    植户的经验证据 [J]. 山西财经大学学报 (7)：56-64.

胡剑波，闫烁，韩君，2021. 中国产业部门隐含碳排放效率研究——基于三阶段 DEA 模型
    与非竞争型 I-O 模型的实证分析 [J]. 统计研究 (6)：30-43.

胡乐民，刘刚，2009. 新制度经济学 [M]. 北京：中国经济出版社.

胡斯木·马湖，2021. 乡村振兴视角下农民专业合作社发展问题研究 [J]. 山西农经 (5)：
    45-46.

胡炜童，霍学喜，2016. 基于三阶段 DEA 模型的我国苹果生产技术效率研究 [J]. 兰州大
    学学报 （社会科学版）(3)：47-52.

胡振华，陈柳钦，2010. 中国农村合作组织的经济学分析 [J]. 福建行政学院学报 (1)：
    83-88.

黄珺，朱国玮，2007. 异质性成员关系下的合作均衡——基于我国农民合作经济组织成员
    关系的研究 [J]. 农业技术经济 (5)：38-43.

黄胜忠，徐旭初，2008. 成员异质性与农民专业合作社的组织结构分析 [J]. 南京农业大
    学学报 （社会科学版）(3)：1-7，43.

黄志坚，吴健辉，曾园根，2008. 农村新型合作经济组织成立的经济学分析 [J]. 特区经
    济 (9)：170-171.

黄祖辉，2006. 农合组织：农业现代化的新选择 [J]. 中国合作经济 (7)：40-41.

黄祖辉，2008. 中国农民合作组织发展的若干理论与实践问题 [J]. 中国农村经济 (11)：
    4-7，26.

霍学喜，2013. 苹果产业发展及市场营销 [J]. 中国乡镇企业 (8)：5-11.

孔祥智，蒋忱忱，2010. 成员异质性对合作社治理机制的影响分析——以四川省井研县联
    合水果合作社为例 [J]. 农村经济 (9)：8-11.

孔祥智，史冰清，2009. 当前农民专业合作组织的运行机制——基本作用及影响因素分析
    [J]. 农村经济 (1)：3-9.

乐波，2005. 法国农业合作组织及其对中国的启示 [J]. 社会主义研究（5）：69-72.

李道和，陈江华，2014. 农民专业合作社绩效分析——基于江西省调研数据 [J]. 农业技术经济（12）：65-75.

李道和，郭锦镛，2008. 农户合作行为的博弈分析 [J]. 江西农业大学学报（自然科学版）（1）：180-185.

李树基，吕胜利，1985. 专业化系统型合作经济是合作经济的崭新形式——甘肃省静宁县农村合作经济研究报告 [J]. 社会科学（6）：63-67.

李玮，2010. 中国浓缩苹果汁出口现状分析 [J]. 科技信息（23）：142-143.

李星宇，1988. 农村合作经济的双层经营及发展趋势 [J]. 财经科学（10）：46-48.

李岳云，蓝海涛，方晓军，1999. 不同经营规模农户经营行为的研究 [J]. 中国农村观察（4）：41-47.

李中斌，赵聪，杨敏，等，2021. 农民专业合作社盈余分配结构与绩效的关系研究 [J]. 山东财经大学学报（2）：101-110.

李忠旭，沈丽莹，2014. 农户参与土地流转合作社意愿及影响因素研究——基于辽宁省农户的调查 [J]. 调研世界（11）：29-33.

李姿姿，2006. 基于交易成本的农民经济合作模式分析 [J]. 农业经济（12）：38-40.

梁巧，黄祖辉，2011. 关于合作社研究的理论和分析框架：一个综述 [J]. 经济学家（12）：77-85.

廖文虎，尚光辉，2017. 农户参与专业合作社意愿的影响因素研究——基于合作社自身运行机制的角度 [J]. 江汉学术（2）：95-104.

林坚，黄胜忠，2007. 成员异质性与农民专业合作社的所有权分析 [J]. 农业经济问题（10）：12-17，110.

林坚，马彦丽，2006. 农业合作社和投资者所有企业的边界——基于交易费用和组织成本角度的分析 [J]. 农业经济问题（3）：16-20，79.

林岩，2010. 影响农民组织化意愿的因素探究——山东烟台市发展农民专业合作组织需求调查 [J]. 农业科技管理（1）：34-37.

刘滨，陈池波，杜辉，2009. 农民专业合作社绩效度量的实证分析——来自江西省 22 个样本合作社的数据 [J]. 农业经济问题（2）：90-95，112.

刘大成，钱进，闫蕊，等，2012. 分报告三：中国农产品零售终端交易体系与模式 [M] //贾敬敦，王炳南，张玉玺，等. 中国农产品流通产业发展报告（2012）. 北京：社会科学文献出版社.

刘洪云，张淑荣，李慧燕，2021. 基于随机前沿分析的我国中规模奶牛成本效率与影响因素分析 [J]. 辽宁工业大学学报（社会科学版）（1）：36-39.

刘荣勤，张清津，1989. 论社区性合作经济发展模式 [J]. 东岳论丛（3）：52-57，74.

刘同山，孔祥智，2015. 治理结构如何影响农民合作社绩效？——对 195 个样本的 SEM 分析 [J]. 东岳论丛（12）：16-23.

刘英杰，2013. 荷兰园艺产业的主要特点 [EB/OL].　[2013-02-19]. http://www.dfcxb.com/html/2013-02/19/content_16_3.htm.

娄锋，2008. 农业中介组织的新制度经济学分析 [J]. 天水行政学院学报 (3)：52-54.

卢斐，卞倩倩，2011. 浅谈日本苹果产业及启示 [J]. 中国果菜 (10)：62-63.

卢向虎，吕新业，秦富，2008. 农户参加农民专业合作组织意愿的实证分析——基于 7 省 24 市（县）农户的调研数据 [J]. 农业经济问题 (1)：26-31.

卢妍妍，2007. 奶业合作组织的制度成本与收益分析 [J]. 北方经济 (12)：24-26.

罗冬梅，甄建岗，张冬燕，2008. 农村专业合作组织的制度经济学分析——以河北省青县利财蔬菜合作社为例 [J]. 乡镇经济 (3)：95-98.

罗夫永，2006. 农村合作经济组织的制度经济学分析 [J]. 新疆职业大学学报 (1)：19-23.

罗荣根，1999. 合作经济组织是联结农民与市场的有效桥梁 [J]. 农村合作经济经营管理 (4)：5-6，10.

马歇尔，2004. 经济学原理 [M]. 廉运杰，译. 北京：华夏出版社.

马义海，马瑶，王秀霞，2008. 日本苹果生产现状及动向 [J]. 宁夏农林科技 (6)：107-108.

毛帅，黄蓉，2018. 连片贫困区农户参与农民专业合作社意愿的影响因素研究——基于十堰市秦巴山片区的调研 [J]. 农村经济与科技 (19)：54-56.

聂赟彬，闫小欢，2018. 苹果生产效率分析——基于陕西省 8 县 602 个苹果专业户调查数据 [J]. 农业技术经济 (11)：110-119.

诺斯，1994. 制度、制度变迁与经济绩效 [M]. 刘守英，译. 北京：生活·读书·新知三联书店.

潘劲，2011. 中国农民专业合作社：数据背后的解读 [J]. 中国农村观察 (6)：2-11.

彭美玉，王成璋，2005. 经济学的超边际分析方法论 [J]. 经济体制改革 (3)：154-157.

乔金亮，2018. 全国依法登记的农民专业合作社达 204.4 万家 [EB/OL]. [2018-05-02]. https：//baijiahao.baidu.com/s？id=15993349128036784958&wfr=spider&for=pc.

曲承乐，任大鹏，2019. 农民专业合作社利益分配困境及对策分析——惠顾返还与资本报酬有限原则本土化的思考 [J]. 农业经济问题 (3)：100-107.

屈小博，2008. 不同经营规模农户市场行为研究 [D]. 咸阳：西北农林科技大学.

屈小博，霍学喜，2007. 交易成本对农户农产品销售行为的影响——基于陕西省 6 个县 27 个村果农调查数据的分析 [J]. 中国农村经济 (8)：35-46.

邵科，徐旭初，2008. 成员异质性对农民专业合作社治理结构的影响——基于浙江省 88 家合作社的分析 [J]. 西北农林科技大学学报（社会科学版）(2)：5-9.

邵科，徐旭初，黄祖辉，2013. 农民专业合作社成员异质性与参与动机 [J]. 青岛农业大学学报（社会科学版）(4)：1-7.

史月兰，2006. 交易费用与农民合作经济组织的发展 [J]. 农业经济 (5)：40-42.

斯密，2009. 国富论 [M]. 胡长明，译. 北京：人民日报出版社.

斯密，2010. 国富论 [M]. 文熙，牟善季，谢士新，译. 武汉：武汉大学出版社.

宋金田，祁春节，2011. 交易成本对农户农产品销售方式选择的影响——基于对柑橘种植农户的调查 [J]. 中国农村观察 (5)：33-44.

孙亚范，2004. 农民专业合作经济组织的创新成本分析 [J]. 中州学刊（1）：31 - 34.

田进，2012. 陕西省农民专业合作社逾万家 拥有成员 86.1 万户 [EB/OL]. （2012 - 04 - 13）[2012 - 04 - 15]. http：//news.cntv.cn/20120415/109069.shtml.

屠文娟，钟辉，徐兰，2019. 基于供应链视角的农民专业合作社利益分配机制研究 [J]. 江苏大学学报（社会科学版）（4）：67 - 76.

汪艳涛，吴珊，2021. 商业银行支持农民合作社长效发展机制研究——基于多方利益主体博弈视角 [J]. 青岛农业大学学报（社会科学版）（2）：8 - 12.

王芳，过建春，栾乔林，2007. 从交易费用理论角度论农村新型合作经济组织 [J]. 华南热带农业大学学报（1）：61 - 64.

王慧娟，2007. 农民专业合作组织发展中的问题及制度创新——以河南省为例 [J]. 河南社会科学（3）：158 - 160.

王静，毛飞，霍学喜，2010. 陕西四个苹果基地县果农生产效率调查分析 [J]. 北方园艺（3）：230 - 232.

王丽佳，霍学喜，2013. 合作社成员与非成员交易成本比较分析——以陕西苹果种植户为例 [J]. 中国农村观察（3）：54 - 64，71，92.

王丽佳，霍学喜，2015. 苹果种植户生产成本效率分析 [J]. 北方园艺（15）：182 - 187.

王楠，2007. 农民专业合作社需求博弈分析 [J]. 合作经济与科技（21）：4 - 6.

王鹏，霍学喜，2011. 一个探索农民退社行为的理论及实证分析框架——来自渤海湾苹果优势区 367 户退社果农调查数据的分析 [J]. 中国农村经济（5）：14 - 24.

王鹏，霍学喜，2012. 合作社中农民退社的方式及诱因分析——基于渤海湾优势区苹果合作社 354 位退社果农的追踪调查 [J]. 中国农村观察（5）：54 - 64，96.

王士海，刘俊浩，2007. 中国农业合作经济组织发展滞后的原因分析 [J]. 北京邮电大学学报（社会科学版）（4）：30 - 35.

乌家培，陈吉元，周慎芝，等，1958. 试论人民公社化运动中农村分配制度的变革 [J]. 经济研究（10）：1 - 7.

吴道建，1993. 市场经济下完善村级合作经济组织的对策 [J]. 农业经济问题（1）：50.

吴萍，邹於娟，曹光，2018. 农机合作社治理机制对绩效的影响 [J]. 江苏农业科学（17）：355 - 359.

伍德里奇 J M，2003. 计量经济学导论 现代观点 [M]. 费剑平，林相森，译. 北京：中国人民大学出版社.

肖静，柳海云，2021. 基于农民合作社为主体的水果供应链运作绩效评价研究 [J]. 长春大学学报（5）：19 - 26.

熊继恩，刘服农，周登科，1991. 我国农村合作经济组织的发展探析 [J]. 求索（4）：16 - 26.

熊万胜，石梅静，2011. 企业"带动"农户的可能与限度 [J]. 开放时代（4）：85 - 101.

徐苗苗，黄智君，阎晓博，等，2021. 农村劳动力转移对苹果生产效率的影响研究——基于陕西省调研数据 [J]. 林业经济（4）：70 - 82.

徐旭初，2009. 农民专业合作社绩效评价体系及其验证 [J]. 农业技术经济（4）：11 - 19.

徐旭初，吴彬，2010. 治理机制对农民专业合作社绩效的影响——基于浙江省 526 家农民专业合作社的实证分析 [J]. 中国农村经济（5）：43 - 55.

杨小凯，1998. 经济学原理 [M]. 北京：中国社会科学出版社.

杨小凯，2003. 经济学 新兴古典与新古典框架 [M]. 张定胜，张永生，李利明，译. 北京：社会科学文献出版社.

叶海燕，2009. 关于加快农民专业合作社发展的思考 [J]. 决策导刊（10）：43 - 44.

尤小文，2005. 农户经济组织研究 [M]. 长沙：湖南人民出版社.

于林霞，张波，白秀广，2018. 黄土高原区苹果生产技术效率及其影响因素研究——基于 528 户苹果种植户的调查数据 [J]. 干旱区资源与环境（4）：68 - 74.

于战平，2011. 中国农民专业合作社发展问题的思考与建议 [J]. 经济研究导刊（7）：53 - 55.

袁久和，祁春节，2013. 异质性农民专业合作社成员合作关系及其稳定性研究 [J]. 财贸研究（3）：54 - 60.

袁群，2009. 数据包络分析法应用研究综述 [J]. 经济研究导刊（19）：201 - 203.

苑丰，刘武芳，韩柱，2005. 关于新型农业合作组织的创建条件及制约因素思考 [J]. 农业经济（4）：15 - 16.

曾博，毛瑞男，2021. 农民专业合作社普通成员利益实现及保障机制研究 [J]. 上海经济研究（4）：43 - 54.

曾祥凤，朱其鳌，2008. 农业合作组织的演进——基于内生交易费用视角的考察 [J]. 生产力研究（17）：27 - 29.

曾艳，周宝亮，郝柯锦，等，2021. 农民专业合作社盈利能力的影响因素及提升路径 [J]. 西北农林科技大学学报（社会科学版）（3）：64 - 73.

张复宏，霍明，宋晓丽，等，2017. 基于 SBM 和 Malmquist 指数的中国苹果主产区生产效率空间集聚分析 [J]. 农业技术经济（5）：57 - 66.

张钢，熊立，2009. 成员异质性与团队绩效：以交互记忆系统为中介变量 [J]. 科研管理（1）：71 - 80.

张靖会，2012. 同质性与异质性对农民专业合作社的影响——基于俱乐部理论的研究 [J]. 齐鲁学刊（1）：86 - 90.

张娟，2008. 农民专业合作组织规模问题分析 [J]. 安徽农业科学（1）：361 - 363.

张凯，吴凤平，成长春，2021. 三重属性的承载力约束下中国水资源利用效率动态演进特征分析 [J]. 环境科学（12）：5757 - 5767.

张娜，王晶晶，2010. 农户参与专业合作经济组织行为的影响因素分析 [J]. 统计与决策（5）：88 - 90.

张前程，2009. 农村生产合作组织对农业产业化的推动机制 [J]. 安徽农业大学学报（社会科学版）（6）：1 - 4.

张寿春，1996. 人民公社化运动及人民公社问题研究综述 [J]. 当代中国史研究（3）：82 - 88.

张忠根，史清华，2001. 农地生产率变化及不同规模农户农地生产率比较研究——浙江省农村固定观察点农户农地经营状况分析 [J]. 中国农村经济 (1)：67-73.

章杨，汪峰，2021. 乡村振兴战略背景下农民专业合作社发展问题研究 [J]. 佳木斯大学社会科学学报 (4)：39-41.

赵培，易守宽，2009. 云南农村专业合作经济组织的影响因素分析——基于 AHP 模型视角 [J]. 云南财经大学学报 (6)：92-99.

赵伟峰，刘菊，2012. 小岗村改革开放以来的发展历程 [J]. 山西财经大学学报 (3)：44.

中华人民共和国农业部，2003. 苹果优势区域发展规划 [J]. 柑橘与亚热带果树信息 (8)：6-8.

中华人民共和国农业部，2010. 苹果优势区域布局规划 (2008—2015 年) [J]. 农业工程技术 (农产品加工) (3)：16-17.

周海文，周海川，王志刚，2020. 政府对农民专业合作社产业扶贫的整合治理机制及效果研究——基于陇、川、黔三省连片特困地区调查 [J]. 中国行政管理 (7)：28-34.

周华林，李雪松，2012. Tobit 模型估计方法与应用 [J]. 经济学动态 (5)：105-119.

朱艳，唐志军，2009. 农民专业合作组织：基于交易费用视角的探析 [J]. 商业研究 (8)：104-106.

朱振达，2004. 日本农户类型划分的利弊分析及启示 [J]. 农村经济 (9)：95-97.

AJETOMOBI J O，2009. Total factor productivity decomposition for cotton growers in the economic commodity of West African States (ECOWAS): 1961—2005 [J]. The IUP of Agricultural Economics，5 (2)：7-23.

AKSOY M A，BEGHIN J C，2005. Global agricultural trade and developing countries [M]. Washington D. C.：The World Bank.

ALBACK S，SCHULTZ C，1998. On the relative advantage of cooperatives [J]. Economic Letters (59)：397-401.

ALCHAIN A A，1969. Information Costs，pricing，and resource unemployment [J]. Western Economic Journal (7)：109-128.

ALCHAIN A A，DEMSETZ H，1972. Production，information costs，and economic organization [J]. American Economic Review (72)：777-795.

ALHO E，2017. Assessing the willingness of non-members to invest in new financial products in agricultural producer cooperatives：A choice experiment [J]. Agricultural and Food Science，26 (4)：207-222.

ALHO E，2019. Farmers' willingness to invest in new cooperatives instruments：a choice experiment [J]. Annals of Public and Cooperative Economics (90)：161-186.

AL-HASAN S，THOMAS B，HAINES M，2002. Strategic implications of benchmarking for agricultural cooperatives and farmer-controlled enterprises in Wales [J]. Outlook Biology (22)：134-167.

ANDERSON E，1985. The sales person as outside agent or employee：a transaction cost analysis [J]. Marketing Science，4 (3)：234-254.

ANDERSON K，MARTIN W，2005. Agricultural trade reform and the Doha Development

Agenda [J]. World Economy (28): 1301－1327.

ANDREW E T, ANNA A T, 2005. High Value Agricultural Products for Smallholder Markets in Sub-Saharan Africa: Trends, Opportunities and Research Priorities [C]. [S. l. : s. n.].

ANTREAS D A, STEPHEN P C, 1996. A comparison of dada envelopment analysis and artificial neural networks as tools for assessing the efficiency of decision making units [J]. The Journal of the Operational Research Society, 47 (8): 1000－1016.

ARROW K J, 1969. The organization of Economic activity: issues pertinent to the Choice of market versus non-market allocation [C]. Washington D. C. : Government Printing Office.

BANKER R D, CHARNES A, COOPER W W, 1984. Some models for estimating technical and scale inefficiencies in data envelopment analysis [J]. Management Science, 30 (9): 1078－1092.

BANKER R D, NATARAJAN R, 2008. Evaluating contextual variables affecting productivity using data envelopment analysis [J]. Operations Research, 56 (1): 46－58.

BARBER B, 1983. The logic and limits of trust [M]. New Brunswick: Rutgers University Press.

BARTON D, 2000. What is a cooperative? [R]. Manhattan: Kansa State University.

BARZEL Y, 1982. Measurement cost and the organization of markets [J]. Journal of Law and Economics, 25 (1): 27－48.

BASU P, CHAKRABORTY J, 2008. Land, labor, and rural development: Analyzing participation in India's village dairy cooperatives [J]. Professional Geographer, 60 (3): 299－313.

BERNARD T, DAVID J S, 2009. Reaching the rural through producer organizations? A study of agricultural marketing cooperatives in Ethiopia [J]. Food Policy (34): 60－69.

BERTSCHEK I, LECHNER M, 1998. Convenient estimators for the panel Probit model [J]. Journal of Econometrics (87): 329－371.

BLISS C I, 1934a. The method of probits [J]. Science (79): 38－39.

BLISS C I, 1934b. The method of probits-a correction [J]. Science (79): 409－410.

CARTER M R, BARHAM B L, MESBAH D, 1996. Agricultural export booms and the rural poor in Chile, Guatemala and Paraguay [J]. Latin American Research Review, 31 (1): 33－65.

CAVES R E, PETERSEN B C, 1986. Cooperatives' shares in farm industries: Organizational and policy factors [J]. Agribusiness, 2 (1): 1－19.

CENTNER T J, 1988. The role of cooperatives in agriculture: historic remnant or viable membership organization? [J]. Journal of Agricultural Cooperation (3): 94－106.

CHAPULLE J L G, COSTAR J A, DIAZ-YUBERO M A, 2008. Cooperatives organized by producers in Spain: the cases of SCLAS and COVAP [R]. [S. l. : s. n.]: 325－352.

CHARNES A, COOPER W W, RHODES E, 1978. Measuring the efficiency of decision making units [J]. European Journal of Operational Research, 2 (6): 429 - 444.

CHIBANDA M, ORTMANNB G F, LYNEC M C, 2009. Institutional and governance factors influencing the performance of selected smallholder agricultural cooperatives in KwaZulu-Natal [J]. Agricultural Economics Research, 48 (3): 293 - 315.

COASE R H, 1937. The Nature of the Firm [J]. Economica (4): 386 - 405.

COELLI T J, 1996. A Guide to DEAP Version 2. 1: A data envelopment analysis (computer) program [R]. Armidale: University of New England.

COELLI T J, RAO D S P, BATTESE G E, 1998. An introduction to efficiency and productivity analysis [M]. Norwell: Kluwer Academic.

COELLI T J, RAO D S P, O'PONNELL C J, 2005. An introduction to efficiency and productivity analysis [M]. 2nd ed. New York: Macsource press.

COMMONS J R, 1931. Institutionaleconomics [J]. American Economic Review (21): 648 - 657.

COOK M L, 1995. The future of U. S. agricultural cooperatives: A neo-institutional approach [J]. American Journal of Agricultural Economics (77): 1153 - 1159.

COOK M L, F R CHADDAD, ILIOPOULOS C, 2004. Advances in cooperative theory since 1990: a review of agricultural economics literature [M]. Rotterdam: Erasmus University Press: 65 - 90.

COOPER L M, SEIFORD L M, TONE K, 2006. Introduction to data envelopment analysis and its uses [M]. New York: Springer.

COOPER W W, SEIFORD L M, ZHU J, 2011. Data envelopment analysis: history, models, and interpretations [J]. International Series in Operations Research & Management Science (164): 1 - 39.

CORNFORTH C, 2015. The Governance of cooperatives and mutual associations: a paradox perspective [J]. Annals of Public & Cooperative Economics, 75 (1): 11 - 32.

DAHLMAN C J, 1979. The problem of externality [J]. Journal of law an economics, 22 (1): 141 - 162.

DAVID D T, 1996. Impact of diversification on agricultural cooperatives in Wisconsin [J]. Agribusiness, 12 (4): 385 - 394.

DAVID R J, HAN S K, 2004. A systematic assessment of the empirical support for transaction cost economics [J]. Strategic Management Journal, 25 (1): 39 - 58.

DIETRICH M, 1994. Transaction cost economics and beyond: toward a new economics of the firm [M]. London: Routledge.

DOWNING M, VOLK T A, SCHMIDT D A, 2005. Development of new generation cooperatives in agriculture for renewable energy research, development, and demonstration projects [J]. Biomass & Bioenergy, 28 (5): 425 - 434.

DUNN J R, 1986. Basic cooperative principles and their relationship to selected practices

[J]. Journal of Agricultural Cooperation, 3 (83): 83 – 93.

ESCOBAL J A, CAVERO D, 2011. Transaction Costs, Institutional Arrangements and Inequality Outcomes: Potato Marketing by Small Producers in Rural Peru [J]. World Development, 40 (2): 329 – 341.

EZATOLLAH K, KUROSH R M, 2005. Modeling Determinants of Agricultural Production Cooperatives' Performance in Iran [J]. Agricultural Economics, 33 (3): 305 – 314.

FALCO S D, SMALE M, PERRINGS C, 2008. The Role of agricultural cooperatives in sustaining the wheat diversity and productivity: the case of southern Italy [J]. Environmental Resource Economics (39): 161 – 174.

FARE R, GROSSKOPF S, LOVELL C A K, 1985. The measurement of efficiency of production [M]. Dordrecht: Kluwer-Nijhoff.

FEINERMAN E, FALKOVITZ M S, 1991. An agricultural multipurpose service cooperative: Pareto optimality: price-tax solution: and stability [J]. Journal of Comparative Economics, 15 (1): 95 – 114.

FENG L, HENDRIKSE G W J, 2012. Chain interdependencies, measurement problems and efficient governance structure: cooperatives versus publicly listed firms [J]. European Review of Agricultural Economics, 39 (2): 241 – 255.

FOCK A, ZACHERNUK T, 2006. China Farmers Professional Associations Review and Policy Recommendations [J]. Beijing: China Agriculture Press.

FOK D, FRANSES P H, 2002. Ordered logit analysis for selectively sampled data [J]. Computational statistics & data analysis , 40 (3): 477 – 497.

FOLSOM J, 2003. Measuring the economic impact of cooperatives in Minnesota [R]. Washington D. C. : United States Department of Agriculture.

FREY L R, BOTAN C H, KREPS G L, 2000. Investigating communication: an introduction to research methods [M]. 2nd ed. Englewood Cliffs: Prentice Hall.

FURUBOTN E G, 1986. Efficiency and the maximization postulate: another interpretation [J]. Journal of Behavioral Economics (15): 41 – 48.

GETNET K, ANULLO T, 2012. Agricultural cooperatives and rural livelihoods: Evidence from Ethiopia [J]. Annals of Public and Cooperative Economics, 83 (2): 181 – 198.

GOLOVINA S, ANTONOVA M, ABILOVA E, 2020. Assessment of Agricultural Cooperatives' Performance in Russia: The Case of the Kurgan Region [M] // Proceedings of the Ecological-Socio-Economic Systems: Models of Competition and Cooperation (ESES 2019) . [S. l. : s. n.].

GRAY T W, KRAENZLE C A, 1998. Member participation in agricultural cooperatives: a regression and scale Analysis [R]. Washington D. C. : United States Department of Agricultural: 1 – 37.

GRAY T W, KRAENZLE C A, 2002. Problems and issues facing farmer cooperatives [R]. Washington D. C. : United States Department of Agriculture.

GUL M，2005. Technical efficiency and productivity of apple farming in Antalya Province of Turkey [J]. Pakistan Journal of Biological Science，8 (11)：1533-1540.

GULATI A，MINOT N，DELGADO C，et al.，2007. Growth in High-Value Agriculture in Asia and the emergence of vertical links with farmers [M] //SWINNEN J F M. Global Supply Chains，Standards and the Poor. London：CABI Press：91-108.

HADFIELD G K，1990. Problematic relations：franchising and the law of incomplete contracts [J]. Stanford Law Review (4)：927-992.

HAKELIUS K，HANSSON H，2016. Measuring Changes in Farmers' Attitudes to Agricultural Cooperatives：Evidence from Swedish Agriculture 1993—2013 [J]. Agribusiness，32 (4)：531-546.

HARRIS A，STEFANSON B，FULTON M，1996. New generation cooperatives and cooperative theory [J]. Journal of Cooperatives (11)：15-28.

HOBBS J E，1997. Measuring the Importance of Transaction Costs in Cattle Marketing [J]. American Journal of Agricultural Economics，79 (4)：1083-1095.

HOGELAND J A，1998. Local cooperatives' role in the emerging dairy industry [R]. Washington D. C.：United States Department of Agricultural.

HOGELAND J A，2006. The economic culture of U. S. agricultural cooperatives [J]. Culture & Agriculture，28 (2)：67-79.

HOLLOWAY G，NICHOLSON C F，DELGADO C L，et al.，2000. Agroindustrialization Through Institutional Innovation：Transactions Costs，Cooperatives and Milk-market Development in the Ethiopian Highlands [J]. Agricultural Economics & Resource Management (23)：279-288.

HOLLOWAY G，NICHOLSON C F，DELGADO C L，et al.，2009. Agroindustrialization through institutional innovation Transaction costs，cooperatives and milk-market development in the east-African highlands [J]. Agricultural Economics Agribusiness，25 (2)：181-197.

HUIZER G，1985. Resolving contradictions within cooperatives：a case of participatory action research in Peru [J]. Land Reform，Land Settlement and Cooperatives (1)：57-74.

ISHAK S，OMAR A，SUM S M，et al.，2020. Stallholder Agriculture Cooperatives' Performance：What is in the Minds of Management? [J]. Journal of Co-operative Organization and Management，8 (2)：100-110.

JAFFEE S，1994. Perishable profits：private sector dairy processing and marketing in Kenya [M]. Dubuque：Kendall-Hunt：199-253.

JASKOW P L，1991. The role of transaction cost economics in antitrust and public utility regulatory policies [J]. Journal of Law，Economics & Organization (7)：53-83.

JENSEN K L，ENGLISH B C，MENARD R J，et al.，2004. An evaluation of Tennessee soybean growers'views on a new generation cooperative to produce biodiesel [J]. Journal of Agribusiness，22 (2)：107-117.

KALOGERAS N, PENNINGS J M E, VAN DERLANS I A, et al. , 2009. Understanding heterogeneous preferences of cooperative members [J]. Agribusiness, 25 (1): 90 – 111.

KARAMI E, REZAEI-MOGHADDAM K, 2005. Modeling determinants of agricultural production cooperatives' performance in Iran [J]. Agricultural Economics, 33 (3): 305 – 314.

KARBASI A, SARVARI A, 2012. An investigation of effective elements on investment behavior of cooperative members (Tybad livestock production cooperatives) [J]. Annals of Biological Research, 3 (8): 4070 – 4076.

KARLI B, BILGIC A, CELIK Y, 2006. Factors affecting farmers' decision to enter agricultural cooperatives using random utility model in the South Eastern Anatolian Region of Turkey [J]. Journal of Agriculture and Rural Development in the Tropics and Subtropics, 107 (2): 115 – 127.

KATINKA W, THOMAS A L, 2007. Diversification into horticulture and povertyreduction: a research agenda [J]. World Development, 35 (8): 1464 – 1480.

KLEIN S, 1990. A transaction cost analysis model of channel integration in international markets [J]. Journal of Marketing Research, 27 (2): 196 – 208.

KNOEBER C R, BAUMER D L, 1983. Understanding retained patronage refunds in agricultural cooperatives [J]. American journal of Agricultural Economics, 65 (1): 30 – 37.

LAIDLAW A F, 1968. Cooperative institutions: the wide and the narrow [J]. Canadian Journal of Agricultural Economics, 16 (2): 20 – 26.

LERMAN Z, PARLIAMENT C, 1991. Size and industry effects in the performance of agricultural cooperatives [J]. Agricultural Economics (6): 15 – 29.

LERMAN Z, PARLIAMENT C, 2010. Comparative performance of food-processing cooperatives and investor-owned firms [J]. Agribusiness, 6 (6): 527 – 540.

LIAO T F, 1994. Interpreting probability models: Logit, probit, and other generalized linear models [M]. Los Angeles: Sage Publications.

LIKERT R, 1932. A technique for the measurement of attitudes [J]. Archives of Psychology, 22 (140): 1 – 55.

LIN J Y, 1989. An Economic Theory of Institutional Change: Induced and Imposed Change [J]. CATO Journal, 9 (1): 1 – 33.

LIN K L, LEE C M, PENG K C, 2007. Study on the impact of Hakka community on the productivity of agricultural cooperatives-An empirical survey based on panel data [J]. Journal of the Agricultural Association of China, 8 (2): 129 – 141.

LUHMANN N, 1979. Trust and power [M]. Chichester: John Wiley.

LUO J L, HU Z H, 2015. Risk paradigm and risk evaluation of farmers cooperatives' technology innovation [J]. Economic Modelling, 44 (1): 80 – 85.

LUZAR E J, COSSE K, 1998. Willingness to pay or intention to pay: the attitude-behavior relationship in contingent valuation [J]. Journal of Socio-Economics, 27 (3): 427 – 444.

MACDONALD J M, 1985. Market exchange or vertical integration: an empirical analysis

[J]. The Review of Economics and Statistics, 67 (2): 327 – 331.

MACHETHE C L, 1990. Factors contributing to poor performance of agricultural co-operatives in less development areas [J]. Agrekon (29): 305 – 309.

MACNEIL I R, 1974. The many futures of contracts [J]. Southern California Law Review, 47 (3): 691 – 816.

MAERTENS M, MINTEN B, SWINNEN J, 2009. Growth in high-value export markets in Sub-Saharan Africa and its development implications [R]. Leuven: Katholieke Universiteit Leuven.

MAKHURA M N, JOHAN K, CHRIS D, 2001. Transaction costs and smallholder participation in the maize market in the Northern Province of South Africa [C]. [S. l. : s. n.]: 463 – 467.

MATUNGUL P M, LYNE M C, ORTMANN G F, 2001. Transaction costs and crop marketing in the comunal areas of impedle and swayimana, KwaZuluNatal [J]. Development Southern Africa, 18 (3): 305 – 309.

MIKAMI K, TANAKA S, 2008. Food processing business and agriculture cooperatives in Japan: Market power and asymmetric information [J]. Asian Economic Journal, 22 (1): 83 – 107.

MILGROM P R, JOHN R, 1990. Bargaining costs, influence costs, and the organization of economic activity [J]. Perspectives on Political Economy: 57 – 89.

MOEYERSOMS J, MARTENS D, 2015. Including high-cardinality attributes in predictive models: A case study in churn prediction in the energy sector [J]. Decision Support Systems, 72 (C): 72 – 81.

MONTEFRIO M J F, DRESSLER W H, 2019. Declining Food Security in a Philippine Oil Palm Frontier: The Changing Role of Cooperatives [J]. Development and Change, 50 (5): 1342 – 1372.

MOUSAVI-AVVAL S H, RAFIEE S, MOHAMMADI A, 2011. Optimization of energy consumption and input costs for apple production in Iran using data envelopment analysis [J]. Energy, 36 (2): 909 – 916.

MUDAMBI S M, TALLMAN S, 2010. Make, Buy or Selly? Theoretical perspectives on knowledge Process outsourcing through alliances [J]. Journal of Management Studies, 47 (8): 1434 – 1456.

NGUYRN K M, GUANG T L, 2009. Efficiency estimates for the agricultural production in Vietnam: a comparison of parametric and non-parametric approaches [J]. Agricultural Economics Review, 10 (2): 62 – 78.

NILSSON J, SVENDSEN G L H, SVENDSEN G T, 2012. Are large and complex agricultural cooperatives losing their social capital? [J]. Agribusiness, 28 (2): 187 – 204.

NORTH D C, 1990. Institutions, institutional change and economic performance [M]. Cambridge: Cambridge university press.

NORTH D C, WALLIS J J, 1994. Integrating institutional change and technical change in economic history a transaction cost approach [J]. Journal of Institutional and Theoretical Economics, 150 (4): 609 – 624.

ORTMANN G F, KING R P, 2007. Agricultural cooperatives II: can they facilitate access of small-scale farmers in South Africa to input and product markets? [J]. Agrekon, 46 (2): 219 – 244.

OSTERBERG P, HAKELIUS K, NILSSON J, 2009. Members' perception of their participation in the governance of cooperatives: the key to trust and commitment in agricultural cooperatives [J]. Agribusiness (25): 181 – 197.

OUMA E, JAGWE J, OBARE G A, et al., 2010. Determinants of smallholder farmers' participation in banana markets in Central Africa: the role of transaction costs [J]. Agricultural Economics, 41 (2): 111 – 122.

PARKIN D, HOLLINGSWORTH B, 1997. Measuring production efficiency ofacute hospitals in Scotland, 1991—1994: validity issues in data envelopment analysis [J]. Applied Economics, 29 (11): 1425 – 1433.

PENG K C, LIN F J, LIN K L, et al., 2005. A case study on critical success factors of agricultural cooperatives [J]. Journal of the Agricultural Association of China, 6 (5): 446 – 462.

PHILLIPS R, 1953. Economic nature of the cooperative association [J]. Journal of Farm Economics, 35 (1): 74 – 87.

POKHAREL K P, ARCHER D W, FEATHERSTONE A M, 2020. The Impact of Size and Specialization on the Financial Performance of Agricultural Cooperatives [J]. Journal of Co-operative Organization and Management, 8 (2): 100 – 108.

RENZETTI S, DUPONT D P, 2009. Measuring the technical efficiency of municipal water suppliers: the role of environmental factors [J]. Land Economics, 85 (4): 627 – 636.

RINDFLEISCH A, HEIDE J B, 1997. Transaction Cost Analysis: Past, Present, and Future Applications [J]. Journal of Marketing, 61 (4): 30 – 54.

RING P S, VAN DE VEN A H, 1992. Structuring cooperative relationships between organizations [J]. Strategic Management Journal, 13 (7): 483 – 498.

ROYER A, 2011. Transaction costs in milk marketing: A comparison between Canada and Great Britain [J]. Agricultural Economics, 42 (2): 171 – 182.

ROYER J, 1992. Cooperative principles and equity financing: a critical discussion [J]. Journal of Agricultural Cooperation (7): 79 – 98.

RUNSTEN D, KEY N, 1996. Contract farming in developing countries: Theoretical issues and analysis of some Mexican cases [D]. [S. l. : s. n.].

SCHIPMANN C, QAIM M, 2011. Supply chain differentiation, contract agriculture, and farmers' marketing preferences: The case of sweet pepper in Thailand [J]. Food policy, 36 (5): 667 – 677.

SHIIMI T，TALJAARD P R，JORDAAN H，2010. Transaction costs and cattle farmers' choice of marketing channels in North-Central Namibia [C]．[S. l. : s. n.].

SIMAR L，WILSON P W，2007. Estimation and inference in two-Stage，semi-parametric models [J]．Journal of Econometrics，136 (1)：31 - 64.

SOBOH R A M E，LANSINK A O，GIESEN G，et al.，2009. Performance measurement of the agricultural marketing cooperatives：The gap between theory and practice [J]．Review of Agricultural Economics，31 (3)：446 - 469.

STAAL S，DELGADO C，NICHOLSON C，1997. Smallholder dairying under transactions costs in East Africa [J]．World Development，25 (5)：779 - 794.

TAO C，2019. Development Efficiency of Leisure Agriculture Based on DEA Model in the Background of Rural Revitalization [J]．Revista De Cercetare Si Interventie Sociala (67)：169 - 187.

TEECE D J，2010. Forward integration and innovation：transaction costs and beyond [J]．Journal of Retailing，86 (3)：277 - 283.

The World Bank，2008. World Development Report 2008：Agriculture for Development [R]．Washington D. C. : The World Bank.

THEODOSSIOU G，2014. Willingness to Invest in Agricultural Cooperatives：Evidence from Greece [J]．Journal of Rural Co-operation，42 (2)：122 - 138.

TITA D F，D'HAESE M，DEGRANDE A，et al.，2011. Farmers' satisfaction with group market arrangements as a measure of group market performance：A transaction cost analysis of Non Timber Forest Products' producer groups in Cameroon [J]．Forest Policy & Economics，13 (7)：545 - 553.

TOBIN J，1958. Estimation of relationships for limited dependent variables [J]．Econometrica，26 (1)：24 - 36.

VERBEKE A，KANO L，2013. The Transaction Cost Economics TCE Theory of Trading Favors [J]．Asia Pacific Journal of Management，30 (2)：409 - 431.

WALKER G，WEBER D，1984. A transaction cost approach to make-or-buy decisions [J]．Administrative Science Quarterly，29 (3)：373 - 391.

WANG L，HUO X，2013a. Technical and cost efficiency of rural household apple production [J]．China Agricultural Economics Reviews，5 (3)：391 - 411.

WANG L，HUO X，2013b. Member investment willingness in agricultural cooperatives in Shaanxi (China) [J]．Journal of Rural Cooperation，39 (2)：176 - 198.

WANG L，HUO X，2014a. Comparison of transaction costs between cooperatives and conventional apple growers：a case study of northwest China [J]．Annals of Public and Cooperative Economics，85 (2)：233 - 255.

WANG L，HUO X，2014b. Grower's Selling Behavior：Transaction Cost Comparison Analysis [J]．Agricultural Economics Review，15 (2)：5 - 28.

WEN G，KEVIN P，RODNEY J C，et al.，2006. Transaction costs and cattle farmers' choice of marketing channels in China: a Tobit analysis [J]. Management Research News, 30 (1): 47 - 56.

WILLIAMSON O E, 1973. Markets and hierarchies: some elementary considerations [J]. The American Economic Review, 63 (2): 316 - 325.

WILLIAMSON O E, 1975. Markets and hierarchies [M]. New York: Free Press: 26 - 30.

WILLIAMSON O E, 1979. Transaction-cost Economics: the governance of contractual relations [J]. Journal of Law and Economics, 22 (2): 233 - 261.

WILLIAMSON O E, 1985. The economic institutions of capitalism [M]. New York: Free Press.

WILLIAMSON O E, 1988. Economics and Organization [J]. Journal of Law (4): 65 - 93.

WILLIAMSON O E, 1991. Comparative economic organization: The analysis of discrete structural alternatives [J]. Administrative science quarterly, 36 (2): 269 - 296.

WILSON B M, COBIA D W, 1996. Agricultural Loan Officers' Roles in Cooperative Investment In North Dakota [R]. Fargo: North Dakota State University.

YAQUB M Z, 2011. Antecedents, consequences and control of opportunistic behavior in strategic networks [J]. Journal of Business & Economics Research (JBER), 7 (2): 15 - 31.

ZEWDIE M C, MORETTI M, TENESSA D B, et al., 2021. Agricultural Technical Efficiency of Smallholder Farmers in Ethiopia: A Stochastic Frontier Approach [J]. Land (10): 246 - 263.

ZHA D, ZHOU D, 2009. Environmental efficiency analysis of China industry sector: a directional distance function approach [J]. International Journal of Global Energy Issues, 32 (1/2): 68.

ZHONG Z, ZHANG C, JIA F, 2018. Vertical coordination and cooperative member benefits: Case studies of four dairy farmers' cooperatives in China [J]. Journal of Cleaner Production, 172: 2266 - 2277.

图书在版编目（CIP）数据

交易成本视角的农户合作交易模式研究：以"苹果种植户—果业合作社"制度为例 / 王丽佳，霍学喜著·—北京：中国农业出版社，2023.5
ISBN 978-7-109-30692-9

Ⅰ. ①交… Ⅱ. ①王… ②霍… Ⅲ. ①农业合作社—专业合作社—研究—中国 Ⅳ. ①F321.42

中国国家版本馆 CIP 数据核字（2023）第 085879 号

中国农业出版社出版

地址：北京市朝阳区麦子店街 18 号楼
邮编：100125
责任编辑：李昕昱　文字编辑：孙蕴琪
版式设计：李　文　责任校对：周丽芳
印刷：北京中兴印刷有限公司
版次：2023 年 5 月第 1 版
印次：2023 年 5 月北京第 1 次印刷
发行：新华书店北京发行所
开本：700mm×1000mm　1/16
印张：12.5
字数：230 千字
定价：68.00 元